Paroles de journalistes

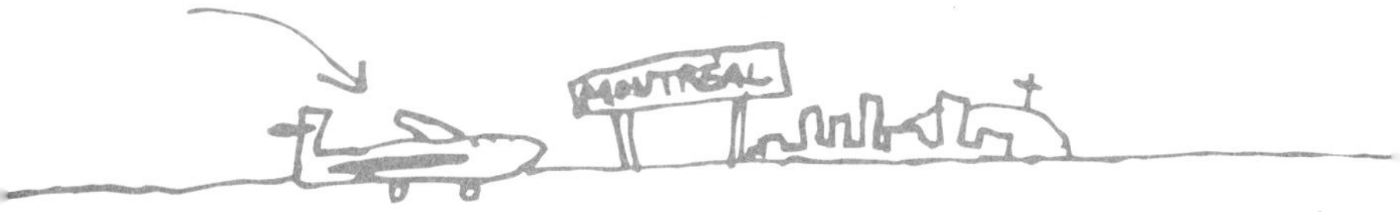
MONTREAL

Guide de survie
des Européens
à Montréal

Hubert Mansion

ULYSSE

Crédits

Auteur : Hubert Mansion
Éditeur : Pierre Ledoux
Correction : Pierre Daveluy
Conception graphique et illustrations : Pascal Biet
Mise en page : Judy Tan
Conception et montage de la page couverture : Pascal Biet, Philippe Thomas

Cet ouvrage a été réalisé sous la direction de Claude Morneau.

Remerciements

À Christine Ouin et Marc Britan, à Daniel et Olivier d'Ulysse, sans lesquels ce chef-d'œuvre n'aurait pas été si génial. Merci à Gisèle Bérubé, Pascal Biet, Lise Bisson, Rachel Cloutier, Ivo Daplex, Sophie Ginoux, Sophie d'Hughes, Laurent Juvanon, Anne Kinart, Yves Mailloux, Chham Phoeuk, Jérôme Pruneau, Louis Senay, Emilia Tamko, Guy Laforce, Robert Côté, Geneviève Mansion, Vincent et Sandrine Van Dongen.

Nous reconnaissons l'appui financier du gouvernement du Canada.

Nous tenons également à remercier le gouvernement du Québec – Programme de crédit d'impôt pour l'édition de livres – Gestion SODEC.

L'auteur n'a reçu aucune rémunération ni compensation quelconque pour les adresses indiquées dans ce guide.

Canadä   Québec 🟥🟥

Guides de voyage Ulysse est membre de l'Association nationale des éditeurs de livres.

Note aux lecteurs

Tous les moyens possibles ont été pris pour que les renseignements contenus dans ce guide soient exacts au moment de mettre sous presse. Toutefois, des erreurs peuvent toujours se glisser, des omissions sont toujours possibles, des adresses peuvent disparaître, etc.; la responsabilité de l'éditeur ou de l'auteur ne pourrait s'engager en cas de perte ou de dommage qui serait causé par une erreur ou une omission.

Écrivez-nous

Nous apprécions au plus haut point vos commentaires, précisions et suggestions, qui permettent l'amélioration constante de nos publications. Il nous fera plaisir d'offrir un de nos guides aux auteurs des meilleures contributions. Écrivez-nous à l'une des adresses suivantes, et indiquez le titre qu'il vous plairait de recevoir.

Guides de voyage Ulysse
4176, rue Saint-Denis, Montréal (Québec), Canada H2W 2M5, www.guidesulysse.com, texte@ulysse.ca

Les Guides de voyage Ulysse, sarl
127, rue Amelot, 75011 Paris, France, voyage@ulysse.ca

Catalogage avant publication de Bibliothèque et Archives nationales du Québec et Bibliothèque et Archives Canada

Mansion, Hubert, 1960-
Guide de survie des Européens à Montréal
4e édition.
Édition originale : Montréal : Agence Serendipity, [2003?].
Comprend un index.
ISBN 978-2-89464-535-2
1. Montréal (Québec) - Guides. 2. Montréal (Québec) - Mœurs et coutumes - Humour. 3. Européens - Québec (Province) - Montréal - Humour. I. Titre.
FC2947.18.M36 2017   917.14'28045   C2017-940686-8

RECYCLÉ
Papier fait à partir
de matériaux recyclés
FSC® C103567

À Rebecca

Table des matières

Table des matières

Hubert Mansion, survivant européen depuis plus d'une décennie, s'est sacrifié à la beauté des Montréalaises, à la pureté de l'hiver, aux *bagels*, et à la douceur de vivre dans la Belle Province pour dire aux Européens et rappeler aux Québécois que Montréal devient l'une des plus importantes métropoles francophones du monde.

Il est également l'auteur, entre autres ouvrages, des *Trésors cachés du français d'Amérique* (Éditions de l'Homme), *Chibougamau, dernière liberté* (Michel Brûlé) et *Mistissini, terre des Cris* (Cornac).

Avertissement

Étant donné que l'auteur de ce guide est un irresponsable pour ne pas dire un vrai malade, l'éditeur décline toute responsabilité en cas de perte ou de dommage qui serait causé par une erreur ou une omission.

Ce livre est destiné uniquement à la lecture (à l'intérieur et à l'extérieur exclusivement). L'usage du guide sous la douche pourrait entraîner des taches d'humidité sur les pages. Ne pas employer comme protection contre les tornades, comme prévention contre les hémorroïdes ni même comme test de grossesse. Ne convient pas aux enfants ne sachant pas lire.

Pour un résultat optimal dans le noir, allumez la lumière.

*Pour toute plainte, **hubert@hubertmansion.com***

Les **chiffres** et les **lettres**

Fraîchement débarqué

La deuxième semaine, on a compris que breuvage signifie boisson, ustensile couvert, chum copain, bienvenue de rien, poutine n'essayez pas, liqueur, tout ce qui se boit sauf l'eau; que job a changé de sexe en passant l'Atlantique, que gang se prononce «gagne» et que le mot de Cambronne se dit avec un *a*, quand on suggère de la manger. Il faut six mois, ensuite, pour comprendre le sens exact de niaiseux, trouver l'équivalent précis de magasinage, cédule et pogner; pour saisir que versatile n'est pas pantoute employé dans le sens du dictionnaire. Et il faut tout un hiver pour comprendre l'expression «tempête de neige» qui suppose de la neige mais pas forcément de vent et encore moins de tempête. Il faut ainsi plus de temps pour s'acclimater au langage qu'à la température: mais quand on l'a fait, il reste tout à comprendre.

Car il y a les mots anglais qu'on ne prononce qu'avec l'accent américain. On ne dit pas «party» mais «pa*RTÉ*»; il y a les mots français auxquels on ajoute des *t* à la masse; on doit dire «icitte» pour ici, «au boutte» pour au bout, et même «j'ai faite mon devoir de français». Mais cela n'est encore rien.

Car outre les mots, il y a les formules, tu le sais-tu? On ne dit pas «ensuite» mais «ensuite de ça» qu'il faut prononcer «ensuite de tso». On ne dit pas une amie, mais une amie de fille. Pourquoi? On n'en sait rien. Quand on émigre, on ne juge pas: si l'on trie, on ne peut pas tout connaître. Et quand on a compris tout ça, on n'a rien compris.

Car il reste à comprendre le principal : ce que tout cela veut dire. Qu'un Québécois disant « cô lô » indique son désaccord, comment pourrait-on le savoir avant de l'avoir subi ? « Çô lô » ne désigne pas un objet qui serait quelque part, mais l'état d'un Québécois au bord de l'implosion; où pourrait-on l'apprendre autrement qu'ici ? Les étrangers prétendent qu'un Québécois ne dit jamais non en face. Peut-être que ce mot n'existe pas, en effet, car on l'entend rarement. Mais il y en a deux qui le remplacent et qui sont pires : quand, après avoir dit « cô lô », un Québécois finit par « lô lô », il dit à la fois : *f*** you* pour les Américains, *aux armes citoyens* pour les Français, *vaffanculo* pour les Italiens et *tous à l'abri* pour tout le monde : ce n'est peut-être plus du français, ce n'est pas encore de l'espéranto et ce ne sera jamais de l'espagnol. Mais ceux qui n'ont pas compris le comprendront dans cinq secondes.

Leçon de survie

Les mots

Il est très dangereux de corriger les Québécois: il suffit de les traduire. Parfois il faut, dans la même minute, traduire leur français en anglais et leur anglais en français pour comprendre quelque chose et c'est sans doute pourquoi l'Immigration favorise les candidats bilingues. Rue Saint-Denis, il y a ainsi un restaurant où l'on affiche **Chiens chauds** mais quand on en commande, la serveuse demande si on le veut ***alldressed*** (prononcer **«ôldress»**). Elle demande la même chose pour les «hambourgeois». Le fait ne date pas d'hier car en 1902, un voyageur français avait noté cette inscription vue à Québec : «Prohibé d'outrepasser les prémisses».

Ceci dit, les Français devraient arrêter de m'énerver avec leur problème d'«accent québécois». Premièrement, il est heureux que les gens aient un accent. C'est pourquoi je ne reproche pas aux Parisiens le leur (qui est souvent franchement agaçant); deuxièmement, l'accent qu'ils reprochent à nos amis ne vient pas du Québec, mais de France. On pense même que toute la France parlait autrefois comme le Québec d'aujourd'hui, du fait qu'aucun voyageur d'avant la Révolution n'a remarqué une quelconque différence d'accent en Nouvelle-France. Enfin, il serait plus utile, pour les Français, d'apprendre à parler l'anglais que de critiquer le français des autres, non?

Enfin, contrairement à une idée répandue chez les Européens, Montréal a

Montréal en couleurs

Sur les **1 844 500 passants** que vous rencontrerez dans l'agglomération de Montréal, statistiquement :

1 285 420 seront Blancs

206 795 seront Asiatiques

155 810 seront Noirs

109 605 seront Arabes

70 500 seront Latinos

16 370 seront un peu tout ça et bien d'autres choses encore

Dans cette population multicolore, 57 % parlent le français et l'anglais, 28 % ne parlent que le français, 11,8 % ne parlent que l'anglais et 2,6 % ne parlent ni le français ni l'anglais.

Source : Statistique Canada, 2011

toujours été bilingue et il est heureux que le français qu'on y parle soit différent d'ailleurs : le jour où nous parlerons tous de la même manière, qu'aurons-nous à apprendre aux Ricains ?

Les Américains trouvent que les Canadiens anglophones ont un accent particulier uniquement quand ils prononcent la lettre *z*. Ils disent «zed» au lieu de «zee». Fabuleux

comme info, non? On reconnaît également les Belges à leur manière de dire 8, qu'ils prononcent «wouit».

On sait tous en arrivant que les Québécois disent **char** pour «voiture» et **bienvenue** pour «de rien». De leur côté ils savent, en débarquant en France, qu'on dit **parking** pour «stationnement» et **mail** pour «courriel».

Inversement, il y a des mots de notre vocabulaire courant qu'ils ne comprennent pas. En dehors de tout folklore, cela pose parfois des problèmes pratiques réels et il faut donc consulter les lexiques suivants :

1. Lexique québécois-français

Quand ils disent	Ça veut dire
abreuvoir	fontaine
achaler	énerver
affidavit	déclaration sous serment
agacer	titiller

Quand ils disent	Ça veut dire
aiguisoir	taille-crayon
allô	bonjour
amie de fille	amie
aréna	stade de hockey
aréoport	aéroport
arrêt	stop
Autochtone	Indien
balayeuse	aspirateur
bas	chaussette
barrer (une porte)	verrouiller
baveux	insolent
bonjour	au revoir
bec (un)	baiser (un)
bibitte	insecte
bitcher quelqu'un	déblatérer sur lui
blé d'Inde	maïs
blonde	petite amie
bobettes	slip, culotte, caleçon, string
brassière	soutien-gorge
brocheuse	agrafeuse
broche à foin	bancal, bordélique
brosse (prendre une)	prendre une cuite
brûler (un CD)	graver
cabaret	plateau
caller un meeting	organiser une réunion
camisole	débardeur
canceller	annuler
canne	boîte de conserve
cantaloup	melon
capoter	flipper
cartable	classeur

Quand ils disent	Ça veut dire
céduler	planifier
cenne (une)	cent (un)
chandail	t-shirt/sweat-shirt/top
change	monnaie
chat sauvage	raton laveur
chauffer une voiture	la conduire
chevreuil	cerf de Virginie
chialer	se plaindre
chum	petit ami
code NIP	code Pin
communautés culturelles	immigrés
condo	appartement dont on est propriétaire
contracteur	entrepreneur
craque	selon le contexte, fente des fesses ou du décolleté
crayon	Bic
croche	mal foutu
cruiser (« crouzer »)	draguer
cueillette	retrait d'un document par un coursier
débarrer	ouvrir
de même	comme ça
denturologiste	dentiste prothésiste
dispendieux	très cher
douillette	couette
échapper (quelque chose)	laisser tomber
écœurant	fantastique
écouter un film[1]	regarder un film
efface (une)	gomme
en tous cas	bref
épinglette	pin's

[1] Provient de l'époque où la télévision n'émettait pas d'images.

Quand ils disent	Ça veut dire
éventuellement	finalement
fête	anniversaire
filer	se porter
filière	armoire
fin	gentil
fin de semaine	week-end
fiter	ajuster
fly (une)	braguette
flabergasté (e)	abasourdi (e)
flo	enfant
flusher	jeter, virer
foirer	rater, louper
football	football américain
frencher	embrasser avec la langue[2]
foufounes	fesses
gang (une)	bande
gaz	essence
geler	anesthésier
gosses	testicules
gosser	bricoler
grippe	rhume
granola (un)	hippie écologique
guidoune (une)	pétasse
joual	patois indigène
kétaine	ringard
lâcher un call	faire un appel au téléphone
le monde	les gens
magasiner	lécher les vitrines
maganer	abîmer

[2] *En pratique poser les lèvres sur la bouche du (de la) partenaire Au moment où il (elle) l'ouvre pour respirer, y introduire subrepticement mais virilement (délicatement) la langue Si l'indigène répond « Stie d'câlice! », ne pas recommencer.*

Quand ils disent	Ça veut dire
manette	télécommande
maringouin	moustique
matante	ma tante, ringarde
mêlant	compliqué
mêlé (être)	être confus
millage	kilométrage
mononc	mon oncle, ringard
mope (une)	serpillière
mouffette	putois
napkin	serviette de table
niaiser	faire marcher
Nioufi [3]	Belge (C'est l'histoire d'un Belge…)
odomètre	compteur kilométrique
ôldress	tout garni (se dit à propos des hot-dogs et des pizzas)
oubedon	ou bien
pain brun	pain gris
pamphlet	dépliant publicitaire
pantoute	du tout (pas pantoute : pas du tout)
patente	chose, truc
par exemple	par contre
party (« parté »)	soirée
party de Noël	fête pouvant tourner à l'orgie
peut-être	non
peser sur	appuyer
PFK	KFC
piasse (une)	dollar
pièce de 30 sous (une)	pièce de 25 cents
piton	touche de clavier
pitonner	taper

[1] *Vient de Newfoundland (Terre-Neuve)*

Quand ils disent	Ça veut dire
pitoune	gonzesse[4]
placotter	bavarder
plate	ennuyeux
plateau	cabaret
poche	mauvais, nul
pot (« potte »)	marijuana
poudrerie	fine neige chassée par le vent
pouceux	auto-stoppeur
prélart	linoleum
rapport d'impôt	déclaration de revenus
réchauffer un café	en resservir
régulier	normal
République (La)	République dominicaine
salle de bain	toilettes
sauf que	mais
serrer	ranger
sloch	neige sale et fondue qui fait « slotch »
sontaient (ils)	étaient (ils)
sous-marin	sandwich
steamé	cuit à la vapeur
stie de	*!$?? de
soccer	football
sou	cent
sou noir	pièce de un cent
spécial	solde
suçon	sucette
sucette	suçon
sur le pouce (voyager)	faire du stop

[4] *Selon certains experts, pitoune signifie aussi « troncs d'arbres ébranchés et coupés à la bonne dimension pour la fabrication du papier ». Rare dans cette acception à Montréal, mais on a retenu la notion de « coupé à la bonne dimension ».*

Quand ils disent	Ça veut dire
tabarnak (tabernacle)	bordel de merde
table d'hôte	menu du jour
tanner	ennuyer
tape (« tépe »)	ruban adhésif
temps des Fêtes	du 15 décembre au 34 décembre
téteux	pointilleux
ticket	PV
toune	chanson
transiger	faire des affaires
Tremblay	Dupont
tu	vous
tuque (une)	bonnet
vente	solde
versatile	ayant de nombreux dons
VTT	squad
wiper	essuie-glace
Youèss	U.S.

Les expressions

Les expressions méritent également une traduction car elles sont pour nous, et même après des années, tout à fait incompréhensibles.

« M'am starter un bill »

Pourquoi dire : « Je compte consommer plusieurs boissons alcoolisées dans votre sympathique établissement, de sorte qu'il serait plus efficace d'un point de vue managerial de les noter systématiquement et de me présenter l'addition en fin de nuit plutôt que venir me demander de payer après chaque verre » *alors qu'on peut simplement dire :* « M'am starter un bill » ?

2. Lexique des expressions courantes

Quand ils disent	Ça veut dire
adresse civique	numéro de maison
arrive en ville	réveille-toi, sois réaliste
benvoyondon	ça alors
ça fait changement	ça change
c'est ça qui est ça	c'est comme ça
c'est de valeur	c'est dommage
ce s'ra pas long	ça va prendre un certain temps
c'est complet?	le compte est juste?
chez eux	chez lui (elle)
chez nous	chez moi
crisser son camp	partir
donner du lousse	donner du mou
donner un quiou	donner une information
être chaud	être saoul
faire de quoi	faire quelque chose, réagir
faire son (sa) fraîchié(e)	faire le malin, le prétentieux
fait frette en titi	on se les gèle
fait que	(se dit quand on a rien à dire)
garrocher une patente	lancer un truc
icitte	ici
j'ai mon voyage	j'en ai assez ou je n'en reviens pas
mange de la marde	(interjection inconvenante)
mets-en! (« mèzan »)	tu l'as dit! Et comment!
numéro 1	parfait
œufs tournés	œufs sur le plat cuits à l'envers
on jase là	j'dis ça, j'dis rien
on vous a répondu?	on s'occupe de vous?
parler à travers son chapeau	parler de quelque chose qu'on ne connaît pas
pas pire	pas mal
petite vite (une)[5]	baise express (une)
se pogner le cul	s'ennuyer, ne rien faire
serdon la balayeuse dans la dépense	range l'aspirateur dans le placard
stie d'câlice	expression de mécontentement
stie d'câlice de ciboire	expression de sérieux mécontentement

[5] *Du latin « quick fuck ».*

Quand ils disent	Ça veut dire
ta-ben-jwi? **(expression amérindienne)**	as-tu aimé notre nuit d'amour?
t'as pas un tip pour la waitress?	as-tu du pourboire pour la serveuse?
tranquillement pas vite	peu à peu
veux-veux-pas	qu'on le veuille ou non
vadontoé	*you're kidding me*
votre appel est important pour nous	attendez que quelqu'un décroche
y a pas personne	il n'y a personne
y mouille à siaux	fichtre, quelle pluie diluvienne

Interjections stupéfiantes

Quand ils disent	Ça veut dire
ayoye	wouaw
fiou	ouf
oh boy	oulala
ouache	beurk
opelaï	olé
wouin	ouais

Le cas de merci

Merci est un signe d'acquiescement. De sorte que, quand un Européen dit merci en hochant négativement la tête (non merci, je ne veux plus de poutine), il provoque chez le serveur un blocage du système cortico-cérébral avec envoi massif de noradrénaline contradictoire, sans parler des hormones de synthèse incapables précisément de faire la synthèse, ce qui engendre l'afflux d'une nouvelle poutine sur sa table. Il fallait simplement dire « non ».

Alors que nous ne comprenons pas le leur, les Québécois comprennent très bien notre vocabulaire. Mais il y a quelques exceptions.

3. Lexique français-québécois

Si vous voulez dire	Dites
agrafeuse	brocheuse
au revoir	bonjour
bonjour	allô
Bic	crayon
caddie	carrosse
café (un)	expresso
caravane	roulotte
chialer	pleurer
classeur	cartable
clébard	chien
Coca	Coke
courgette	zucchini
coursier	courrier
distributeur de billets	guichet automatique
faire ses courses	magasiner
feu de circulation	lumière
football	soccer
j'adore vos gosses	j'adore vos enfants[6]
laque	spraynet
liqueur	alcool
masseuse	massothérapeuthe
meuf	femme
Nesquik	Quick
occasion (d')	seconde main, usagé(e)
œufs sur le plat	œufs miroir
pastèque	melon d'eau
patin à roulettes	patin à roues alignées[7]
PCV	appel à frais virés
poncer	sabler
pressing	nettoyage à sec, nettoyeur
ringard	kétaine
rouler une pelle	donner un *french kiss*
ruban adhésif	tape (« tépe »)
se mettre sur son trente et un	être sur son trente-six
sparadrap	Plaster
WC	salle de bain

[6] *Voir le mot « gosses » dans le Lexique 1, p. 16.*
[7] *En effet, quand elles étaient perpendiculaires, ça ne marchait pas.*

Comme l'a souligné un auteur admirable[8], de nombreux mots qui sonnent aux oreilles françaises comme des anglicismes n'en sont pas («canceller» se disait sous la Renaissance en France et Montaigne écrivait «tomber en amour»). Le français d'Amérique recèle des trésors perdus en Europe («ébarouir», «abrier», «débiscailler») qu'il faut protéger comme des oiseaux fragiles.

ARRÊT STOP ## La robolangue

«*Conservez vos imbéciles efficacement avec l'égouttoir d'entreposage d'imbécile de barre d'haltères de Bonnet*», traduction de «*Store your dumbbells efficiently with the Cap Barbell Dumbbell Storage Rack*». L'intelligence artificielle des robots traducteurs a du chemin à faire.

Il y a eu aussi «*Pour le lavage, utiliser aimable bicyclette*» pour «*To wash, use gentle cycle*»; «*bon pour le polonais*» pour «*good for polishing*», «*salade de haricots en bonne santé*» pour «*healthy bean salad*» et «*on en vole partout*» pour «*we ship worldwide*» (UPS).

Les noms propres

Les noms de villes proviennent du français, de l'Église catholique, de l'amérindien et parfois de tout en même temps, car les Québécois ont inventé des noms de saints sur la base de mots indiens. Ils en ont aussi donné en hommage à un maire local ou parce qu'ils ne trouvaient rien d'autre. Un vrai mic-mac.

En amérindien et en vrac

Chibougamau	lieu de réunion
Chicoutimi	fin de l'eau profonde
Mégantic (lac)	transcription approximative de «Namagontekw» qui signifie en abénaquis: «lac à la truite saumonée»
Mont-Tremblant	cet endroit s'appelait «Manitou Ewitchi Saga», ce qui signifie en algonquin «les monts du terrible Manitou» car les Indiens pensaient que si l'on dérangeait la nature, Manitou ferait trembler la montagne. Trembler… tremblant…
Québec	là où c'est étroit (où le fleuve se resserre)[9]
Saguenay	source des eaux
Tadoussac	en montagnais: «les seins, les mamelles» (à cause des collines)

---

[8] *Moi*, Les trésors cachés du français d'Amérique, *Éditions de l'Homme, 2017.*

[9] *Certains historiens pensent aujourd'hui que le nom de la ville serait plutôt d'origine normande.*

Donc, si vous dites par exemple: «mégantic tadoussac» ça signifie (à peu près): «viens faire du **topless** dans une petite crique que je connais où il y a des truites saumonées» (si elle vous répond «Mont-Tremblant», c'est qu'elle préfère le Hilton).

Pour dire **New York**, il faut prononcer «niouyork», mais pour **Boston**, il faut dire «bosse-thon».

Canada vient de l'iroquoien *kanata* qui signifie «ensemble de cabanes» et par extension, «village».

Bien d'autres mots amérindiens sont passés dans le langage courant. Le linguiste Louis Tardivel en a compté deux cents[10]: anorak, kayak (inuit), caribou (algonquin emprunté au micmac), mocassin, toboggan, touladi mais aussi «pitoune» et «tabagie» (algonquin).

Les noms de famille québécois viennent essentiellement de France. Comme vous avez pu le constater, 83 620 personnes s'appellent **Tremblay** et 60 680 **Gagnon**. Mais ce qui est vraiment surprenant, c'est que 798 personnes s'appellent **Laframboise**, et 799 **Surprenant**, sans compter les multiples Brind'Amour, Jolicœur, Ladouceur, Laflamme ou Latendresse et les quelques **Yvon Gagné**, des types hyper positifs, et **Yvan Desbien**, commis au Dollarama.

Les lettres

Les claviers québécois sont de type qwerty améliorés, car ils comprennent les accents. Si ce n'est déjà fait, sélectionnez «clavier» dans le panneau de configuration Windows, puis «français du Canada».

Il arrive fréquemment (dans les cafés Internet) de ne disposer que de claviers américains où l'on ne trouve ni les é, ni les è, ni les à, ni les ô… Pour éviter que vos correspondants pensent que vous avez oublié l'accent:

Pour écrire	Tapez Alt et
é	130
è	138
à	133
â	131
û	150

Pour écrire	Tapez Alt et
ù	151
ê	136
ô	147
û	150
î	140
ç	135

Les Québécois mettent des accents aux majuscules, comme devraient le faire tous les francophones.

Pour écrire	Tapez Alt et
À	0192
Â	0194
Ç	0199
È	0200
É	0201
Ê	0202
Î	0206

[10] *Tardivel, Louis,* Répertoire des emprunts du français aux langues étrangères, *Septentrion, Sillery, 1991.*

Par ailleurs, le format A4 est inconnu des imprimantes qui utilisent le format «lettre». Pour ceux qui ont apporté leur ordinateur européen mais qui ont acheté une imprimante québécoise,

la colocation n'est pas facile. Dans le logiciel d'impression, choisir «adapter le format A4 en lettre» ou créer un nouveau format de page par défaut. J'ai mis deux ans à comprendre.

Comprendre une petite annonce

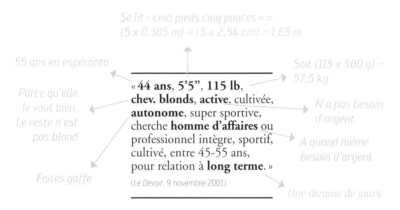

Se lit « cinq pieds cinq pouces » =
(5 x 0,305 m) + (5 x 2,54 cm) = 1,65 m

55 ans en espéranto

Soit (115 x 500 g) = 57,5 kg

Parce qu'elle le vaut bien. Le reste n'est pas blond

N'a pas besoin d'argent

« **44 ans, 5'5"**, 115 lb, **chev. blonds**, **active**, cultivée, **autonome**, super sportive, cherche **homme d'affaires** ou professionnel intègre, sportif, cultivé, entre 45-55 ans, pour relation à **long terme.** »

(*Le Devoir*, 9 novembre 2001)

A quand même besoin d'argent

Faites gaffe

Une dizaine de jours

Les chiffres

Le système métrique est légalement en vigueur au Canada depuis 1971, c'est pourquoi on compte encore avec le système «impérial» institué par l'Angleterre en 1829. Super pratique. Il suffit de savoir que l'équivalence est à peu près :

> **1 livre (1 lb)**   ½ kilo

> **1 pied (1 pi)**   30 cm (comparez avec le vôtre)

> **1 pouce (1 po)**   2,5 cm (comparez avec le vôtre)

> **1 verge (1 v)**   1 mètre (ne comparez pas)

> **1 once (1 oz)**   28 grammes

> **1 pinte (1 pt)**   1 litre

Le pire, ce sont les pieds carrés qui valent :

1 pied carré = 0, 093 m². Pour simplifier, 10 m² = 100 «pi ca».

Pour les **températures**, la météo calcule en degrés Celsius mais les cuisinières et les fours en degrés Fahrenheit. Retenons que :

$400°F = 200°C$

et ça suffit car personne ne cuit rien à 400°C.

Pour convertir des Celsius en Fahrenheit, la formule bien connue des ménagères est :

$C = (F-32) - 5/9$

Ce qui explique que -40°C = -40°F.

Comme le système impérial avait aussi ses mesures de cuisine :

> **1 tasse**   250 ml

> **1 cuiller à thé**   5 ml

Reste le problème des **tailles de vêtement**. La règle est très simple, car les Québécois commencent à compter quand nous sommes à 30. Ainsi, un 36 en France correspond à un 6 ici et un 12 est pour nous un 42. Exercice : quel est l'équivalent d'un 38 ? Il fallait répondre un 8 (*final answer*). Passez quand même par la cabine d'essayage.

Pour **les pointures**, la formule est : $\cos x2(a+b)^3$

En pratique :

Hommes		Femmes	
Europe	Canada	Europe	Canada
38	5	36	5
39	6	37	6
40	7	38	7
41	8	39	8
42	9	40	9
43	10	41	10

Oui, mais **les collants**, Hubert ?

France	Québec
0	8
1	8 ½
2	9
3	9 ½
etc.	

Pourriez-vous maintenant nous parler des **tailles de lit ?** Avec plaisir. On désigne ici les dimensions des lits, matelas et draps par les noms suivants :

> **Simple**   0,9 m x 1,85 m

> **Double**   1,35 m x 1,85 m

> **Queen**   1,50 m x 2 m

> **King**   1,90 m x 2 m

La **pression artérielle** est multipliée par 10. Une tension normale est ainsi de 120.

Mais la **pression des pneus** se calcule en kilopascal.

Si ça vous passionne, la vraie table de conversion est la suivante :

Longueur

1 pouce	2,54 cm
1 pied	0,305 m
1 verge	0,914 m
1 mille	1,609 km

Superficie et volume

1 pouce carré	6,452 cm²
1 pied carré	0,093 m²
1 verge carré	0,836 m²
1 mille carré	2,59 km²
1 acre	0,405 ha
1 chopine	0,567 litre
1 pinte	1,135 litre
1 gallon	4,534 litres

Si ça vous survolte, il faut savoir en outre que les mesures américaines ne correspondent pas aux mesures canadiennes (qui sont anglaises). Or rien de ce qui est anglais n'a son équivalent quelque part dans le monde, sauf

Votre accent est important pour nous...

Les logiciels de reconnaissance vocale utilisés dans certaines entreprises ne reconnaissent que l'accent québécois et il vous faudra l'imiter si vous voulez être compris.

Vous voulez parler à Mélanie Leblanc? Dites à l'ordinateur « Mélanie Leblin ». Sinon, il vous enverra chez Isabelle Lasalle.

*Un dernier mot, le plus bizarre de tous : **orignal** ne vient pas du français, ni de l'anglais, ni de l'indien mais... du basque! Orignac signifie « élan ». Le terme a été adopté par les Indiens au cours des contacts qu'ils entretenaient avec les pêcheurs venus des côtes françaises.*

au Canada. C'est pourquoi un gallon (américain) n'est pas un gallon (canadien-anglais).

Une application utile et gratuite (Android, Iphone) : **Universal Converter**.

Les Nord-Américains mettent des virgules où nous mettons des points. Quand ils écrivent : 12,330, il faut lire douze mille trois cent trente. En principe, les Québécois n'emploient la virgule que pour la décimale, mais il est prudent de vérifier...

On écrit les **numéros de téléphone** en séparant les trois premiers chiffres qui représentent l'indicatif régional et les trois suivants : 514-123-4567. On prononce les 10 chiffres un par un.

Quand ils parlent de leur **salaire**, les Québécois donnent leurs revenus annuels (bruts) et non pas mensuels. S'ils prétendent gagner 125 547 $, il faut leur demander de diviser par douze pour savoir combien ils gagnent par mois (alors que la plupart d'entre eux sont payés toutes les deux semaines).

Un néologisme et un indispensable

Graciation
néologisme québécois. Remise à l'eau du poisson que l'on vient de pêcher.

Kétaine
adjectif signifiant « ringard », « cul-cul ». Kétaine est un dérivé de « quéteux », terme remontant lui-même au XVe siècle. Une autre étymologie fait remonter le mot à la famille Kitting, de Saint-Hyacinthe, connue pour son habillement dépassé.

Se déplacer
à Montréal

Leçon de survie

La géographie de la ville

Ce qui est très énervant pour un Européen, c'est que les Québécois parlent sans cesse de nord, sud, est et ouest pour tout indiquer. Inutile de consulter une boussole puisque ces directions sont imaginaires. En réalité, il ressort de mes explorations qu'il existe plusieurs artères importantes.

Le boulevard Saint-Laurent: il coupe verticalement la ville, du sud au nord. En montant le boulevard, tout ce qui se trouve à gauche est à l'ouest et le reste à l'est. Certains prétendent qu'il trace aussi une frontière linguistique entre les francophones et les anglophones. Je n'ai jamais remarqué.

Dans la même rue, la numérotation des immeubles recommence à zéro quand on passe de l'est à l'ouest, c'est-à-dire quand on croise Saint-Laurent (il n'y a pas de changement climatique majeur). Dans une même rue, on trouve donc très souvent deux mêmes numéros. Par ailleurs, les chiffres montent toujours en allant vers le nord (à partir du fleuve).

La rue Saint-Denis: parallèle au boulevard Saint-Laurent comme à bien d'autres en Amérique du Nord (Pie-IX est ainsi parallèle à Sunset Boulevard). Or il faut savoir que la numérotation des immeubles est la même que dans toute rue qui lui est parallèle. Ainsi, le 2300 Saint-Laurent est exactement à la même hauteur que le 2300 Saint-Denis,

Saint-Hubert, etc. Chouette ce livre, non? Pour parler comme un vrai guide, en flânant sur cette agréable artère, vous découvrirez une foule polyglotte et bigarrée.

Vous vous sentez déboussolé? Voilà le pire. Le nord des Montréalais... n'est pas le nord. En effet, on considère que le Saint-Laurent coule d'est en ouest. Mais en réalité quand il arrive dans le centre-ville, il fait un crochet vers le nord. C'est pourquoi les artères parallèles au Saint-Laurent sont dites est-ouest (au lieu de nord-sud) et celles qui lui sont perpendiculaires sont dites nord-sud (au lieu de est-ouest) de sorte que le vrai nord se trouve en fait au nord-est. Une boussole ne vous servira donc à rien, pas plus qu'un altimètre car le terme « côte », au Québec, n'indique pas toujours une dénivellation (il s'agit parfois d'une déformation du mot « côté » en référence aux limites des terrains dans le système seigneurial de la Nouvelle-France). Tout ceci n'explique d'ailleurs absolument pas pourquoi les Cantons-de-l'Est sont au sud, finalement.

La rue Sainte-Catherine, dont le nom vient peut-être d'une fille naturelle de Louis XV émigrée avant nous, est perpendiculaire à Saint-Laurent et à Saint-Denis ainsi qu'à plein d'autres évidemment, qu'elle coupe en bas (au sud). Elle mesure 15 km, constitue la plus grande artère commerciale du Canada et est également arpentée par une foule polyglotte et bigarrée.

La rue Sherbrooke: elle est parallèle à Sainte-Catherine et va donc d'est en ouest, disons de droite à gauche. Longue de 32 km, elle permet aux nouveaux arrivants qui l'empruntent d'est en ouest de comprendre une bonne partie de l'histoire de Montréal et du Québec en général, tout en restant dans leur voiture. Il suffit de regarder par la fenêtre l'évolution du paysage urbain.

En ce qui concerne les bigarrés et les polyglottes, c'est pareil.

Et nous terminons cette visite avec **la rue Jean-Talon**, notre père à tous, qui coupe en haut (au nord) Saint-Laurent, Saint-Denis, etc. Elle est donc parallèle à celle qui les coupe en bas (au sud), la rue Sainte-Catherine. Pourquoi notre père à tous? Il est un des premiers à installer deux mille immigrants au Canada. Et il impose une amende aux célibataires. Ainsi, vous êtes au Québec grâce à Jean. Et votre coloc est sur terre grâce à lui itou.

Quoi qu'il en soit, les rues sont tellement longues que personne ne comprendra où vous voulez aller si vous n'indiquez pas la « rue transversale », c'est-à-dire la plus proche rue perpendiculaire à la vôtre. À Montréal,

*Montréal comptait près de **2 millions d'habitants** en 2015, 28 000 employés, 13 syndicats et associations professionnelles, et 103 élus pour un budget annuel de 5,2 milliards $.*

on ne dit donc jamais : « j'habite au 3505 rue Clark » car personne ne sait où c'est, mais : « j'habite sur Clark et Prince-Arthur ». Au début, on pense que tous les Québécois habitent à des coins de rue, mais en fait, il y en a aussi qui habitent dans la rue elle-même.

Les arrondissements

La ville de Montréal comprend **19 arrondissements**, dirigés par un conseil particulier aux compétences spécifiques. Il faut y ajouter **15 villes de banlieue** reconstituées. C'est ainsi que Westmount, par exemple, qui se trouve sur l'île de Montréal, ressemble peut-être à un village de Schtroumpfs mais forme en réalité une ville à part entière de 3,9 kilomètres carrés et huit districts électoraux.

Ensemble, ces arrondissements et joyeux lurons reconstitués se retrouvent au **conseil d'agglomération**. Quant au **conseil municipal de Montréal**, il est composé de 18 maires d'arrondissement, 46 conseillers et le maire de Montréal en personne. Le « **Grand Montréal** » (plus de 4 millions de personnes) comprend l'agglomération de Montréal, la Ville de Laval (qui ne se trouve pas sur l'île), l'agglomération de Longueuil (*idem*), la banlieue nord et la

banlieue sud. En deux mots : ce n'est pas parce que vous habitez sur l'île que vous vous trouvez à Montréal, ni parce que vous êtes un nain de banlieue que vous n'êtes pas un grand Montréalais.

Les quartiers

Le Vieux-Montréal a un karma pas possible. Longtemps la cible des Indiens, il l'est aujourd'hui des touristes. Rasé par de nombreux incendies, il a finalement été titré arrondissement historique en 1964. C'est donc là que les Américains viennent visiter l'Europe alors qu'il est impossible de se garer.

Saint-Henri, au bord du canal de Lachine, fut l'un des quartiers les plus pauvres de Montréal et l'un des plus inspirés : l'humoriste Yvon Deschamps y est né tandis que le roman *Bonheur d'occasion* de Gabrielle Roy s'y déroule. Aujourd'hui en passe de devenir le nouveau Plateau (voir plus loin) car les usines désaffectées sont transformées en lofts, il a été le symbole du milieu ouvrier francophone. Pourquoi « Lachine » ? Pour se moquer d'un certain Robert (Cavelier de La Salle) qui voulait découvrir le chemin pour aller en Chine en passant par l'Amérique. En fait, il fallait passer par Dorval.

Outremont, au contraire, représente le Neuilly francophone, et autrefois celui des Iroquois. On distingue Outremont ma chère, Outremont casher et Outremont pas cher.

Westmount, c'est *idem*, mais pour les anglophones. Westmount jouit du statut de ville à part entière.

Le centre-ville est situé entre le Vieux-Montréal et le mont Royal. (Le problème avec le centre-ville, c'est qu'il y a beaucoup de flèches pour indiquer comment y aller, mais aucune pour avertir qu'on y est.) Majoritairement francophone. Au début du XXe siècle, l'ancien quartier des affaires installé rue Saint-Jacques s'y est déplacé.

Côte-des-Neiges, statistiquement, n'est majoritairement ni francophone ni anglophone. On y parlerait cent dix langues au sein des quatre-vingts «communautés culturelles» qui y résident: Vietnamiens, Espagnols, Arabes, Français…

Le Plateau est le lieu de la spéculation immobilière par excellence, un peu snob, un peu intello, peuplé d'Européens. Le Plateau mesure 8,1 km² et se trouve au sommet des plus fortes densités d'Européens en Amérique du Nord. La moitié de la population est âgée de 20 à 39 ans, surtout dans le **Ghetto McGill**, autour de l'université du même nom. En 2005, le Plateau avait été consacré «endroit le plus créatif du Canada» à cause du nombre d'artistes qui y résidaient. Ils ont depuis lors plutôt établi leurs pénates dans le Mile-End (voir ci-dessous).

Rosemont-Petite-Patrie, au nord du Plateau, doit son nom au roman autobiographique de Claude Jasmin dont a été tiré un téléfilm.

Il s'agissait autrefois d'un quartier industriel où travaillaient de nombreux immigrés italiens. Les usines abritent aujourd'hui des bureaux.

«Lesbiennes extraverties et juifs orthodoxes, vieux immigrés et primo-arrivants, antiquaires et *hipsters*, tous font désormais la vie de ce qui est considéré depuis peu comme le quartier le plus branché de Montréal», écrit le journal *Le Monde* à propos du **Mile-End**. Situé au sud de la Petite Italie, à la hauteur du croisement entre Saint-Laurent et Saint-Viateur, le Mile-End occupe le cœur de la créativité québécoise.

Hochelaga-Maisonneuve est le quartier du Stade olympique. Quand Jacques Cartier débarque à Hochelaga en 1535, il refuse de participer à une fête organisée par les Iroquois mais il leur lit l'évangile en français. Devant leur scandaleuse incompréhension, il escalade le mont Royal pour y faire sa grande déclaration. Or pour aller du Stade olympique au mont Royal, il faut au moins trente-cinq minutes, vu le nombre de stops. C'est pourquoi les historiens pensent qu'Hochelaga se trouvait alors à Outremont, en fait. Non seulement ce guide est utile, mais il est rempli d'humour. Et dans quelques lignes, vous apprendrez pourquoi il n'existe de toilettes publiques dans aucun de ces quartiers.

Le Village gay se trouve entre le Saint-Laurent et le parc La Fontaine, délimité par les rues Saint-Hubert et De Lorimier. Branché, bien sûr.

Endroit bientôt charmant de Montréal, en pleine restructuration, l'arrondissement de **Verdun** ne doit pas son nom à la ville française mais à la petite commune de Saverdun, située près de Toulouse, d'où provenait son fondateur. Et pourtant, elle a détenu le record canadien du taux de recrutement de soldats pendant la guerre 14-18. L'**île des Sœurs**, dans le même arrondissement, n'offre aucun intérêt, sinon pour les promoteurs et le vent glacial qui s'y faufile entre les tours.

La Rive-Sud se trouve juste après les embouteillages. Il suffit de passer le pont.

Les moyens de transport

Le bus: les lignes sont numérotées comme partout dans le monde. Mais étant donné que les rues sont longues et souvent à sens unique, le trajet des bus se limite à une rue.

Pour connaître l'horaire d'un autobus, appelez le **a-u-t-o-b-u-s** et tapez le numéro du bus *(514-288-6287)*.

On ne dit pas **le** 51 mais **la** 51. Ce n'est pas en raison de « une autobus » mais

ARRÊT STOP *L'application STM pour iPhone ou Android repère où vous vous trouvez, puis vous indique les stations de métro et de bus à proximité. Dans Google Play et l'App Store.*

de « une ligne d'autobus ». Ce guide est vraiment unique.

À l'intérieur de Montréal, le tarif est de 3,25 $. On peut se procurer des cartes magnétiques dans les stations de métro (carte de 10 passages pour 27 $, je viens carrément de vous faire économiser 5,25 $). Pour des trajets plus fréquents, il faut acheter la carte à puce Opus (6 $) que l'on charge électroniquement dans le métro pour une semaine (25,75 $) ou un mois (83 $).

Le métro: le réseau de métro compte **quatre lignes numérotées de 1 à 5**. La ligne 3 n'a en effet jamais été mise en service. Le métro est propre, sûr, bien organisé, mais il n'y a pas de toilettes publiques. Un seul ticket donne droit à une correspondance avec un bus, pour autant que la correspondance soit prise dans les 120 minutes à compter de l'heure inscrite à l'endos de la carte. Il faut l'insérer dans l'appareil situé à l'entrée du bus. Comme dit la STM, la correspondance ne permet pas à son détenteur d'effectuer un aller-retour ou d'interrompre momentanément son voyage pour aller voir sa copine et ensuite le reprendre sur la même ligne d'autobus, car il ne faudrait tout de même pas les prendre pour des caves. L'explication sur les toilettes publiques approche.

Le dernier métro: selon les lignes, entre minuit et minuit et demie en semaine, vers une heure le week-end.

En vous abonnant au trio Bixi-Auto-Bus de **Communauto**, vous bénéficierez de rabais sur votre abonnement au Bixi et au bus. Précisions sur ***www.communauto.com***.

Devenez un maître

Si vous êtes abonné au programme OPUS à l'année depuis plus de 12 mois (tarif ordinaire), vous pouvez bénéficier du statut Maestro. La personne qui vous accompagnera ne paiera pas sa place (les soirs de 18 h à 5 h et le week-end toute la journée).

Le métro et le bus sont gratuits pour les enfants de 0,1 jour à 5 ans. Comme le dit la STM, Le **programme Sorties en famille** permet à un maximum de cinq enfants de 11 ans et moins de voyager gratuitement s'ils sont accompagnés d'un adulte détenant un titre de transport valide du vendredi 18 h au dimanche 23 h 59, les jours fériés ainsi que lors des congés scolaires du temps des Fêtes, de la semaine de relâche au début mars et des vacances d'été (fin juin à début septembre).

Un site très utile pour tout savoir sur les métros et les bus : ***www.stm.info***.

Le taxi : on le hèle, on le trouve dans des stations et on le commande par téléphone. Il y en a en abondance dans le centre, peu ailleurs. La prise en charge est de 3,45 $, le prix au kilomètre de 1,70 $, la minute d'attente 0,63 $, l'âge moyen des chauffeurs 51,39 ans et le nombre de voitures est de 4 438, ce guide est fantastique. Le pourboire n'est pas obligatoire mais courtois. Il n'y a pas de tarif de nuit.

Les chauffeurs de taxi doivent porter une chemise blanche, un pantalon noir, et ne peuvent parler au téléphone en votre présence (même en mains libres). Si vous en rencontrez un qui porte une chemise noire, un pantalon blanc et qui appelle sa femme, composez le *1-855-599-TAXI*. Ce serait d'autant plus incroyable que tous les chauffeurs ont reçu en janvier 2017 un petit manuel intitulé *Taxi! Maintenir un service professionnel et protéger son métier*, qui précisait bien : « *Je suis un professionnel et j'en ai l'air. Je suis un ambassadeur de la ville. Je donne*

Prendre le taxi pour le prix d'un bus

Dans certaines parties de la ville, c'est comme à Cuba. On prend un taxi collectif, car il n'existe pas de bus. C'est peut-être étrange, mais les résidents de L'Île-Bizard doivent utiliser ce moyen de transport pour leurs balades insulaires.

un service de qualité, et mon image est à la hauteur de mon service. » Les taxis sont l'objet d'une moyenne annuelle de 646 plaintes, dont 58 % concernent le comportement des chauffeurs, 13 % le manque de courtoisie et 6 % le manque de civisme et la conduite indigne.

> **Taxi Diamond** *(514-273-6331)*

> **Co-op Taxi de l'Ouest métro-politain** *(514-636-6666)*

> **Unitaxi** *(514-482-3000)*

> ***L'application Tag Taxi*** permet de commander un taxi qui vient vous chercher grâce à la géolocalisation et à votre profil personnalisé.

> **Téo Taxi** *(http://teomtl.com)* propose des taxis électriques et un mode d'utilisation semblable à celui d'Uber. Les voitures sont blanches et vertes, on paie avec sa carte de crédit et il y a le Wi-Fi gratuit à bord.

Si vous voulez devenir chauffeur **Uber** à Montréal comme beaucoup de vos compatriotes, votre véhicule doit répondre aux exigences suivantes :

> Un véhicule à 4 portes avec 5 ceintures de sécurité

> Un toit rigide

> Modèle de 2008 ou plus récent

> Maximum de 350 000 km

Plus d'infos sur *www.uber.com/fr-CA/drive*.

car2go *(www.car2go.com)* est un service d'autopartage disponible partout, en tout temps. L'inscription coûte 5 $, le tarif est calculé à la minute (0,41 $ plus taxes), à l'heure (15 $) ou à la journée (59 $ avec un maximum de 200 km).

Netlift *(www.netlift.me)* est une application de covoiturage mise au point à Montréal. Elle met en contact conducteurs et passagers et permet de connecter un trajet en voiture à un trajet en transports en commun.

La voiture : (voir p. 75).

Les ponts : vu la congestion et l'état de délabrement de certains ponts, des promoteurs ont proposé d'installer un **téléphérique** au-dessus du Saint-Laurent. Le projet a été refusé pour des raisons esthétiques.

Le vélo : à Montréal, on **roule** à vélo presque autant qu'à Amsterdam : le réseau de pistes cyclables dépasse les 450 kilomètres.

> On **vole** des vélos à Montréal (c'est pourquoi la plupart des vélos attachés à un poteau sont démontés. Il y manque tantôt la selle, tantôt une roue). Il n'y a pas d'immatriculation obligatoire ni de taxe. Le casque est facultatif.

> On **loue** des vélos : l'arrivée du **BIXI**, un système de vélo en libre-service, a favorablement contribué à la pagaille régnant entre cyclistes, automobilistes et autres conducteurs. Les premiers, qui se considèrent généralement comme de gauche, dépassent les seconds par la droite en les injuriant quand ceux-ci se déportent au centre pour éviter un bus sortant de son

arrêt, pendant qu'un type sur son *skateboard* surgit du trottoir après avoir terminé son joint, saute de justesse au-dessus d'un nid-de-poule en trouvant ça ben ben *cool, man*. Les tarifs, les règlements, les lieux d'accès, les FAQ : ***https:// montreal.bixi.com***.

> Pour savoir combien il y a de vélos à votre station ou de places libres pour l'y laisser, téléchargez **l'application Bixi**, gratuite.

> On **donne** des vélos à **SOS Vélo**, une entreprise de réinsertion sociale, plutôt que les laisser rouiller sur la terrasse *(2085 rue Bennett, local 101, 514-251-8803, www.sosvelo.ca)*.

> On **transporte** son vélo en taxi : certaines compagnies disposent d'un porte-vélo pour 3 $ de plus. Le métro accepte aussi les vélos dans la première voiture, de 10h à 15h et après 19h en semaine, et toute la journée le week-end.

Le bateau : en été et en automne, on peut se rendre à Longueuil (ou à l'île Sainte-Hélène) par la navette fluviale pour 7,75 $. La traversée dure trente minutes et permet de prendre l'air. On embarque dans le Vieux-Port de Montréal et on débarque au Port de plaisance Réal-Bouvier de Longueuil. La navette propose aussi un *room service*, mais la bouteille de champagne coûte 140 $ et il faut la boire en une demi-heure. Génial pour un voyage de noces *super cheap*, elle ne se souviendra de rien. Départ de Montréal toutes les heures 35 à partir de 10h(35) *(Info navettes, 514-281-8000, www.navettesmari-times.com)*.

Dans le genre petit bateau et vieux port, il y a aussi **Le Petit Navire** propulsé électriquement, qui promène les touristes autour des quais, avec commentaires du capitaine, pour 20 $ *(514-602-1000, www.lepetitnavire.ca)*.

La **limousine nautique** est un taxi fluvial emmenant des groupes de passagers à l'endroit où ils désirent aller. Montant de base : 400 $. Tarifs à l'heure en supplément, selon le type d'embarcation choisie. Disponible du 1er mai au 1er novembre *(514-871-8356, www.navark.ca/croisieres.html)*

Les mobylettes : pratiquement inexistantes à Montréal, sauf le genre Vespa. Les motos sont en revanche très utilisées dans le crime organisé.

Les toilettes publiques

Et voici le moment attendu : il n'y a pas de toilettes publiques de type vespasienne parce que Jean Drapeau, ancien maire de Montréal, avait décidé qu'elles ne servaient qu'à abriter les malades sexuels. Donc il les a toutes fait supprimer, puis a interdit qu'on en bâtisse dans le métro, bravo Jean. C'est ainsi un empereur romain qui invente les toilettes publiques et un maire montréalais qui les désinvente : l'auteur de ce guide a un sens inné de la synthèse historique et réussit à nous faire traverser deux mille ans d'histoire d'un seul trait de plume. Saluons l'auteur de ce guide.

3

Emménager
à Montréal

Fraîchement débarqué...

À Fred

Un immigrant est tout de suite plongé dans des questions pratiques dont il ne soupçonnait pas l'importance et qui doivent être résolues dans l'heure : où achète-t-on du produit à vaisselle, des transformateurs? À quelle heure les magasins ferment-ils? Quel est le meilleur café? La meilleure grande surface? Quand commence la fin de semaine? Comment appelle-t-on la crème fraîche? Pourquoi n'existe-t-il nulle part des gants de toilette? Chacun, selon son origine, se pose mille questions; mais tout émigrant est irrésistiblement attiré vers un endroit magique, où il doit se pincer pour s'assurer qu'il ne rêve pas, parce qu'il trouve la réponse à bien de ces questions d'intendance : le Dollarama.

Aux temps héroïques, c'est-à-dire jusqu'à l'année dernière, chez Dollarama tout coûtait un dollar. Plus les taxes, évidemment. Tout! Les couverts, les assiettes, les chaussettes, la poudre à lessiver, le tire-bouchon, les bougies et les bougeoirs, l'encens et les encensoirs, tout, absolument tout. Je me disais en y entrant : «Dire qu'avec 500 dollars je pourrais m'acheter 500 fourchettes», et cela me procurait cette sorte d'ivresse du pouvoir qu'a ressentie Carla Bruni quand elle est entrée pour la première fois à l'Élysée. Mais des monstres, des fanfarons, des grands malades ont décidé depuis peu de bouleverser mes certitudes. Aujourd'hui Dollarama vend des fourchettes à 1,25 $, d'autres objets à 4 $, des «items» au prix d'antan, des gadgets à 1,50 $... on n'y comprend plus rien.

La nostalgie camarade. J'y retourne quand même. Évidemment on ne peut demander à des objets si peu «dispendieux» la qualité de ceux qui le sont plus. Les cuillers plient, les bougies s'évaporent et les tire-bouchons n'en tirent guère plus de deux. Il y a des réveils qui ne réveillent pas, des rasoirs qui ne rasent pas, enfin des tas d'objets qui n'ont d'extraordinaire que leur prix, quand même au-dessous de la moyenne quoique délirants de fantaisie. L'immigrant s'en plaint-il? Il en rit. Nous en rions tous quand nous nous retrouvons, et en parlant d'un futur achat, on se demande mutuellement : « Chez Dollarama? » avec l'air entendu de gens qui ont partagé le même vice. Enfin vient le temps où l'on fait le tri : on sait ce qu'il faut y acheter et y laisser. J'y passe toujours pour y retrouver ma naïveté des premiers jours et, quand je vois des maudits Français remplir leur petit panier avec cet air de gourmandise qui nous caractérise, je me dis : « Ce type n'est pas un émigré. C'est un émigrant. »

Leçon de survie

Heures d'ouverture

Des magasins

Lundi au mercredi : 10 h à 18 h

Jeudi et vendredi : 10 h à 21 h

Samedi : 10 h à 17 h

Dimanche : 12 h à 17 h

Les Walmart, Loblaws, Pharmaprix et consorts sont ouverts en semaine de 8 h à 21 h, et le week-ends de 8 h à 17 h.

Des dépanneurs

Ouverts jusqu'à 23 h. Certains restent ouverts toute la nuit.

Des bureaux

Lundi au vendredi : 9 h à 17 h

Des banques

Généralement de 10 h à 15 h du lundi au mercredi. Plus tard, les jeudi et vendredi parfois 18 h, parfois 20 h. Certaines succursales sont ouvertes le samedi. Finalement, les banques sont de grandes fantaisistes.

De la poste

Si certains bureaux de poste se trouvent dans certaines pharmacies en vertu d'une logique qui donne la migraine et que ces pharmacies occupent le fond d'une mini-grande-surface, il ne faudrait pas en conclure que la poste est ouverte en même temps que la pharmacie. En général, les heures d'ouverture de la poste sont de 9 h 30 à 17 h 30 du lundi au vendredi (certaines postes restent ouvertes plus tard, infos au *1-800-267-1155*).

Jours fériés

À part les 1er janvier et autres fêtes classiques, c'est congé le :

> **lundi précédant le 25 mai**
fête de Dollard, ou des Patriotes, ou de la reine d'Angleterre (au choix).

> **24 juin**
fête nationale du Québec (le Québec est la seule province au monde à avoir une fête nationale).

> **1er juillet**
fête nationale du Canada.

> **1er lundi de septembre**
fête du Travail.

> **2e lundi d'octobre**
Action de grâce.

> **11 novembre**
(pour les organismes d'État) jour du Souvenir.

Changement d'heure

Deuxième dimanche de mars et premier dimanche de novembre.

Dollarama

Il y a plusieurs Dollarama à Montréal. L'un des plus grands se trouve Place Montréal Trust, un centre commercial du centre-ville *(1500 av. McGill College, 514-287-7490, www.dollarama.com)*. Dans le «**temps des Fêtes**», on y vend de nombreuses petites décorations de Noël qui peuvent servir toute l'année.

ARRÊT STOP *Le 28 avril 2005, un homme cagoulé a fait un hold-up au Dollarama de Lévis.*

Ventes de garage

En été et jusqu'en octobre «dépendamment du climat», le moins cher, avec le Dollarama, ce sont les «**ventes de garage**», c'est-à-dire les brocantes privées. Elles ont lieu essentiellement le samedi, et on y trouve tout pour s'habiller à des prix sans aucune comparaison. Il faut un peu de patience, mais l'activité est très amusante et permet de rencontrer une foule de gens plaisants. On peut se balader au gré de sa fantaisie ou surfer au ***www.ventedegarage.ca***.

Wikirama

Le premier Dollarama est créé à Matane en 1992 par Larry Rossy, le petit-fils d'un émigré libanais, lui-même commerçant. En 2004, la chaîne compte 335 succursales au Canada. Larry vend 80 % de sa société pour 1 milliard $ à une société de Boston. Sa fortune personnelle est aujourd'hui estimée à 1,25 milliard de dollars, et il est l'un des hommes les plus riches au Canada. En 2015, la chaîne ouvrait sa 1 000e succursale au Canada.

Les meubles : les bons plans

› Pourquoi pas **IKEA**? Il faut une voiture pour y aller, mais l'avantage c'est que vous connaissez (profitez-en pour acheter des chocolats, sans doute les moins chers de tout le Québec): IKEA Montréal, ouvert jusqu'à 21 h sauf le week-end *(9191 boul. Cavendish, arrondissement Saint-Laurent, 514-738-2167 et 586 rue de Touraine, Boucherville, 450-449-6755 ou 1-866-866-4532, www.ikea.ca)*. On peut commander par téléphone et se faire livrer.

› **La Baie** est un grand magasin descendant de l'illustre Compagnie de la Baie d'Hudson créée à l'initiative de Radisson et Desgroseillers. Incontournable du genre Galeries Lafayette, et en plein centre, ouvert tous les jours jusqu'à 21 h. On y affiche en permanence des soldes allant parfois jusqu'à 75 % d'un prix 75 % supérieur à la concurrence. Voir aussi la solderie au dernier étage *(585 rue Ste-Catherine O., 514-281-4422)*.

› **Brick** possède plusieurs **centres de liquidation** offrant du mobilier neuf à prix réduit *(www.thebrick.com/centre-de-liquidation)*.

› **Brault & Martineau** vend du mobilier à prix acceptable («**Mobilier de chambre juvénile**», **299 $**) et possède une dizaine de magasins *(www.braultetmartineau.com)*. Au début, bien sûr, vous confondrez Brault & Martineau, **Renaud-Bray** et **Reno-Dépôt**. Ne vous inquiétez pas pour ça, ça passe au bout de trois mois.

› **Vintage Parc**, meubles restaurés et matelas neufs en solde *(4872 av. du Parc, 514-995-3988, http://vintageparc.weebly.com)*.

› Ce n'est pas à Montréal, mais la **livraison est gratuite** et vous trouverez à peu près tout : **Meubles MTL** *(1440 ch. Chambly, Longueuil, 514-297-0004, www.meublemtl.com)*.

› À l'**Armée du Salut**, on surveille les soldats de l'armée québécoise avec lesquels il faut toujours négocier les prix (ils ont tendance à croire que c'est du Louis XVI dès que c'est abîmé). Il y a près de 13 magasins dans tout le Québec : ***www.armeedusalut.ca***. *(À Montréal, le principal se trouve au 1620 rue Notre-Dame O., 514-935-7429.)*

› Le **Village des Valeurs** est une entreprise à but très lucratif dont le look un peu *cheap* fait croire à de bonnes intentions (un peu comme certains chanteurs) *(www.villagedesvaleurs.com)*.

› **Renaissance** est une association sans but lucratif, purement caritative, dont le but est l'insertion sur le marché du travail. Elle offre une formation et une expérience de travail rémunérée à des personnes sans emploi. Près de 90 % de celles-ci sont issues des minorités visibles et 65 % n'ont aucune expérience de travail au Québec.

› Le centre de liquidation **Fripe-Prix Renaissance** *(5900 rue Ferrier, 514-904-2737, www.renaissancequebec.ca)* propose des rabais au carré. Consommons solidaire...

› **Les Petites Annonces classées du Québec** *(www.lespac.com)*.

› **Kijiji** *(http://montreal.kijiji.ca)*.

› **Futon d'or** vend des quoi?*(3855 rue St-Denis, 514-499-0438, www.futondor.com)*.

› Duvets naturels et à prix de gros chez **Ungava** *(10 av. des Pins O.,*

local 112, 514-287-9276, www.duvetsungava.com).

Table et cuisine

› Articles de ménage, casseroles, cafetières, ustensiles de cuisine à prix abordables : **La Cuisinière Nino** *(3667 boul. St-Laurent, 514-844-7630, http://ninocuisine.ca)*.

› Vaisselle, argenterie, arts de la table : à l'opposé du Dollarama, la magnifique boutique **Arthur Quentin** *(3960 rue St-Denis, 514-843-7513, www.arthurquentin.com, www.facebook.com/arthurquentinmontreal)*, chère et luxueuse. Chez Dollarama, tout est fait en Chine, ici tout vient de France et d'Italie. Splen-di-de.

› Plusieurs modèles de poivriers Peugeot chez **Les Touilleurs** *(152 av. Laurier O., 514-278-0008, www.lestouilleurs.com)*. Ça n'a rien à voir, mais on ne vend plus de voitures Peugeot au Canada. Ni de Citroën, ni de Renault. Celles qu'on voit ont été importées de France à titre d'ancêtres. D'ailleurs, j'aimerais que le propriétaire de l'ID décapotable qui est souvent garée rue Saint-Denis m'appelle immédiatement. Je suis intéressé.

› **Monas & Co Ltd** vend des équipements neufs et d'occasion : coutelleries, assiettes, verreries, etc. *(4575 av. du Parc, 514-842-1421, www.monas-fr.ca)*.

Centres commerciaux

Un léger effritement des ponts, une pression accrue des parcomètres et une multiplication des nids-de-poule ont favorisé l'éclosion de centres commerciaux en dehors de l'île de Montréal. Le **Quartier Dix30** a ainsi jailli d'un charmant terrain situé à l'intersection des autoroutes 10 et 30, à Brossard. Plus de 300 magasins, un terrain de football synthétique, une clinique, une salle de spectacle de 900 places et les inévitables Canadian Tire, Walmart, Mcbouffe, etc., accueillent donc chaque jour des tas de gens avec leur carte de crédit. À Montréal, la plus importante galerie commerciale est le **Centre Eaton** : 175 boutiques, quatre étages, ouvert tous les jours jusqu'à 21 h, le week-end jusqu'à 17 h *(705 rue Ste-Catherine O.)*. Comme dirait le *Michelin*, en sortant de ce centre, prenez à droite en profitant de la vue longitudinale sur la rue Sainte-Catherine, parsemée de promeneurs nonchalants et de naïfs transsexuels. Dès que vous voyez une cathédrale, descendez sous terre : vous entrez dans les **Promenades Cathédrale** *(652 rue Ste-Catherine O.)*. Beaucoup de boutiques de mode et quelques restaurants. Tout en admirant la luxuriance des devantures, le promeneur avisé rejoindra sans le savoir la **Place Ville Marie** *(4 Place Ville Marie)* également souterraine (80 magasins). Pour savoir comment sortir de ce centre, avisez un quidam et demandez-lui : « Comment sortir de ce centre ? » Les autres grands centres commerciaux se trouvent à la **Place Versailles** *(7275 rue Sherbrooke E.)*, aux **Galeries d'Anjou** *(7999 boul.*

des Galeries-d'Anjou) et au **Centre Rockland** *(2305 ch. Rockland)*.

Sauf indication contraire (**les soldes**), vous pouvez toujours rapporter au magasin ce que vous y avez acheté, **30 jours** après l'achat, pour autant que vous conserviez le **ticket de caisse** et **l'emballage** (sauf pour certains produits informatiques, 14 jours voire vente finale).

Déménager

> Contrairement à ce qu'on dit en Europe, tout le monde ne déménage pas le 1er juillet. Seulement 200 000 ménages.

> Le **changement d'adresse** est automatiquement communiqué à six ministères (permis de conduire, assurance maladie, etc.) si vous remplissez le formulaire au ***www. adresse.gouv.qc.ca***.

> En fin de déménagement, vous devez offrir à vos copains québécois une **pizza** et de la bière.

> Un conseil de ma mère : placer les objets légers dans des grandes **boîtes**, et les lourds dans de petites (on trouve des boîtes dans les grands magasins sauf le 1er juillet).

> Un de ma tante : éviter les boîtes d'occase, elles ramollissent. (Si vous ne voulez pas écouter ma tante, on trouve des boîtes dans les grandes surfaces, mais le matin seulement.) Pour en acheter : **Cartonnerie Montréal** *(514-273-2528, www. cartonneriemontreal.com)*.

On peut **louer** des boîtes de déménagement en plastique (recyclé) chez **Gobac** *(514-335-2427, www. gobac.ca)*. Vous les commandez par téléphone, et elles arrivent chez vous, puis sont récupérées à votre nouveau domicile.

> **Les Cordistes de Montréal** installent votre corde à linge entre deux arbres, entre votre terrasse et un érable, etc. On ne peut bien sûr les contacter qu'en ligne sur *www. cordistes-montreal.com*.

Tout savoir sur les camions U-Haul

On peut louer une bête camionnette VW pour transporter son «stock», mais chez les Romains on fait comme les Romains : je propose de louer le camion nord-américain typique. Le U-Haul.

> **Fondamental :** ce sont les seuls camions permettant d'installer trois personnes devant et une glacière.

> **Pratique :** ils disposent de rampes d'accès vers la cabine et d'un diable (il faut payer un supplément dès qu'on s'en sert).

> **Confidentiel :** le «coin au trésor» du camion (au-dessus de l'habitacle) est une marque déposée. On y entrepose la vaisselle fragile.

> **Policier :** l'âge minimum pour la location est 18 ans, et un permis normal suffit.

> **Politique :** il est parfois moins cher d'aller de la ville *A* à la ville *B*, que le contraire, en raison de l'achalandage.

> **Remorquable :** on peut déménager avec un camion U-Haul tirant une remorque U-Haul, mais on peut aussi remorquer sa voiture.

> **Génial :** ils ont vraiment pensé à tout, car si on déménage de Montréal à Vancouver, par exemple (à peu près 3 500 $ pour le plus gros camion), il ne faut pas le ramener ensuite à Montréal. C'est pourquoi on peut voir des U-Haul californiens à Montréal (ou l'inverse).

> **Poétique :** la conduite de ces *trucks* est un peu inconfortable, l'air climatisé souvent fatigué, mais j'adore les U-Haul et j'en achèterais s'il existait des versions de poche (appel à U-Haul). Quand on entre dans un de ces camions, on perçoit les pensées, encore accrochées au rétroviseur, les espoirs, les «ce n'est qu'un au revoir» de centaines de Nord-Américains en sueur voguant vers l'ouest.

Téléphone : *1-800-663-5613*

Volts, hertz et prises plates

L'Amérique du Nord fonctionne encore à 110 volts, 60 hertz et à prises plates. Il est donc inutile d'apporter son fer à repasser et tout article électroménager, car il faudra acheter des transformateurs plus coûteux que de nouveaux appareils, à l'exception des cuisinières et sécheuses qui, même ici, fonctionnent en 220 volts/60 hertz.

Certains appareils européens peuvent néanmoins être emportés, car ils fonctionnent sans transformateur externe : l'inscription «110/220 V» au dos de l'appareil indique qu'il peut fonctionner dans les deux voltages mais qu'il faut le commuter. Au contraire, l'indication « 110-220 V » signifie que l'appareil possède un commutateur automatique. Il n'y a donc aucune opération à effectuer. C'est le cas de la plupart des ordinateurs portables, des appareils photo numériques et des téléphones portables récents.

Le fait que l'intensité de la lumière diminue subitement quand on branche un fer à repasser est un phénomène canadien normal.

Transformateurs

Les transformateurs ne modifient pas les fréquences (les hertz). On en trouve facilement boulevard Saint-Laurent entre De Maisonneuve et Ontario et chez Addison Électronique *(8018-* *8020, 20ᵉ Avenue, 514-376-1740, https://addison-electronique.com)*.

Pour trouver des adaptateurs:

> **La Source** *(1-866-515-5855, www.thesource.ca)*.

> **Addison Électronique** (voir ci-dessus).

> En France, chez **Castorama** (6,75 euros).

Certains électriciens européens ont découvert qu'il est possible de faire fonctionner des appareils à 220 V et 60 Hz sur le 110 d'ici en reliant deux phases 110 V avec un neutre pour le retour. N'y connaissant absolument rien, cette description me terrifie. En plus, il est interdit de faire soi-même ce genre de bidouillage, il faut un électricien agréé.

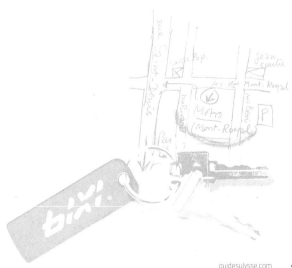

4

Faire ses courses
à Montréal

Leçon de survi

Notez sur votre liste de courses que : les « pâtisseries » sont des traiteurs, les « épiceries », des grands magasins, les pharmacies contiennent souvent un bureau de poste tandis qu'on appelle « magasins à rayons » les hypermarchés où l'on ne vend pas d'alimentation. En résumé, les pharmacies sont des magasins à rayons où l'on vend des timbres.

Le beurre et l'argent du beurre : vous pouvez connaître le prix actuel d'un litre de lait, de la location d'un appartement, d'un kilo de tomates, d'un litre d'essence, bref du coût de la vie à Montréal sur le site *www.numbeo.com*. Il offre également la possibilité de comparer ces prix avec ceux d'une autre ville.

Les épiceries

Provigo, Loblaws, Maxi, Marché IGA, Quatre Frères, Metro

Provigo, Maxi, Maxi & Cie, Loblaws et l'**Intermarché** appartiennent au même réseau, ce qui n'a aucune importance. Et ce qui est encore moins intéressant à savoir, c'est que Provigo dessert également plus de 550 marchands associés aux bannières Axep, Proprio et Atout-Prix, sortes de faux dépanneurs. Bref, environ 30 000 personnes travaillent pour le groupe. Celui-ci distribue les marques *cheap* « Le Choix du Président », « Sans nom® » (ils ont réussi à déposer une marque sans nom), « Formats Club », « Bon au Possible » et « Exact ». Quant à la philosophie au-dessus de tout cet argent la voilà : « Nous mettons l'accent sur les fruits et légumes, les mets préparés, la boulangerie, la charcuterie, les viandes, les fromages et les surgelés. » Bref ils mettent l'accent sur tout, de sorte que toute personne faisant habituellement « le marché » (les courses) dans un IGA s'aperçoit immédiatement qu'il n'y a aucune différence avec la concurrence. **IGA** offre aussi deux marques maison : Compliments et Sensation par Compliments.

Metro, concurrent de tous les autres, constitue en outre une source importante de confusion quand on demande où est le métro. Il se rattrape en possédant Super C dont un responsable a proclamé en habit de lumière : « Chez Super C, nous nous sommes engagés à offrir aux familles soucieuses d'économies la facture d'épicerie la moins chère, dans un environnement propre et agréable, et ce, tous les jours. C'est notre mission et engagement. »

Certaines épiceries sont ouvertes toute la nuit (Quatre Frères) et beaucoup le sont jusqu'à minuit. Il est intéressant de surveiller les promotions et de découper les coupons dans les journaux gratuits de ces grandes surfaces. Ça fait *cheap* mais 1 \$ + 1 \$ + 1 \$... D'ailleurs on

peut en imprimer chez soi au ***www. quebecechantillonsgratuits.com***.

Moyennant une cinquantaine de dollars, on peut obtenir une « carte **Costco** » qui ouvre l'accès aux centres d'achat en gros : téléphonez au ***1-888-426-7826*** ou consultez le ***www.costco.ca***. Jim Sinegal, propriétaire de la chaîne, s'octroie selon le *New York Times* un salaire de 350 000 \$ par an, plus un bonus de 200 000 \$. C'est très peu compte tenu du fait que son entreprise génère 47 milliards de dollars annuellement. Jim Sinegal a d'ailleurs déclaré : « Un individu qui gagne 100, 200, 300 fois plus que l'employé moyen de son entreprise, c'est malsain. » Costco représente donc pour certains l'anti-Walmart.

Mayrand, « entrepôt d'alimentation ouvert au public », permet l'achat en gros de plus de 15 000 produits. Intéressant pour les achats regroupés *(9701, boul. Louis-H.-La Fontaine, 514-255-9330, www.mayrand.ca)*.

Beaucoup d'Européens vont chez **Adonis** pour acheter des *kafta*, *shish taouk*, *shawarma* et du *souvlaki*, car les propriétaires sont des Libanais *(2001 rue Sauvé O., 514-382-8606, http://groupeadonis.ca)*.

Le top du cheap

Distribution Aubut est une grande surface où s'approvisionnent les dépanneurs pour nous revendre tout ça quatre fois plus cher : Aubut est moins dispendieux (faudra vous y faire) que toutes les grandes surfaces et aucune carte d'adhésion n'est requise. Du lundi au mercredi de 7 h à 18 h, jeudi et vendredi de 7 h à 19 h, samedi de 7 h à 17 h et dimanche de 10 h à 17 h (3975 rue St-Ambroise, métro Atwater, 514-933-9954, http://aubut.ca).

Les épiceries fines

> **Latina**, dans le genre épicerie de luxe pas trop chère *(185 rue St-Viateur O., 514-273-6561, www.chezlatina.com)*.

> **La Vieille Europe** *(3855 boul. St-Laurent, 514-842-5773, www.facebook.com/LaVieilleEurope)*.

> **Fou d'ici** *(360 boul. De Maisonneuve O., 514-600-3424, www.foudici.com)*.

> **Les Emballées** *(2381 rue Beaubien E., 514-725-9769, http://lesemballees.com)*.

> **Gourmet Laurier** *(1042 av. Laurier O., 514-274-5601)*.

> **Maître Gourmet** *(1520 av. Laurier E., 514-524-2044, www.facebook.com/lemaitregourmet)*.

Les épiceries bios et naturelles

> **Club Organic** *(4341 rue Frontenac, 514-523-0223, http://club-organic.ca)*: En achetant une carte (recyclable) annuelle, vous bénéficiez de réductions sur les jus de pissenlit, ortie, radis noir, artichaut, mais aussi sur les grains à germer, les farines, les fruits séchés, les algues, le tofu, etc., le tout certifié biologique. Propose également des produits frais.

> **Bio-Terre** *(201 rue St-Viateur O., 514-278-3377, http://bio-terre.com)*, un des magasins les plus connus dans le domaine. Vend aussi des produits ménagers écologiques.

> **Tau** *(4238 rue St-Denis, 514-843-4420, www.marchestau.com)*. Fruits, légumes, cosmétiques, viandes et poissons.

> **Le Jardin des Anges** est une entreprise québécoise qui distribue tout au long de l'année des fruits et légumes certifiés biologiques. La commande se fait directement sur le site *www.jardindesanges.com* et est livrée à domicile.

> **Rachelle-Béry** *(www.rachellebery.ca)*, une chaîne d'épiceries et de boutiques naturelles. Plusieurs points de vente à Montréal.

Les dépanneurs

Acheter n'importe quoi et le revendre ensuite pour quelques dollars de plus: c'est le travail du dépanneur. Universitairement, on peut distinguer entre:

> **1) les imposteurs**, qui sont en réalité des franchises proprettes bien organisées et très chères (Couche-Tard, Bonisoir, etc.) qui ne constituent en vérité que de petits provigos, d'obscures igéettes ou de sombres walmartinettes;

> **2) les besogneux**, générale-ment asiatiques et anglophones, qui regardent des films chinois en rendant la monnaie;

> **3) les authentiques** francophones et bordéliques, qui entassent la marchandise jusqu'au plafond depuis 1951 et n'arriveront jamais

à déménager. Ils vendent des tampons hygiéniques, du café, des bigoudis, du mauvais vin et du cheddar, échangent des billets de loterie contre des bouteilles consignées, et des pièces de 2 $ contre 198 pièces de 1 sou aux « quêteux » du quartier. La plupart ouvrent jusqu'à 11 heures, certains ne ferment jamais et mon préféré est Chez Benjamin, coin Alexandre-De Sève et Logan. Si j'avais un car de touristes, ce serait la première visite imposée avec achat obligatoire de « crottes de fromage » (sorte de chips à ne pas confondre avec du « fromage en crottes », c'est-à-dire du fromage en grains).

Les boulangeries

Montréal est réputée pour les **bagels** (petits pains cashers, se prononce « béguels ») et cette réputation est mondiale. Les historiens disent que le *bagel* a été inventé en 1683 (à quelle heure exactement?) et je préviens tout de suite tout le monde que pour survivre ici, il faut savoir couper les *bagels* en deux parties égales, sinon il n'y a qu'une moitié (en général très maigre) qui entre dans le grille-pain. Si j'ai survécu, c'est parce que je les fais au four.

> **Fairmount Bagel**
> Fondée en 1919, c'est la doyenne de toutes les boulangeries de Montréal et elle est ouverte 24 h/24 *(74 av. Fairmount O., 514-272-0667, www. fairmountbagel.com)*.

> **St. Viateur Bagel Shop**
> Tout est fait devant les clients : la pâte est découpée, enroulée puis enfournée dans un four à bois. On voit même le responsable des bûches les apporter au boulanger. Aux États-Unis, ce serait du *fake*. À Montréal, c'est simplement comme ça qu'on fait les *bagels (158 rue St-Viateur O., 514-270-2972, www. stviateurbagel.com)*.

De plus en plus de boulangeries proposent des produits de qualité à Montréal :

> Le **meilleur commis boulanger au monde** se trouve à Montréal : c'est le chef boulanger du **Pain dans les voiles** qui a en effet remporté ce prix au Mondial du pain (France) en 2013. Il propose toutes les variétés de pains (miches, baguettes, parisiens, fougasses), ainsi que des croissants, des danoises, des muffins, des abricotines, des chouquettes, etc. La critique est unanime, mais il ne faut pas trop le dire, sinon ils

ARRÊT STOP

Le toaster des cassés

On prend un support (un cintre) métallique. On étire la barre transversale inférieure vers le bas. On replie ensuite l'extrémité gauche sur l'extrémité droite. On pose le tout sur un rond de cuisinière, une tranche de pain sur le dessus et voilà l'ancêtre du grille-pain québécois. On dit merci pour cette technique géniale.

risquent de créer une chaîne et ça va finir comme les autres… *(357 rue De Castelnau E., 514-278-1515, http://lepaindanslesvoiles.com).*

> **Le Fromentier** *(1375 av. Laurier E., 514-527-3327, www. lefromentier.com).*

> **Mamie Clafoutis**
Tarterie, boulangerie, viennoiserie, salon de thé *(1291 av. Van Horne, 514-750-7245; 3660 rue St-Denis, 438-380-5624, www. mamieclafoutis.com).*

> **Les Co'Pains d'abord** *(1965 av. du Mont-Royal E., 514-522-1994, http://boulangerielescopainsdabord. com).*

> **Le Paltoquet**
Peut-être les plus français des croissants de Montréal et les plus parisiens des pains au chocolat *(1464 av. Van Horne, 514-271-4229, www.facebook.com/ lepaltoquetpatisserie).*

> **Mount Royal Bagel Bakery**
Délicieux *bagels* et autres produits cashers également faits sur place. Ils disent d'eux-mêmes « *Montreal's Finest Kosher Bagels* », et je pense qu'ils ont raison *(709 ch. Lucerne, 514-735-1174, www. montroyalbagel.com).*

> **La Mie Matinale**
Manger Dalida! Régis, le patron de la Mie Matinale, vient de Montmartre, où ses parents possédaient une boulangerie. C'est un véritable malade de Dalida. En plein Village, sa boulangerie offre des pains au chocolat délicieux, des pâtisseries exquises, et des centaines, mais vraiment des centaines de disques, de photos et de posters de Dalida sur tous les murs. Au point que la boulangerie est mentionnée dans plusieurs ouvrages consacrés à la chanteuse. On y déjeune à partir de 5 $ *(1654 rue Ste-Catherine E., 514-529-5656, www.lamiematinale.ca).*

> **Marius et Fanny**, sans doute le seul endroit du Canada (9 984 670 km²) où l'on trouve des tropéziennes et l'une des très rares boulangeries qui offre un chocolat avec le café *(4439 rue Saint-Denis, 514-844-0841, www.mariuset-fanny.com).*

> **Les gourmandises de Marie Antoinette :** pâtisserie et salon de thé légèrement aristo dans un quartier légèrement populaire *(4317 rue Ontario E., 514-257-0333, http://lesgourmandisesdemarieantoinette.com).*

Les poissonneries

Nous sommes à plus de 1 000 km de la mer canadienne et à 50 ans seulement de la dictature catholique qui interdisait aux restaurants de servir de la viande le vendredi. Voilà pourquoi les Montréalais sont dégoûtés du poisson, à mon avis. En plus, seuls les pêcheurs dégustent les poissons des lacs et des rivières, le commun des mortels n'ayant droit qu'à l'élevage, y compris pour les saumons.

> **La Mer**, une grande poissonnerie où l'on se sert soi-même *(1840 boul. René-Lévesque, 514-522-3003, www.lamer.ca).*

> **La Sirène de la Mer** *(114 av. Dresden, 514-345-0345, www. sirenedelamer.com).*

> **Poissonnerie Antoine** *(5020 av. du Parc, 514-278-8903, http:// poissonnerieantoine.com).*

> **Odessa Poissonnier** : très réputée et peu chère *(4900 rue Molson, 514-908-1000).*

Si vous n'avez pas envie de faire votre poisson vous-même, essayez **Brit & Chips**. Vous pouvez manger sur place ou emporter dans un journal londonien leurs délicieux poissons panés avec frites *(5536-A ch. de la Côte-des-Neiges et 433 rue McGill, www. britandchips.com).*

Les poissonniers ni les grandes surfaces n'étant tenus de respecter une quelconque réglementation d'étiquetage, il règne la plus grande confusion dans les appellations. Par exemple, ce qu'ils appellent de la sole est de la plie.

Si vous ne vous y retrouvez pas, aucun problème, eux non plus. Selon une enquête menée en octobre 2013 par *Le Journal de Montréal*, 47 % des poissons vendus dans les restaurants et poissonneries du Québec ne sont pas ceux qu'on achète. Dans la région montréalaise, deux étiquettes sur trois sont fautives.

Il existe des dizaines d'**espèces d'huîtres** au Canada : Beausoleil, Black Pearl, Caraquet, Colville Bay, Fanny Bay, Grande Entrée, Grosse île, Lady Chatterly, Lamèque, Malpèque,… Les plus proches de ce que nous connaissons : les huîtres de Caraquet et les Malpèques. Un délice.

Appellation québécoise	Appellation française
coquille Saint-Jacques	tout plat de poisson gratiné servi dans une coquille
doré	sandre
morue	cabillaud
truite mouchetée	omble de fontaine
pétoncle	coquille Saint-Jacques (le pied de celle-ci)
barbue de rivière	silure
sole	limande-sole
sole de Douvres	sole
truite de mer	truite mouchetée
truite saumonée	truite nourrie aux colorants
turbot	turbot de Terre-Neuve, flétan noir

Les boucheries

> **Anjou-Québec**
La plus ancienne boucherie française de Montréal puisqu'elle a été créée en 1953 par un Parisien. Ils ont formé des dizaines de bouchers et connaissent tout sur la « coupe française » *(1638 rue Notre-Dame O., 514-272-4065)*.

> **Slovenia**
Très grand choix de charcuteries dans la boucherie, spécialisée dans la choucroute *(3653 boul. St-Laurent, 514-842-3558)*.

> **Claude et Henri**
Ils sont installés à l'intérieur du marché Atwater. Le propriétaire est arrivé de Grenoble il y a plus de 20 ans *(marché Atwater, 514-933-0386)*.

> **La Queue de Cochon**
Boudin blanc, boudin noir, lard, saucisses et saucissons (on dirait une chanson de Souchon) *(6400 rue St-Hubert, 514-527-2252)*.

Les traiteurs

> **Le Poêlon Gourmand** est un traiteur français qui se rend à domicile, et cuisine sur place dans de grands poêlons. Très original, très bon, pas très cher *(514-529-9987, www.lepoelongourmand.com)*.

Si vous préférez quelque chose de déjà préparé

Pas chers et faits sur place

> **Les cuisines collectives :**
c'est vous qui cuisinez avec d'autres, dans un esprit d'entraide, d'économie ou d'amusement. Un succès fulgurant au Québec. Pour vous informer : *514-529-3448, www.rccq.org/fr.*

Chers et faits sur place

> **Anjou-Québec**
Un des traiteurs les plus réputés *(1638 rue Notre-Dame O., 514-272-4065)*.

> **Fou d'ici** *(360 boul. De Maisonneuve O., 514-600-3424, www.foudici.com)*.

> **Première Moisson:** buffet froid et bouchées *(www. premieremoisson.com)*.

Pas chers et pas faits sur place

Les grandes surfaces proposent des repas à réchauffer.

Traiteurs végétariens
Les plus réputés :

> **Bonnys** *(1748 rue Notre-Dame O., 514-931-4136, www.bonnys.ca)*.

> **Crudessence** *(2157 rue Mackay, local 101, 514-271-0333)*.

> Vous pouvez également emporter les plats de l'excellent mais vraiment bruyant **Café Lola Rosa** *(545 rue Milton, 514-664-5188, http://crudessence.com)*.

Les fromageries

> **Fromagerie Hamel** (*220 rue Jean-Talon E., 514-272-1161 et 2117 av. du Mont-Royal E., 514-521-3333*).

> **La Vieille Europe**
> Magasin d'alimentation très réputé pour ses produits européens (*3855 boul. St-Laurent, 514-842-5773*).

> **Maître Corbeau**
> L'une des meilleures de Montréal (*5101 rue Chambord, 514-528-3293, www.fromagerie-maitrecorbeau.com*).

> **Qui lait cru?**
> Fromagerie à l'européenne avec crème fraîche, fromage au lait cru, beurre pur, fromage blanc artisanal de type petit-suisse et tout et tout (*7070 av. Henri-Julien, 514-272-0300, www.facebook.com/quilaitcru*).

> La **Fromagerie Yannick** est spécialisée dans les fromages européens. Comme elle le dit : « présentés selon un concept européen, plus de 200 fromages fins s'offrent impudiquement à la vue de tous, sagement assis les uns en dessous des autres sur les tablettes habillant la verticalité du mur réfrigéré », il n'y a que les Français pour parler de la verticalité des murs (réfrigérés) (*1218 av. Bernard, 514-279-9376, www.yannickfromagerie.ca*).

Les pâtisseries

> **La Pâtisserie de Gascogne**
> importe du cassoulet de France (*237 av. Laurier O., 514-490-0235*).

> **La Pâtisserie Duc de Lorraine**
> Très ancienne pâtisserie de Montréal (elle a été fondée en 1954). Comme beaucoup d'autres « pâtisseries », elle vend aussi du fromage, de la charcuterie, etc. Réputée (*5002 ch. de la Côte-des-Neiges, 514-731-4128, www.ducdelorraine.ca*).

> **Pasticceria Alati-Caserta**
> Pâtisserie sicilienne (*277 rue Dante, 514-271-3013, www.alaticaserta.com*).

> **Voir aussi la section Boulangeries, p. 47.**

Les marchés publics

Réputés pour leur fraîcheur, ils existent depuis plus de 50 ans. Un exemple pour nous tous.

> **Marché Atwater**
> Fondé en 1933, il propose non seulement des fruits et légumes, mais aussi des poissonneries, boucheries, fromagers, etc. Au printemps et en été, l'extérieur est fleuri comme une serre et votre portefeuille a intérêt à l'être comme une gerbe, car les prix sont exorbitants. C'est pourquoi on dit qu'on regarde au marché Atwater mais qu'on achète au marché Jean-Talon (*138 rue Atwater*).

> **Marché Jean-Talon**
Réputé pour son aspect multiculturel, le marché Jean-Talon est, malgré sa laideur, le plus populaire de Montréal, spécialement en été, pour ses fruits et légumes *(7070 av. Henri-Julien).*

> **Marché Maisonneuve**
Fleurs, plantes, fruits et fromages. Petit et agréable *(4445 rue Ontario E.).*

> **Marché Fermier**
La mission du Marché Fermier est de soutenir l'accès aux aliments saisonniers, cultivés localement et vendus directement par les producteurs *(devant le métro Laurier, av. Laurier E. entre rue Rivard et rue Berri, www. marchefermier.ca, les jeudis et dimanches de juin à octobre).*

> **Marché Public 440**
a ouvert ses portes en 1983 avec l'ambition d'y accueillir les marchands et maraîchers des environs. Il doit son nom romantique à **l'autoroute Laval (440)**, sur laquelle il est situé *(au numéro 3535, http://marche-public440.com).*

> **Marché de Lachine**
Le plus vieux et le plus petit des marchés publics de Montréal *(1875 rue Notre-Dame, Lachine).*

> **Marché Ahuntsic-Cartierville**
Organisme visant à fournir des végétaux frais aux membres-résidents de l'arrondissement. Kiosque ouvert de juin à octobre devant la station de métro Sauvé.

Manger «ethnique»

On trouve de plus en plus des produits exotiques dans les Metro, IGA, Super C et autres grandes surfaces. Mais si vous voulez du vrai de vrai :

> **Marché Afrique St-Denis** *(7117 rue St-Denis, 514-273-4321).*

> **Marché Oriental St-Denis** *(7101 rue St-Denis, 514-271-7878, http://marcheoriental.ca)* : canard laqué et gros sacs de riz.

> **Marché Hung Phat** *(7099 rue St-Denis, 514-272-1332)* : le meilleur *bành mi* en ville.

> **Afroleck** *(5164 ch. Queen-Mary, 514-481-7596, www.afroleck. com)* : beaucoup de choses pour les amateurs de piment dont une recette sénégalaise cuisinée avec les produits d'ici.

> **Supermarché G&D** *(1006 boul. St-Laurent, 514-397-8828)* : c'est le supermarché du Quartier chinois. Certaines caissières parlent même le français.

Tabac

On ne trouve ni **Marlboro rouges**, ni **Gauloises brunes**, ni **Barclay** à Montréal.

On vend des cigarettes dans tous les **dépanneurs**, dans les grandes et moyennes surfaces et dans les tabagies, mais elles sont cachées à cause du législateur québécois.

Le prix des cigarettes dépend de l'endroit où on les achète. En général, elles sont un peu plus chères au dépanneur. Ici comme ailleurs, l'État se fait à la fois un pognon maximal avec les taxes sur le tabac et demande à tout le monde d'arrêter de fumer. C'est ce qu'on appelle le beurre et l'argent du beurre. Les cigarettes les moins chères se trouvent **Chez Pat et Robert** (1474 rue Ontario E.) et les moins chères des moins chères s'appellent les **Presto-Pack**, que l'on doit monter soi-même.

> Un **tabac québécois** pour cigarettes : **Lépine**, cultivé à Joliette.

> Il est tout à fait illégal et carrément criminel d'acheter des cigarettes aux **Mohawks** qui les vendent au bord des routes 207 et 138 à Kahnawake et Kanesetake (40 % de réduction).

> On ne peut fumer ni vapoter dans le métro, ni dans les gares, les taxis, les magasins, les restaurants, les bars, les centres commerciaux, les bureaux, la poste, l'hôpital, l'aéroport ainsi que dans un rayon de neuf mètres des portes des hôpitaux, des écoles, des cégeps, des universités, des garderies et généralement de tout lieu où se déroulent des activités destinées aux mineurs. Mais on peut téléphoner gratuitement pour dénoncer les criminels qui fument en cachette au 1-877-416-8222. Vive le Québec libre.

> Il est interdit de ne pas fumer au **Whisky Café**, l'un des derniers bars à cigares (5800 boul. St-Laurent, 514-278-2646, www. whiskycafe.com).

Petits appareils électroniques et électriques

(lecteurs mp3, appareils photo, caméras, téléviseurs…)

Neufs

> **Best Buy** (Marché Central, 8871 boul. de l'Acadie, 514-905-4269).

> **Bureau en Gros**
Une dizaine de succursales à Montréal (par exemple, 895 rue De La Gauchetière, 514-879-1515).

> **Centre Hi-Fi** (6807 boul. Newman, 514-366-0714).

Occase

Boutiques des rues Ontario et Amherst. Vérifiez que c'est réellement moins cher.

S'habiller

Comme les boutiques abondent, les lister n'a aucun intérêt, nous sommes d'accord. Par rapport à l'Europe, les vêtements sont un peu moins chers, sauf les costumes pour les hommes. On peut donc :

CocoRunner *fait vos courses entre 9 h le matin et 22 h le soir. Le prix dépend de la distance et du temps, mais le minimum est de 5 $* (1-877-6-RUNNER, www.facebook.com/CocoRunner).

En louer

> **Waxman** *(4605 av. du Parc, 514-845-8826, www.waxman.ca).*

En faire faire

> **Luigi Petrella Tailleur** *(2417 av. du Mont-Royal E., 5514-525-1091, www.louisetandretailleur.pj.ca).*

> **Gérard Mayeu Tailleurs** *(333 av. du Mont-Royal E., 514-845-5635, www.mayeu.com).*

Les réparer

> **Les Retouches Sublimes** *(1118 rue Ste-Catherine O., local 602, 514-876-4149).*

En acheter dans les friperies

Beaucoup se trouvent sur l'avenue du Mont-Royal. Il suffit de trouver ce qui vous « fait ».

Et c'est encore moins cher à l'**Armée du Salut** *(1620 rue Notre-Dame O., 514-935-7425; 3444 rue Ontario E., 514-529-4025).*

Tableau de Mansiondeïev : magasiner les magasins

Concordance des magasins entre le Québec, la France et la Belgique :

Québec	France	Belgique
Grands magasins		
Les Ailes de la Mode	Galeries Lafayette	
La Baie	Printemps	Innovation
Ogilvy	Le Bon Marché	Hema
Winners	C & A	C & A
Walmart	Prisunic / Monoprix	JBC
Décoration		
Linen Chest	Descamps / Carré blanc	Sia / Casa / Blokker / Walt

Québec	France	Belgique
Structube / Zone	Habitat	Vastiau Godeau / Roche Bobois
Bricolage		
Home Depot	Castorama	Home Depot / Carpet Land / Heytens
Canadian Tire	Bricorama	Brico
Rona	Leroy-Merlin	Brico Plan It
Électroménager		
Brault & Martineau	Conforama / Darty / La Fnac	Kreffel / Vanden Borre
Best Buy	La Fnac	Sony Center
Fournitures de bureau		
Bureau en Gros	Office Depot	Viking Direct
Omer DeSerres	Dalbe / Graphigro	Nias
Livres et CD		
Renaud-Bray	La Fnac	La Fnac / Extrazone
Archambault	Virgin	Club
Alimentation		
Costco	Métro	Colruyt / Aldi / Lidl
Kim Phat / Supermarché G&D / Afroleck	Paris Store / Tang frères	Kam Yuen
Provigo / Metro / Loblaws	Carrefour / Leclerc / Intermarché	Carrefour/ GB / Delhaize
SAQ	Nicolas	Nicolas / Fourcroy / Graffe Lecoq
Pharmacies et para-pharmacies		
Jean Coutu / Uniprix / Familiprix	Equiform	DI
Les bonnes affaires		
Dollarama	Gifi / Babou	Gifi / Wibra

S'abonner au
téléphone

Leçon de survie

Obtenir une ligne fixe

Il existe deux fournisseurs principaux de téléphonie résidentielle :

> **Bell** *(514-310-2355, www.bell.ca)*

> **Vidéotron** *(1-877-512-0911, www. videotron.com)*

La procédure : puisque vous n'avez pas d'«historique de crédit», c'est-à-dire qu'on ignore si vous êtes ou non du genre à payer vos factures, et qu'en plus vous n'avez peut-être même pas de carte de crédit, Vidéotron vous demandera de prépayer le premier mois de service. Bell n'exige aucune garantie pour une simple ligne fixe, mais un dépôt de sécurité dont le montant dépend du nombre d'options demandées.

Si vous souhaitez pouvoir appeler en dehors du 514, le montant du dépôt augmentera, mais n'est-il pas plus simple d'acheter une carte d'appel?

Les frais de branchement varient de 30 $ à 55 $ par ligne.

Si vous disposez déjà d'un branchement, vous pouvez obtenir une **ligne de téléphone VoiP** (voix sur protocole internet), moins chère et très avantageuse *(www.yak.ca)*.

Comprendre les tarifs

Chez **Bell**, les tarifs commencent à 38 $ (pour ce prix vous obtenez la boîte vocale, le transfert, la double ligne, l'appel conférence, etc).

On peut appeler gratuitement n'importe où à Montréal. Dès qu'une voix demande «Faites le un ou le zéro», c'est un interurbain, passez à la caisse.

Chez **Vidéotron**, l'un des plus importants fournisseurs de divertissements, les tarifs varient entre :

À la mort de Graham Bell (d'où vient le mot décibel), le Canada et les États-Unis coupèrent les services téléphoniques pendant une minute à sa mémoire. Un peu comme si on infectait tout le monde pour fêter l'inventeur de l'antibiotique.

> 27,95 $/mois + taxes pour une **ligne fixe de base**;

> 39,95 $/mois + taxes pour une **ligne fixe** avec **10 options incluses** (**afficheur**, **messagerie vocale**, **appel conférence à trois**, **appel en attente**, etc.);

> à partir de 99,95 $ + taxes pour le forfait **trio: téléphone fixe**, **internet** et **télévision par câble** (**10 chaînes sur mesure** en plus des chaînes générales et de l'**enregistreur HD**);

> à partir de 141,95 $ + taxes pour le forfait **quattro: téléphone fixe**, **internet**, **télévision par câble** (voir ci-dessus) et **téléphone cellulaire**.

Comment **parler à un être humain** quand on téléphone à une entreprise?

En général, en poussant plusieurs fois sur le 0, il est possible de parler à un être humain plutôt qu'à un robot. Par exemple, pour Bell Mobilité, il suffit d'ignorer tous les messages et d'appuyer sans cesse sur le 0 pour enfin trouver quelqu'un.

Dans la plupart des cas, cet humain s'exprimera néanmoins comme un robot. Prévoir qu'il dira avant la conversation: *Bonjour-mon-nom-est-Gérard* (il invente) *-comment-puis-je-vous-aider-aujourd'hui;* ensuite *Y-a-t-il-quelque-chose-d'autre-que-je-peux-faire-pour-vous* et enfin *Merci-d'avoir-choisi-Rogers* pendant qu'une voix vous aura prévenu que la conversation peut être enregistrée «pour améliorer la qualité du service» (c'est pour virer Gérard). **Interdire les appels de télémarketing** est une bonne idée quand on paie les appels reçus: 1-866-580-3625.

Interurbains et internationaux

Pour l'international, composez le 011 suivi de l'indicatif du pays et de la région sans le 0.

Pour l'interurbain, composez le 1 avant le préfixe régional et le numéro. Les États-Unis ne sont pas considérés comme international mais comme interurbain.

Les plans

Il faut toujours avoir un «plan» ou une carte d'appel prépayée, sinon c'est hors de prix. Étant donné que chacun tente de s'aligner sur le meilleur, les offres changent en permanence. Il est donc préférable d'appeler votre fournisseur pour négocier sans pitié un plan.

L'appel conférence à trois est utilisé notamment par ceux qui veulent organiser méthodiquement une partouze par Bell ou un autre opérateur puisque chacun peut parler à deux personnes en même temps. La procédure est un peu compliquée :

composer le premier numéro et parler au premier membre de votre trio infernal ;

appuyer sur flash ;

appuyer sur étoile puis 71 ;

composer le numéro du complice ;

appuyer sur flash ;

vous êtes maintenant réunis.

Il existe également des compagnies qui proposent un tarif réduit sans abonnement ni inscription. Il suffit de former un code avant de composer son numéro.

Par exemple :

> **10-10-710** (suivi du 011…) coûte 99 cents pour jusqu'à 50 minutes (4 cents par minute additionnelle) de conversation avec la plupart des pays d'Europe. D'autres régions sont plus chères (pour souhaiter un « Joyeux Noël » à l'île de Pâques, 89 cents la minute).

> **Yak** offre également des forfaits intéressants pour la France *(1-877-925-4925, www.yak.ca)*.

> Mais le moins cher demeure bien sûr **Skype**, qui ne coûte strictement rien pour parler d'ordinateur à ordinateur. Malheureusement, votre mère ne comprend rien à Skype, je sais *(www.skype.com)*.

Les indicatifs spéciaux

Les numéros commençant par 1-800 et dérivés (844, 855, 866, 877, 888, etc.) sont **toujours gratuits** alors que les préfixes 900 et 976 sont toujours payants, mais un message vous informe immédiatement du tarif.

Téléphoner gratuitement de France au Canada

Les abonnés français au forfait Freebox peuvent appeler gratuitement et sans limitation de durée au Canada et aux États-Unis.

Les cartes prépayées

Il y en a au moins 30 différentes sortes dans tous les dépanneurs, parfois spécialisées dans tel ou tel pays, avec ou sans frais d'appel. Beaucoup d'entre nous utilisent Globo, mais bon, ça n'a rien d'obligatoire. La seule vraiment chère est la carte Bell. Pour le reste, il est préférable de choisir une carte avec frais de connexion en cas de multiples utilisations.

Facturation et problèmes de paiement

La plus grande fantaisie règne dans la facturation des appels et la gestion des comptes clients. Vérifiez chaque facture et ne vous laissez pas faire. En cas de problème, demandez le superviseur.

Si vous ne payez pas, on vous coupe. Plus moyen ni de recevoir ni d'émettre des appels. À défaut de trouver un arrangement avec votre téléphoniste, essayez **National Teleconnect** *(1-866-443-4408, www.nationalteleconnect.com)*, qui propose un rebranchement par prépaiement. Si votre ligne n'a pas encore été coupée, vous gardez le même numéro. Sinon, on vous en donne un nouveau.

Portables (cellulaires)

> En général, les **téléphones portables européens** fonctionnent s'ils sont tribandes.

> Sauf forfait particulier, on paie toujours les appels que l'on reçoit, c'est un pur scandale.

> Rien ne permet de distinguer un numéro de cellulaire d'un numéro fixe.

> La **TNSF** (la prononciation de cet acronyme provoque un léger picotement dans le nez) désigne la Transférabilité des Numéros Sans Fil. Elle permet aux consommateurs de services sans fil de conserver le même numéro de téléphone lorsqu'ils changent de fournisseur de services tout en demeurant dans la même grande zone métropolitaine ou dans la même zone d'appels locaux. Pratique, si vous êtes insatisfait de votre fournisseur.

> Le tarif appliqué est le tarif zonal, dont le montant dépend du type de contrat, à moins que l'on se trouve à l'extérieur de sa zone. On paie alors l'interurbain et c'est très cher.

> Les appels sont facturés à la minute. Toute minute entamée est due, sauf chez quelques opérateurs qui facturent à la seconde. Les autres vont suivre à mon avis. Enfin, les couvertures offertes varient selon les opérateurs. Très peu d'opérateurs couvrent par exemple le nord du Québec.

> La plupart des Européens se ruinent avec les cartes de cellulaire prépayées.

> Sur les autoroutes, il n'y a pratiquement pas de bornes d'appels d'urgence. Un cellulaire est donc utile (spécialement par - 30 °C).

Une étude internationale sur les **prix moyens** pratiqués dans différentes villes du monde, commanditée par le Conseil de la radiodiffusion et des télécommunications canadiennes (CRTC), a révélé en 2016 que nous nous faisions **arnaquer**. Le Canada figure dans le top 3 des pays qui appliquent le tarif le plus cher :

Forfait	Minimum	Normal	Étendu
Canada	**41,08 $**	74,67 $	96,55 $
Japon	29,06 $	**89,72 $**	s. o.
France	22,49 $	38,08 $	70,12 $
USA	27,00 $	73,00 $	**117,33 $**
Royaume-Uni	20,84 $	30,13 $	42,22 $
Montréal	40,46 $	62,98 $	79,44 $

Acheter un téléphone cellulaire et obtenir une ligne

Concrètement, vous allez dans n'importe quelle boutique Bell (ou Rogers ou Fido…), et vous achetez un cellulaire. C'est ici que commencent vos problèmes, car l'industrie des télécommunications est incapable de communiquer de manière claire. En revanche, elle sait très bien calculer. Selon un comité d'études ayant témoigné devant le Sénat américain, quand elle facture par exemple 15 cents le message texte envoyé, elle réalise un **profit de 4900 %**. Vous devez donc savoir que :

> Selon le magazine *Protégez-vous* (2016), les **services à la clientèle** des principales compagnies de télécommunications se classent comme suit. Les services de Virgin Mobile, Vidéotron, Koodo et Telus sont supérieurs à la moyenne. Ceux de PC Mobile, Fido et Rogers sont plutôt dans la moyenne. Quant à ceux de Bell, ils sont en dessous de la moyenne.

> La **définition du soir** dépend de l'opérateur : les appels illimités le soir commencent ainsi en principe à 17 h chez certains (Fido, Virgin, Bell, Koodo) et à 18 h chez d'autres (Rogers).

> Environ 70 % des abonnés utilisent des forfaits d'**au moins 1 Go** par mois.

> **Le rabais se retournera contre vous :** quand vous achetez un appareil, on vous

propose deux prix : avec et sans abonnement, ce dernier prix étant bien sûr plus élevé. Le rabais ainsi consenti servira de calcul aux frais de résiliation quand vous déciderez de changer de compagnie. La Loi sur la protection du consommateur interdit en effet de demander plus que le montant de cette ristourne. Pour être plus clair que le vendeur qui ne vous le dira pas : si vous avez acheté votre appareil 99 $ alors qu'il en valait 399 $, les frais de résiliation seront en général de 300 $. L'opérateur ne peut vous imposer de « frais de rupture de contrat » après deux ans.

› Si vous n'avez pas d'historique de crédit au Canada, on vous demandera souvent **un dépôt de sécurité** et deux pièces d'identité.

Les principaux fournisseurs :

› Public Mobile

De loin le plus simple à comprendre : pour 47 $ par mois, appels et messages textes illimités dans tout le Canada. Et ce qui est vraiment sympa, c'est que c'est la seule entreprise de téléphonie cellulaire qu'on ne peut pas appeler par téléphone *(www.publicmobile. ca)*.

› Bell Mobilité

Le réseau le plus étendu au Canada et possibilité de rabais sur les autres services (télévision et téléphonie résidentielle). Frais d'activation et facturation à la minute *(1-800-667-0123, www.bell.ca)*.

› Rogers Wireless

Réseau d'excellente qualité, mais beaucoup moins étendu que celui de Bell. Frais d'accès au réseau et facturation à la minute *(1-855-381-7834, www.rogers.com)*.

› Fido

Appartient à Rogers. « Fournisseur de services sans-fil canadien le plus apprécié de ses abonnés en 2007. » Facture à la minute. Ne couvre pas toutes les régions. Mais Fido vous prévient lorsque vous vous approchez dangereusement de la limite de votre forfait *(1-888-481-3436, www.fido.ca)*.

› Telus

Utilise le réseau de Bell, et couvre donc tout le Canada. Frais d'activation et tarification à la minute *(1-866-558-2273, www.telus.com)*.

› Koodo

Filiale de Telus. Pas de frais d'activation, tarification à la minute *(1-866-995-6636, www.koodomobile. com)*.

› Virgin Mobile

Opérateur virtuel, qui ne dispose donc d'aucun réseau, mais utilise sous licence ceux des compagnies en place. Selon moi, la seule compagnie qui soigne vraiment son image de marque. La robote vous tutoie et déclare **‹‹ Tu dois vraiment être populaire ››** quand votre messagerie est pleine parce que vous avez reçu 3 messages *(1-888-999-2321, www.virginmobile.ca)*.

> Pour une petite utilisation, **le plus économique** est le **PC Mobile**, cellulaire prépayé. PC signifie « President's Choice », oui, oui, la grande surface appartenant à Loblaws. Ils offrent un téléphone à bas prix, des tarifs très concurrentiels, une facturation à la minute et, bien souvent, des bons d'achat dans l'épicerie. Peu connus du grand public, ces services valent vraiment la peine *(President's Choice Mobile, 1-877-284-6361, www.pcmobile.ca)*.

Pour comparer les prix :
www.planhub.ca

Pour rester informé :
www.planhub.ca/blog/fr

Se plaindre d'un opérateur :
Contactez le CRTC au *1-888-221-1687, www.ccts-cprst.ca/fr/plaintes*

Internet

Il n'existe plus de fournisseur d'accès gratuit depuis mon installation à Montréal. Les fournisseurs les plus connus :

> **Bell Internet** *(1 866-778-5529)*

> **Vidéotron** *(1-877-512-0911)*

> **Cogeco** *(1-866-261-4447)*

> **Virgin Mobile** *(1-888-999-2321, www.virginmobile.ca)*

> **EBOX** *(1-844-323-3269, www.ebox.ca)*

Mais certaines petites sociétés offrent parfois de meilleurs tarifs.

> **B2B2C**
se présente comme « l'alternative aux grands réseaux » *(1-800-965-9065, www.b2b2c.ca)*.

> **Radioactif.com**
déclare « Vive Internet libre » et n'impose pas de contrat *(1-866-528-9886, www.radioactif.com)*.

> **Cooptel**
est la seule coopérative de télécommunications du Québec. À ce titre, elle redistribue ses bénéfices à ses membres ou à des organismes charitables *(1-888-532-2667, www.cooptel.qc.ca)*.

Montréal est un des trois pôles mondiaux qui assurent la sécurité du navigateur Chrome.

Pour comparer les **tarifs internet** en vigueur à Montréal : *www.internetprovidersmontreal.com*.

En attendant, il existe des boutiques type « cybercafés » :

> La plupart des **Starbucks** et des **Café Dépôt** (Starbucks québécois) offrent une connexion.

> **Toutes les bibliothèques de la Ville de Montréal.** Gratuit.

Il existe aussi d'autres merveilleux endroits où vous pouvez passer à peu près la journée à observer les Montréalais tout en restant connecté gratuitement en Wi-Fi :

> **Lapin pressé**
Leur spécialité : le **grilled**

cheese. Tous les Québécois connaissent ce plat, et vous aussi : on prend deux tranches de pain blanc que l'on beurre des deux côtés, une à deux tranches de cheddar jaune Kraft que l'on place au milieu. On grille dans une poêle en pressant le sandwich pour que ça déborde. On pourrait croire que c'est un croque-monsieur sans jambon, mais non. C'est le truc jaune qui fait toute la différence *(1309 av. Laurier E., 514-903-3555)*.

> **Juliette et Chocolat**
> Dans un décor zen *(377 av. Laurier O., 514-510-5651)*.

> **Café Santé Veritas** *(480 boul. St-Laurent, 514-510-7775)*.

Zap, un organisme communautaire qui prône la gratuité du Net, a créé 150 points d'accès au sein de Montréal. Il suffit de se créer (gratuitement) un compte usager au ***www.zap.coop***.

Télégramme

Comme on le sait, le télégramme a pratiquement disparu d'Europe et d'ailleurs. Mais on peut retrouver le charme du je-t'aime-et-te-désire-stop en le dictant à l'opératrice chez :

> **Télégramme Plus**
> Le message est ensuite transmis par téléphone à votre correspondant (vérifier le numéro) puis adressé par courrier. Ce document a valeur légale, ce service étant tout à fait sérieux, quoique n'appartenant pas à la Poste. Coût pour l'Europe : à peu près 50 $ pour 50 mots. **Paiement par cartes de crédit seulement** *(1-888-353-4726)*.

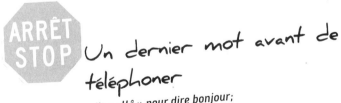

ARRÊT STOP Un dernier mot avant de téléphoner

Au Québec, on dit « allô » pour dire bonjour ;

pour dire allô, on dit : allô et

pour dire au revoir, on dit bonjour ;

« fait que » pour dire

« allô, bonjour »

on dit

« allô, allô ».

Ouvrir un
compte
en banque

Fraîchement débarqué...

Il est difficile de trouver un logement sans compte en banque à Montréal, et il est impossible d'y trouver un compte en banque sans logement : les banquiers réclament parfois un bail ou une preuve d'adresse, par exemple une facture. C'est un peu comme en Europe. À part ça, le reste est très différent. Car l'un des charmes bancaires de l'Amérique du Nord consiste à vider peu à peu nos comptes tantôt à coups de 75 cents pour encaisser un chèque, tantôt à plus d'un dollar pour retirer de l'argent au comptoir de sa propre banque et quelques cents encore pour effectuer des opérations sur Internet ou dans un guichet. Le tout avec le sourire bienveillant des gens qui vous rendent vraiment service.

Il existe un site gouvernemental qui vous aide à choisir le type de compte qui vous convient. En considérant le nombre de chèques, de retraits et de factures que vous pratiquez en moyenne, le robot choisit pour vous : *www.canada.ca/fr/ agence-consommation-matiere-financiere.html.*

Changer de l'argent

Évitez les banques et consultez ***www. oanda.com*** avant de faire des bêtises, car ce site comprend tout, y compris un historique des taux. Un des meilleurs taux : **Calforex**, rues Peel et Sainte-Catherine *(1230 rue Peel, 514-392-9100)*. Vous pouvez aussi installer l'application **XE Currency**.

Ouvrir un compte

Principales banques :

> **Banque Royale du Canada (RBC) :** *www.rbcbanqueroyale.com*

> **Banque Toronto-Dominion (TD) :** *www.tdcanadatrust.com*

> **Banque Canadienne Impériale de Commerce (CIBC) :** *www.cibc.com*

> **Banque de Montréal (BMO) :** *www.bmo.com*

> **Banque Scotia (BNS) :** *www.banquescotia.com*

> **Banque Nationale du Canada (BNC) :** *www.bnc.ca*

> **Banque Laurentienne du Canada (BLC) :** *www.banquelaurentienne.ca*

> **Desjardins :** *www.desjardins.com*

Présentez-vous à la banque de votre choix avec les documents qu'elle vous aura demandés d'apporter, car vous aurez pris le soin de l'appeler pour prendre rendez-vous. Si vous manquez de ces petits papiers administratifs, mais que vous attendez un gros transfert d'argent, les banques montreront toutefois une souplesse qui étonnerait bien des profs de yoga.

Obtenir une carte Interac

J'ai longtemps cru qu'elle s'appelait *Interact* à cause de *c'est correk*, mais c'est vraiment Interac. Elle est faite sur place et vous l'obtenez de suite.

 TANGERINE *ne charge aucuns frais pour la conversion de devises lors d'un retrait et fait partie de la « Global ATM Alliance » : les « frais de retrait à l'étranger » et les « frais de guichet » ne s'appliquent pas dans certaines banques de plus de 40 pays* (www. tangerine.ca).

En 2016, près de Saskatoon (Saskatchewan), deux voleurs ont attaché un guichet automatique à leur camion pour l'arracher. Ne parvenant pas à mettre le guichet à l'arrière du véhicule, ils ont finalement quitté l'endroit en traînant l'appareil.

Le Canada comptait en 2012 1 703 guichets automatiques par tranche d'un million d'habitants, c'est-à-dire plus que tout autre pays.

Mais on vous demande une petite participation aux frais, car les banques canadiennes n'ont affiché qu'un profit de 35 milliards de dollars en 2015, soit 95 millions de dollars par jour. On distingue donc:

> » les **frais de transaction réguliers** qui dépendent de votre accord avec votre établissement;

> » les **frais d'accès au réseau**, lorsque vous utilisez un guichet d'une autre banque que la vôtre;

> » les **frais de commodité** du type NTM (voir p. 67). En choisissant une banque disposant de guichets automatiques sur vos lieux de passage, vous témoignez donc d'un sens aigu de la gestion qu'appréciera vraiment votre papa.

> » Un commerçant qui vous demande soudain 50 ou 75 cents supplémentaires parce que vous payez par Interac contrevient à **l'article 224c** de la Loi sur la protection du consommateur.

Obtenir des chèques

Demandez-les. On vous les fournit dans la semaine. C'est payant, bien sûr.

Payer

Le chèque

N'étant ni garanti ni couvert par la banque, le chèque n'est pas accepté partout. On ne l'emploie que pour payer son loyer, le téléphone et l'électricité.

Si vous déposez un chèque reçu à votre banque, votre compte ne sera crédité de son montant qu'une dizaine de jours plus tard (la banque vérifie sa validité, paie les sandwichs avec les intérêts et place le reste dans des barrages hydroélectriques). Le **chèque sans provision** n'est pas poursuivi pénalement: votre crédit s'en trouve évidemment affecté, mais rien de plus.

Interac / carte de débit

La plupart du temps, on n'impose pas de montant minimal, parfois 5 $. La banque vous débite des frais, bien entendu. Quand vous payez par carte, le terminal vous demande «Quel compte?». La réponse est généralement «compte chèque», ce qui signifie compte courant.

Dans les grandes surfaces et la plupart des dépanneurs, on peut vous donner de l'argent (qu'on ajoute à votre note), si vous payez par Interac.

La carte de crédit

On l'emploie sans restriction et sans minimum. Un bon conseil : gardez votre carte de crédit européenne (c'est-à-dire un compte dans votre pays) le plus longtemps possible même si ça vous coûte cher. Sans carte, il est impossible de louer une voiture, et très difficile de réserver un hôtel, par exemple.

Obtenir une carte de crédit sans emploi est de moins en moins impossible. Comme disait Donald, رحيب ت عضوم الجدد للقادمين[11]. De nombreuses banques offrent maintenant des programmes pour faciliter l'obtention d'une carte de crédit aux nouveaux arrivants.

Il est également possible d'acquérir une **MasterCard prépayée** en vous rendant dans un bureau Insta-Chèques

ou à la poste. La carte coûte une vingtaine de dollars et on effectue un dépôt minimal de 10 $. Cette carte n'est accessible qu'aux résidents permanents ou aux citoyens canadiens.

Quatre trucs pour bâtir votre crédit

Avant d'immigrer: choisissez une banque qui a une succursale dans votre pays et au Canada. Certaines banques permettent de se bâtir une cote de crédit à l'étranger (HSBC) qui pourra servir ici.

Lors de votre demande de carte de crédit, **apportez des documents prouvant que vous payez régulièrement vos factures** ici et dans votre pays d'origine.

Utilisez votre carte: si vous ne l'utilisez jamais, vous n'augmenterez pas votre cote.

Faites toujours les **remboursements mensuels minimaux**.

Le virement

Le virement est toujours possible entre clients d'une même banque.

ATM = NTM

Quand vous retirez de l'argent dans une machine ATM, le propriétaire du resto ou du bar encaisse 1 $, ATM prend 1 $, et Interac sa commission habituelle. C'est ainsi que 20 $ coûtent 24 $. Historiquement, on nous avait dit que les guichets automatiques, diminuant les frais de personnel, économiseraient les nôtres – ou je rêve? Pour moi, j'engueule le propriétaire du restaurant et je sors.

11 Bienvenidos a los recien llegados/*Bienvenue aux nouveaux arrivants*

Entre banques différentes, il y a des frais comme au temps où il fallait transférer tout ça sur un cheval vers l'Ouest. Comme on dit sur TF1, renseignez-vous auprès de votre établissement bancaire le plus proche.

Vous pouvez également utiliser Interac pour faire un virement. La procédure est très simple, il n'est même pas nécessaire de connaître le numéro de compte du bénéficiaire : renseignez-vous sur *www.interac.ca*.

Encaisser un chèque : quatre solutions

- Le déposer sur votre compte et attendre 5 à 7 jours ouvrables.

- L'encaisser à la banque du signataire.

- L'encaisser en liquide chez **Insta-Chèques** (3 % de commission plus frais administratifs) surtout s'il s'agit d'un chèque de société. Vous devez fournir quelques informations préalables. Pour connaître le bureau Insta-Chèques le plus proche et les heures d'ouverture, allez au ***www.moneymart.ca*** (car ça veut dire Insta-Chèques en anglais). Le guichet de la rue Atwater est ouvert les jeudi et vendredi jusqu'à 22 h *(510 rue Atwater, 514-935-6027)*.

- **Encaisser votre chèque avec votre téléphone :** téléchargez l'application bancaire de votre banque sur votre téléphone portable, prenez une photo du chèque recto verso, puis confirmez le montant du chèque.

Recevoir de l'argent d'Europe

Par banque

- Évitez les chèques.

- Demandez à votre banque ses coordonnées internationales.

- Soyez prévenu du jour de l'envoi.

- Attendez cinq jours.

- Après ce délai, réclamez.

Par Western Union

Cher mais ultrarapide, sauf pour connaître le plus proche (il faut appeler le *1-800-235-0000*, composer successivement le 1, le 2, encore le 2, le 3, et le 1 pour entendre finalement un

Vous êtes timbré

En envoyant votre photo préférée à Postes Canada, ils en font des timbres qui peuvent affranchir vos courriers. On peut commander tout ça en ligne au **www.postescanada.ca**.

ARRÊT STOP

Equifax et *TransUnion* sont deux entreprises privées américaines qui se mêlent de la vie financière d'une trentaine de millions de Canadiens. Leurs revenus proviennent des abonnements que paient les créanciers (banques, émetteurs de crédit, associations de propriétaires, etc.) pour accéder aux renseignements à notre sujet. Les banques, par exemple, fournissent tous les mois des informations sur les comptes de leurs clients avec une note sous forme de cote, en fonction de la régularité des remboursements. Grâce à l'information ainsi fournie par ces dénonciateurs, Equifax et TransUnion attribuent à chaque consommateur un **pointage** exprimant le risque qu'il représente (le pointage de crédit maximum est de 900, le minimum de 300). Celui-ci est fabriqué grâce à un algorithme mathématique que personne ne connaît car il est gardé secret. Votre cote de crédit sera vérifiée chaque fois que vous voulez emprunter de l'argent, et parfois quand vous souhaitez louer un appartement ou vous assurer. Il arrive même de plus en plus souvent que les employeurs demandent à vérifier un dossier du crédit avant d'engager un candidat. Si vous postulez pour travailler dans une boulangerie, il est en effet essentiel de savoir si vous risquez de voler votre pain quotidien...

En gros, ce système s'est avéré extrêmement efficace pour augmenter l'endettement des particuliers puisque plus vous possédez de cartes de crédit, plus (si vous la remboursez) vous augmentez votre cote.

Les spécialistes conseillent d'utiliser moins de 35 % de la somme des limites de la carte : au-delà, Equifax et TransUnion considèrent que vous représentez un risque, même si vous remboursez toujours à temps. Dans le même esprit, plus on consulte votre dossier de crédit en peu de temps, plus votre pointage diminue. L'algorithme considère en effet que vous êtes alors en difficulté et que vous cherchez du crédit partout. En résumé et pour terminer le cours d'aujourd'hui, plus de 300 millions de Nord-Américains voient leur vie financière dépendre d'un algorithme que personne ne connaît, qui les pousse à emprunter, qui fournit une cote qui diminue dès qu'on la consulte et qui sabote pour sept ans l'avenir financier de toute personne ne pouvant rembourser ce que ce système l'a poussée à emprunter.

robot vous conseiller d'aller au ***www. westernunioncanada.ca***). L'argent est disponible dans l'heure de son envoi, d'où qu'il vienne. Vous le retirez en espèces à n'importe quel bureau Western Union.

Par mandat postal

Plus rapide que la banque et moins cher que W.U. La poste vous avertit quand l'argent est arrivé. Vous pouvez aller le chercher dans une pharmacie où sont installés presque tous les bureaux de poste à Montréal et en banlieue.

Déposer de l'argent dans votre compte

On peut bien entendu déposer de l'argent « au comptoir » de la banque. Mais au Québec, il existe un système permettant d'approvisionner son compte en passant par le guichet automatique, qu'il s'agisse d'un chèque ou d'espèces. Il suffit de placer l'argent (ou le chèque) dans une

enveloppe située au guichet automatique et de déposer ensuite l'enveloppe dans l'appareil. Aussi bizarre que cela paraisse, il n'est pas sûr que vous puissiez disposer immédiatement de l'argent que vous venez de déposer, car certaines banques le « gèlent » (il y a des génies qui ne déposent rien dans l'enveloppe, il faut donc que l'employé-nain qui habite à l'intérieur de la machine vérifie le contenu de celle-ci).

Pour **éviter le « gel »** de votre argent, demandez un « transit » à votre banquier en écoutant attentivement ce qu'il vous dira en petits caractères.

Retirer de l'argent de votre compte européen est possible pour la majorité des cartes européennes. Vous faites votre code dans un distributeur, et c'est tout.

Les banques européennes ne peuvent offrir de services « réguliers » aux particuliers. Si vous disposez d'un compte au Crédit Lyonnais, par exemple, vous ne pouvez l'utiliser à Montréal, étant donné qu'ils ont placé toutes vos économies à Hollywood.

Se loger
à Montréal

Leçon de survie

Le taux d'inoccupation à Montréal est de 3,9 % (autrement dit, sur 100 appartements locatifs, presque 4 sont libres). Il est donc assez difficile de trouver rapidement ce que l'on cherche. Beaucoup d'Européens choisissent de s'installer dans un meublé en attendant de trouver mieux. Ils dépriment ensuite après trois jours (à cause des meubles). Mieux vaut faire son nid au plus vite.

Avant de louer quoi que ce soit, il faut savoir que

> La **superficie** est calculée en pieds carrés. Pour savoir combien ça fait en mètres carrés, divisez par 10 : 600 pieds carrés = (à peu près) 60 m^2.

> Le **nombre de pièces** figure devant la fraction ½. Un 3 ½ compte ainsi 3 pièces. Le ½ est la salle de bain.

> Le **chauffage** est compris dans beaucoup d'immeubles de type *building*. La loi n'exige aucune température minimale en hiver, mais les usages la fixent à 21 °C.

> Le **loyer** est net. Il ne faut pas y ajouter de taxes.

> Les **baux** sont conclus pour un an et se terminent en général à la fin juin. Contrairement à ce que croient beaucoup de locataires, y compris québécois, la résiliation du bail, même avec préavis de trois mois, est interdite sauf cas exceptionnels (notamment si votre sécurité ou celle d'un enfant qui habite avec vous est menacée en raison de la violence d'un conjoint ou d'un ex-conjoint ou en raison d'une agression à caractère sexuel,

même si l'agresseur n'habite pas avec vous). Vous pouvez bien sûr négocier un arrangement amiable avec votre propriétaire qui vous laissera partir pour autant que vous trouviez un remplaçant.

› Il est toujours possible d'échanger votre appart à Paris contre un autre à Montréal. Renseignements auprès des organisations : **France-Québec** *(www.francequebec.fr)*, **Homelink Intl** *(www.homelink.org)* ou **Intervac** *(www.intervac-homeexchange.com)* et, bien sûr, ***www.craigslist.org***.

› Les loyers montent avec l'ascenseur dans un immeuble : plus c'est haut, plus c'est cher.

› La plupart des propriétaires repeignent l'appartement avant

l'arrivée de chaque nouveau locataire. Ce serait encore mieux s'ils savaient peindre (on dit « peinturer » en québécois, on dit « **peinturlurer** » quand on voit le résultat).

› Il n'y a pas d'état des lieux.

› Il n'y a pas d'**assurance obligatoire**.

› Dans de nombreux immeubles, il n'y a pas de **13**e **étage**.

Le formulaire de bail de la Régie du logement doit être utilisé pour tout nouveau bail d'habitation, que ce soit pour une chambre, un appartement, un logement en copropriété ou une maison. En vente dans les dépanneurs. Et les pharmacies bien sûr.

Tableau de Mansiondeïev : le prix de location moyen d'un appartement de 2 chambres en Amérique du Nord[12]

Vancouver	1 345 $
Calgary	1 319 $
Montréal	742 $
Québec	777 $
Saguenay	583 $
Toronto	1 269 $
New York	2 300 $

[12] *Sources (2015) Société canadienne d'hypothèques et de logement (SCHL), Rentseeker*

Colocs

Certains locataires cherchent un «coloc». *Hard* comme entrée au Québec mais pourquoi pas. Se renseigner sur les habitudes, surtout si vous êtes fumeur, bordélique, carnivore et obsédé sexuel (beaucoup de Québécois sont non-fumeurs, organisés, végés et obsédés sexuels. Néanmoins en 2007, une Québécoise a été accusée d'avoir assassiné son colocataire avant de le découper en morceaux).

› Le **Airbnb de la colocation :** Yacine Mahir, un Français installé à Montréal en 2012, a eu la brillante idée de créer *www. Quoloc.com* pour trouver la colocation de son choix.

Trouver un logement

Les journaux

La Presse, *Le Journal de Montréal*, *Le Devoir*, *Métro* et *24 heures* publient des petites annonces.

Le mensuel *Voir* (355 rue Ste-Catherine O., bureau 700, 514-848-0805) publie également des offres de location. On trouve ce magazine un peu partout, notamment dans les bars, les galeries commerciales et certains commerces.

Internet

› *www.acam.qc.ca*

› *www.appartalouer.com*

› *www.craigslist.org*

› *www.kijiji.ca*

› *www.logementsmontreal.com*

› *www.lespac.com*

Associations d'aide au logement

› **La Maisonnée** *(6865 av. Christophe-Colomb, 514-271-3533, info@lamaisonneeinc.org).*

› **ROMEL :** Regroupement des organismes du Montréal Ethnique pour le logement *(6555 ch. de la Côte-des-Neiges, bureau 400, 514-341-1057, www.romelmontreal.ca).*

› **Hirondelle :** Organisme d'aide aux nouveaux arrivants *(4652 rue Jeanne-Mance, 2ᵉ étage, 514-281-2038, www.hirondelle.qc.ca).*

› **Centre des femmes de Montréal** *(3585 rue St-Urbain, 514-842-4780, www.centredesfemmesdemtl. org).*

› **Montréal Accueil** *(C.P. 48590 - CSP Van Horne, Outremont, QC, H2V 1L0, www. montrealaccueil.com).*

› **CSAI** (Centre social d'aide aux immigrants) *(6201 rue Laurendeau, 514-932-2953, www.centrecsai. org).*

> **Regroupement des comités logements et associations de locataires du Québec :** il y a en moyenne un comité par quartier qui peut vous aider pour la plupart des problèmes locatifs *(514-521-7114, http://rclalq.qc.ca)*.

> **Les coopératives de logement** proposent des appartements à prix réduits à certaines conditions : le locataire doit, en plus de payer son loyer, prendre soin de l'immeuble et participer aux réunions de colocataires (qui a encore laissé entrer un orignal dans la salle de bain ?). Il faut être parrainé. Pour obtenir la liste des coopératives : **FECHIMM** *(7000 av. du Parc, bureau 206, 514-843-6929)*.

Les droits du locataire à Montréal

> Il est interdit de demander au locataire une **caution locative**, sauf s'il s'agit d'un bail commercial. Le propriétaire ne peut pas exiger de versement dépassant un mois de loyer.

> Il ne peut pas non plus exiger des **sommes additionnelles** à titre de dépôt quelconque (remise des clés ou autre).

> Il ne peut exiger de **chèques postdatés** (cas fréquent à Montréal).

> La présence de ce type de clauses dans les baux est sans effet.

> L'**assurance résidentielle** n'est pas obligatoire.

> Le propriétaire peut demander la **résiliation du bail** en cas de retards de paiements fréquents, mais il doit prouver que ces retards lui portent préjudice.

> En cas de **non-paiement**, la procédure est la suivante : le propriétaire doit adresser une requête à la Régie du logement en vue de demander l'éviction et/ou le paiement du loyer. Le locataire dispose alors de 10 jours pour contester par écrit. Si le locataire paie avant que le jugement devienne exécutoire (à peu près un mois à compter de la décision), il peut éviter l'éviction.

La Régie du logement, un organisme gouvernemental siégeant comme un tribunal, loge dans une pyramide au sein d'un Village olympique : le loyer doit être pharaonique *(Village Olympique, Pyramide Ouest/D, 5199 rue Sherbrooke E., bureau 2095, 514-873-2245, www.rdl.gouv.qc.ca)*.

8

Acheter, louer, conduire une **voiture**

Leçon de survie

Acheter une voiture

Neuve

La presse fourmille de propositions de «location» (*leasing*). L'idée est de payer un montant mensuel ainsi qu'un montant de base, le *cashdown*. Le nombre de kilomètres est limité par an. Après quatre ans, selon le contrat, on choisit de rendre la voiture ou de la racheter pour le prix résiduel. L'entretien est à la charge du locataire, mais les assurances comprises dans le prix de la location couvrent tous les risques. (Il est possible, en cours de route, de transférer la location à un amateur grâce à *www.leasebusters.com*.)

D'occasion («seconde main» ou «usagée»)

Il peut s'agir d'une voiture arrivée en fin de location ou de la voiture de Mme Tremblay. Consultez les petites annonces. Mêmes dilemmes et mêmes arnaques qu'en Europe. Les spécialistes conseillent cependant de **ne pas**

acheter dans les encans privés et grossistes en voitures d'occase.

Pour éviter les surprises

> Il n'existe aucun **contrôle technique** obligatoire au Canada.

> Les **voitures américaines** ont très mauvaise réputation auprès des garagistes.

ARRÊT STOP Une spécialité locale

L'indigène sortant soudain d'un fourré, fortement intéressé par la voiture que vous êtes en train d'acheter et qui propose le double. Fuyez, c'est son beau-frère.

En dessous de 3 000 $, il y a peu de chance que ce soit une affaire.

Les Québécois parcourent en moyenne 18 000 km par année.

Une voiture beige, rouge ou verte, coûte statistiquement moins cher (de 500 $ à 1 000 $).

Une voiture manuelle coûte moins cher qu'une automatique (de 1 000 $ à 2 500 $, sauf pour les véhicules sport).

> On trouve difficilement des voitures **diesel** et le (vrai) **gaz** n'existe pas. Néanmoins quelques Québécois roulent à l'huile de friture usagée, qu'ils appellent joliment **l'huile à patates frites**.

> Le Club automobile (CAA) peut vérifier 180 points du véhicule et faire un essai routier.

> Vous pouvez vous informer sur l'état « juridique » de la voiture d'occasion que vous voulez acheter (appartient-elle réellement à son propriétaire? Est-elle affectée d'une dette quelconque?) auprès du Registre des droits personnels et réels mobiliers *(514-864-4949, www.rdprm.gouv.qc.ca).*

L'APA (Association pour la protection des automobilistes) offre une liste de garages recommandés pour leur fiabilité aussi bien en ce qui concerne la vente de voitures d'occasion que la réparation (514-272-5555, www.apa.ca).

> Vous pouvez vous renseigner sur la validité du permis de conduire du conducteur auquel vous voulez prêter votre véhicule *(1-900-565-1212, https://saaq.gouv.qc.ca/services-en-ligne/citoyens/verifier-validite-permis-conduire).* Il en coûte 1,65 $ par consultation.

> Vos oreilles européennes ne détecteront pas les bruits américains dans des voitures spécialement insonorisées et automatiques.

> Le « prix de liste » d'une voiture usagée se trouve au **www.autohebdo.net**.

> Des gangs (peut-être des Belges) s'organisent pour voler de l'**huile de friture** usagée en vue de la revendre à l'industrie cosmétique ou à celle du biocarburant. L'huile de cuisson usée peut atteindre jusqu'à 800 $ la tonne.

> **« Deuxième chance au crédit » :** les vendeurs annonçant que « personne n'est refusé » parce qu'ils accordent des prêts même à des acheteurs au crédit défaillant peuvent aller jusqu'à leur faire payer **30 % d'intérêt**.

> Le président de l'Association pour la protection des automobilistes

ARRÊT STOP

Comment reconnaître un ancien combattant au volant sans voir sa tête?

Il suffit de regarder sa plaque. Si elle commence par :

X	*c'est un commerçant, un transporteur, un fabricant ou un carrossier*
V	*c'est un radio amateur*
C	*c'est sans doute un tracteur*
F	*c'est une voiture d'entreprise*
R	*c'est une remorque*
T	*c'est un taxi*
Il y a un coquelicot sur la plaque	*c'est un ancien combattant*

(APA) recommande aux petits budgets de chercher chez un particulier une Tercel de Toyota ou une Cavalier de Chevrolet de 10 ans (à peu près 3 000 $).

L'immatriculer

Seule la plaque arrière est obligatoire. À l'avant vous pouvez faire ce que vous voulez, en gardant bien sûr à l'esprit – mais comment l'oublier? – que selon l'article 34 du Code de la sécurité «Aucune plaque ou vignette qui peut être confondue avec une plaque d'immatriculation ou une vignette de contrôle délivrée par la Société ou par une autre autorité administrative compétente ne peut être fixée sur un véhicule routier».

Aller à la **SAAQ** (se rendre à la SAQ pour demander une plaque est une aussi bonne idée que d'aller à la SAAQ pour acheter une bouteille de cognac) avec :

› Une **attestation de transaction avec un commerçant**, si vous avez acheté votre voiture à un commerçant.

› La plaque ou l'ancien certificat d'**immatriculation**, si c'est une voiture d'occasion (si le vendeur est un particulier, il doit venir avec vous à la SAAQ).

› Vous pouvez payer en liquide ou par carte de débit, mais les cartes de crédit ne sont pas acceptées.

› L'immatriculation se paie annuellement à la réception de la facture, mais le mois de facturation dépend de votre **nom de famille**.

Société de l'assurance auto-mobile du Québec: *855 boul. Henri-Bourassa O., 514-873-7620, www.saaq.gouv.qc.ca.*

L'assurer

L'assurance dommages corpo-rels des tiers et du conducteur est financée par la **SAAQ** grâce aux diverses taxes payées par les automo-bilistes, notamment sur le permis de conduire. Il s'agit d'un système d'as-surance «sans fautes», de sorte que la victime comme le responsable sont indemnisés selon des tarifs fixes. Ce régime est spécifique au Québec.

En revanche, pour **l'assurance dommages matériels**, il faut contracter avec une compagnie.

Le mieux consiste à faire appel à un courtier d'assurances qui vous conseillera. À Montréal, le coût moyen de l'assurance est de 532 $.

On recommande aux Européens d'apporter d'Europe toutes les attes-tations utiles pour **diminuer le montant des primes**.

Louer une voiture

Il est impossible de louer une voiture sans carte de crédit et si l'on a moins de 21 ans. Il ne faut pas espérer non plus connaître le prix que l'on paiera vraiment si l'on ne demande pas trois fois au préposé d'ajouter les taxes, les assurances, le prix des kilomètres supplémentaires et son prénom (pour en parler au «superviseur» en cas de problème).

Vive Via Route!

Besoin d'une voiture pour quelques heures seulement? Via Route, une entreprise québécoise, propose des locations de quatre heures à des tarifs spéciaux. On peut également en louer pour la soirée.

Via Route (5180 av. Papineau, 514-521-5221)

> **Alamo**
> *(Aéroport Trudeau YUL, 514-633-1222; rue Stanley, 514-875-9988).*

> **Avis**
> 100 % non-fumeurs. Voilà que l'industrie automobile nous donne des leçons sur l'environnement *(1-800-879-2847).*

> **Discount**
> «Plus de route. Moins de dépenses», dit le slogan publici-taire *(607 boul. De Maisonneuve O., 514-286-1929).*

> **Enterprise**
> «Vous ne pouvez pas vous rendre jusqu'à nous? We'll Pick You Up.™ (certaines restrictions s'appliquent, *guys, 1-800-261-7331).*»

> **Hertz**
> *(1-800-263-0678).*

> **Location Légaré**
> Loue également des fourgonnettes avec emplacements pour fauteuils roulants *(1-877-457-5342).*

National
(1-877-222-9058).

De plus petites entreprises louent également des voitures à des prix souvent plus abordables. Par exemple :

Auto-Plateau
« Le plus important réseau au Québec bâti par des gens bien de chez nous. » Il veut dire « de chez eux » *(514-398-9000).*

Bazoo
Un bazou, en québécois, est une vieille bagnole, mais ils louent des voitures récentes *(514-386-2990, www.locationautobazoo.com).*

La partager

Moyennant un dépôt annuel et une tarification kilométrique, il est possible de partager une voiture (le *carsharing*), un système qui a peut-être beaucoup d'avenir : **Communauto** *(514-842-4545, www.communauto.com).*

Louer une limousine

Maman, pourquoi les limousines ont-elles toutes des vitres teintées? C'est pour mieux t'embrasser, mon enfant. Faire des trucs en tout genre dans une limousine coûte 185 $ l'heure **(200$ si on part de l'aéroport Trudeau)**, *avec chauffeur privé. Si la voiture cahote, on dira que ce sont les nids-de-poule* **(Nite Life Limo, 514-881-6000).**

On peut également profiter de la voiture d'un automobiliste se rendant à la même destination. C'est le **covoiturage**. Ainsi, dans le **carsharing**, on partage une voiture commune, tandis que dans le covoiturage, on utilise le service d'un autre. Chacun paie une cotisation annuelle.

Et les passagers paient une rémunération au chauffeur par trajet (Montréal–Québec, 15 $). On se renseigne sur **www.amigoexpress.com** ou **www.covoiturage.ca**.

La conduire

Pour sauver l'honneur auprès des indigènes, sur les voitures automatiques :

- **D :** avancer
- **N :** point mort, neutre
- **R :** reculer
- **P :** position de parking

Cruise control signifie « vitesse de croisière ». Dès que vous êtes arrivé à la vitesse souhaitée (par exemple 100 km/h) en pesant sur le gaz, pesez ensuite sur le piton (le bouton) : le char avance tout seul que ça a pas d'bon sens. La *cruise control* est fortement déconseillée en cas de chaussée humide.

La conduite est pépère en général et rock'n'roll en hiver. Les interdictions sont beaucoup plus respectées qu'en Europe. Par exemple, les Québécois s'arrêtent vraiment au **stop**. De leur côté, les anglophones stoppent vraiment à l'**arrêt** même s'ils ne voient personne, mais vraiment personne, dans tout le Nouveau-Brunswick.

Les Québécoises qui roulent en 4x4 ne cèdent pas le passage, ne permettent à personne de se rabattre et continuent droit devant. Historiquement, elles reprochent en effet à nos grands-parents d'avoir exploité leurs grands-mères entre 1865 et 1971.

En ce qui concerne Montréal, la circulation **était fluide** jusqu'au moment où les élus ont décidé de l'améliorer. Les ponts et les tunnels en béton ayant une légère tendance à s'effondrer après 50 ans de non-entretien, on a entrepris en 2011 des travaux de dernière minute... qui sont toujours en cours.

Voir

Les panneaux qui indiquent les traversées d'orignaux. Les autres indications routières ne sont là que pour ceux qui connaissent déjà la route. Il est tout simplement impossible d'arriver à destination en se fiant aux panneaux.

Pouvoir

Permis de conduire : le permis européen est valide pendant les six premiers mois d'un séjour touristique. Ensuite, on l'échange contre un permis québécois : se rendre à la SAAQ avec son permis de conduire étranger, une preuve de résidence au Québec et une preuve que vous résidiez dans le pays qui vous a délivré votre permis si celui-ci a été obtenu depuis moins de 3 ans. L'employé de la SAAQ vérifie que votre permis n'est pas un faux, on vous tire ensuite le portrait pour la photo, et c'est emballé.

Savoir

> Sur les autoroutes, la vitesse maximale autorisée est de **100 km/h**. **Peu de gens la respectent.**

> Sur les routes principales : **90 km/h**.

> En ville : **40 km/h** dans les rues résidentielles locales de Montréal (près des zones scolaires, 30 km/h). Qu'est-ce qu'une rue résidentielle locale, Hubert? Une rue dont la principale fonction est de permettre l'accès aux propriétés riveraines, Hélène. Sur les autres artères : 50 km/h.

> Quand les deux voies vont dans le même sens, elles sont séparées par une ligne **blanche**. Quand elles sont en sens opposé, par une ligne **jaune**.

> Mais de très nombreuses rues, qui ne sont pas à sens unique, ne peuvent pas être empruntées par la gauche : il faut regarder les flèches qui indiquent les directions autorisées à chaque croisement.

> Les **feux de circulation** se trouvent après l'intersection, ce qui est très déroutant pour nous. Arrêtez-vous avaaaaaaaaaaaaant!

> Quand le **feu clignote au vert**, cela signifie que ce n'est vert que pour vous (et non dans l'autre sens).

> L'**ARRÊT/STOP :** le premier arrêté est le premier à pouvoir redémarrer. C'est simple, non? Et si on arrive tous en même temps? Tout le monde s'arrête en même temps. Le premier qui peut

Le temps du reculons

Il faut s'arrêter au stop, mais pendant combien de temps? La réponse est simple: jusqu'à ce que les suspensions avant se décompressent. Lorsque vous freinez, votre corps est d'abord projeté en avant, puis subtilement propulsé vers l'arrière: c'est le reculons, mes frères. Quand il est terminé, vous pouvez repartir.

partir est celui qui vient de droite. Étonnant car…

> La **priorité à droite** n'existe pas.

> Quand un bus scolaire est à l'arrêt (feux clignotants), il faut **absolument** s'arrêter, et ce, dans les deux sens de la route.

La remplir et la gonfler

La remplir

J'avais lancé un appel aux enquêteurs afin qu'ils m'expliquent **pourquoi les tuyaux sont si courts**. Gisèle m'est revenue: c'est parce qu'ils égratignaient les voitures, obligeant les garagistes à rembourser la peinture. Gisèle a gagné une grosse bise, un allongé et un exemplaire de ce guide. J'offre un exemplaire dédicacé, un allongé et une grosse bise au premier qui m'explique pourquoi.

La gonfler

L'eau est toujours gratuite au Canada, mais l'air est souvent payant à raison de 1 $ pour quelques minutes d'usage du tuyau. Il faut parfois demander à la fille de la station une **gage** (un manomètre). Pour la pression, gonflez autour de 30-35.

Il faut demander la clé de la salle de bain pour obtenir celle de **la toilette**, car celle-ci se trouve à l'extérieur du bâtiment. Cette clé est accrochée à un morceau de tronc d'arbre pour éviter de la perdre.

La garer

> **Parcomètres:** on ne rigole pas avec «les parcomètres». Une minute de retard est une minute de trop. Ce sont des privés qui s'occupent de distribuer les «tickets» qui valent au moins 30 $ plus les frais administratifs. Et en plus, il faut vraiment payer les amendes, sans espérer qu'on vous oublie. Ils se souviennent de ça aussi. On les comprend: en 2016, plus de **20 millions** de dollars d'amende ont été distribués à Montréal à des citoyens qui s'étaient garés dans un espace interdit pour entretien de la rue, auxquels il faut ajouter les **62,9 millions**

Les bornes de paiement fonctionnent exclusivement à l'énergie solaire, et la prochaine éclipse se produira le 8 avril 2024.

Quand la Ville déneige votre rue (vers six heures du matin), elle enlève les voitures stationnées après avoir réveillé le quartier au son d'une sirène épouvantable. En se garant le soir, il faut donc vérifier qu'il n'y a pas de panneaux annonçant un prochain déneigement, sous peine de voir sa voiture déplacée.

L'application **Parkings Gratuits Montréal Déneigement** *donne l'emplacement des parkings et le nombre de places disponibles en cas de tempête de neige. L'application* **INFO-Neige MTL** *permet d'autre part de suivre la progression du déneigement dans votre quartier.*

payés par les automobilistes pour se garer dans des endroits autorisés. Pour faire baisser leur moyenne, téléchargez l'application **Stationnement Gratuit Montréal**, qui trouve un stationnement à partir de votre localisation.

› Le paiement des contraventions peut se faire en ligne *(http://ville.montreal.qc.ca)*.

› Les anciens parcomètres permettaient de profiter du temps acheté par le dernier utilisateur, car on en voyait le solde. Les nouveaux appareils n'autorisent plus cette économie, mais il existe des applications dédiées à ce problème, notamment **Park and Save** *(www.parkandsave.ca)*, **Prkng** *(www.prk.ng/fr)* et **Simple P** *(http://simplep.co)*. L'automobiliste entre le numéro de la place de stationnement qu'il occupe et indique l'heure d'expiration de son ticket. De leur côté, ceux qui cherchent une place de stationnement peuvent voir sur leur iPhone les places disponibles pour lesquelles le temps a été déjà payé.

› **www.venueparking.com/fr** propose un service de **réservation de stationnement en ligne**.

› Comprendre pourquoi on a reçu un « **ticket** » est une opération plus douloureuse que de le payer, surtout en ce qui concerne le stationnement. Et tout cela est la faute de la Lyonnaise des Eaux qui a suggéré à la Ville de Montréal de céder ses stationnements à une société privée pour 76 millions $. Seul problème, ladite société privée n'avait pas les millions nécessaires. Solution à la marseillaise : Montréal s'est portée garante d'un emprunt de 40 millions et la chaire de l'UQAM a déclaré que cette opération était un abus de bien public.

› Chaque année, le **SPVM** (Service de police de la Ville de Montréal) fixe un objectif de contraventions à dresser. Il est généralement de 717 000 constats d'infraction.

› **Ticket Montréal** est une association d'avocats qui peut contester vos contraventions à votre place et vous éviter des points d'inaptitude *(http://ticketmontreal.ca)*. **Ticket Légal** fait pareil *(http://ticketlegal.com)*.

Le permis québécois

> Est un permis provincial et non national : il faut donc le changer quand on s'installe, par exemple, à Toronto ou dans n'importe quelle autre province.

> Sert de carte d'identité.

> Est un permis à points. Ils les appellent joliment les « points de démérite » ou « points d'inaptitude ».

Après une inscription de 15 points à votre dossier de conduite, les sanctions sont la **révocation** ou la suspension du permis. Le nombre de points ajoutés a également pour conséquence d'augmenter les primes d'assurance annuelle. Les infractions les plus coûteuses en points sont :

Cellulaire au volant

« *Une personne ne peut, pendant qu'elle conduit un véhicule routier, faire usage d'un appareil tenu en main muni d'une fonction téléphonique. [...] le conducteur qui tient en main un appareil muni d'une fonction téléphonique est présumé en faire usage.* »

Amende : de 80 $ à 100 $

4 points d'inaptitude

> Dépassements successifs en zigzag : **4 points**.

> Omission de se conformer aux feux intermittents ou au signal d'arrêt d'un autobus scolaire : **9 points**.

> Excès de vitesse : **de 1 à 30 points**.

> Les contraventions pour stationnement n'ont pas d'effet sur les primes d'assurances.

(Pour toute info : 514-873-7620.)

Recommandations de Transports Québec en cas de problèmes liés à l'hiver

Serrure des portières gelées

> Chauffez la clé avec un briquet.

Enlisement dans la neige

> Dégagez les roues motrices avec une pelle, tournez les roues de droite à gauche pour évacuer la neige et accélérez lentement. Si cette technique ne fonctionne pas, essayez le **va-et-vient** en gardant les roues bien droites.

> Demandez aux passants de vous aider. Vous apprécierez la solidarité québécoise. La neige est pour eux ce que l'accordéon est aux Français : ça les rassemble. S'ils ne veulent pas vous aider, demandez-leur qu'ils vous donnent au moins de la **litière pour chats**.

Les granules offrent en effet « *une bonne surface de traction et leurs propriétés absorbantes peuvent également aider à limiter la présence d'eau entre le pneu et la glace* », selon un magazine de protection de consommateurs. S'ils refusent, dites-leur que c'est un scandale, qu'ils ne sont pas des vrais Québécois, qu'ils préfèrent les chats aux humains enlisés et que vous saurez quoi faire quand vous croiserez leur grand-mère dans une congère.

En cas de tempête de neige

» Garez-vous dans un endroit sûr.

» Allumez des dispositifs lumineux autour de la voiture à une distance de 30 m.

» Allumez les feux clignotants.·

» Faites fonctionner le moteur et le chauffage pendant 10 minutes chaque heure en laissant à ce moment une fenêtre légèrement ouverte.

» Réchauffez l'intérieur avec des bougies.

» Évitez à tout prix de vous endormir, ce qui pourrait être fatal.

» En mars 2017, en pleine tempête de neige, plus de **300 automobilistes sont restés immobilisés toute la nuit** sur l'autoroute 13, la plupart sans rien à manger ni à boire, parfois à court d'essence et accompagnés de jeunes enfants. Malgré plus de 100 appels au ministère des Transports, aucune action d'envergure n'a été entreprise pour leur porter secours. Le lendemain,

les véhicules abandonnés par leurs conducteurs ont été remorqués au prix de 218 $ par contrevenant et le ministre responsable a déclaré : « La coordination n'a pas été parfaite. » Le gouvernement a ensuite promis qu'il rembourserait les automobilistes pour ces frais de remorquage.

Tout savoir (ou presque) sur le *parking*

» On ne dit pas *parking* mais stationnement.

» Tout ce qui n'est pas interdit est autorisé (c'est normal).

» Tout ce qui n'est pas autorisé est sanctionné (c'est nord-américain).

» Toute sanction consiste en une amende (c'est chiant).

» Si l'on ne paie pas ses « tickets », on ne risque plus la prison mais le retrait des plaques d'immatriculation.

» La plupart des places de stationnement sont réservées certaines heures aux résidents. Pour se procurer une carte de résident (autour de 85 $), composez le 311 et demandez le service de **stationnement réservé aux résidents**.

» Le stationnement dans la **zone d'arrêt de bus** est interdit. La sanction généralement appliquée par les chauffeurs de bus eux-mêmes consiste à pulvériser votre rétroviseur.

> Si votre voiture ne se trouve plus où vous l'aviez laissée, trois possibilités : premièrement vous avez abusé de la Molson, deuxièmement on vous l'a volée, troisièmement elle est en fourrière ou dans une rue à proximité. Dans ce dernier cas, téléphonez au 311. On vous indiquera son emplacement ou la fourrière. Soyez germanique avec les gens de la fourrière, ce sont des cowboys…

Les règles concernant le stationnement mériteraient un volume, mais en attendant voici l'idée.

Commençons par le **principe** : dès que vous voyez une place disponible, c'est qu'elle est interdite.

Ensuite les **règles générales**.

Il est interdit de stationner :

> devant une entrée privée;

> dans une **ruelle**;

> sur une piste cyclable;

> en double file;

> en **sens inverse** de la circulation;

> devant ou à proximité d'une borne-fontaine ou d'une intersection;

> sur un trottoir;

> sur un passage piétonnier ou devant une rampe d'accès pour personnes handicapées;

> en **angle**, si ce n'est pas indiqué, même lors de chutes de neige.

On continue par les cas particuliers, **du plus simple au carrément infernal**.

> Interdiction d'arrêter ou d'immobiliser son véhicule à l'endroit signalé.

> Du 1er avril au 1er décembre, on ne peut se garer le jeudi entre 7 h 30 et 9 h 30.

> Entre septembre et juin, on ne peut stationner que 15 minutes entre 7 h et 9 h et entre 14 h et 16 h, du lundi au vendredi (je sais, au début ça fait comme un pincement dans le cortex).

> Interdiction de stationner de 8 h à 18 h du lundi au samedi, sauf pour les véhicules munis d'une vignette de personne à mobilité réduite.

> Interdiction de stationner de 15 h à 21 h, sauf si vous avez une vignette de résident affichant le numéro indiqué. L'interdiction commence ou finit à compter du **prolongement imaginaire de la flèche** tirée par un imaginaire Iroquois responsable du parking. Si celle-ci se dirige vers la rue, le panneau marque le début de l'interdiction. Si elle se dirige vers le trottoir, elle indique la fin de l'interdiction. S'il n'y aucune flèche, c'est interdit partout.

 Savoir où vous en êtes avec vos PV: appelez le Bureau des infractions et amendes (1-877-263-6337) ou consultez **www.amendes.qc.ca.**

Quand vous en aurez marre de ces panneaux de stationnement, partez à la campagne:

> 1 000 orignaux entrent chaque année en collision avec des voitures, principalement au coucher du soleil. Sachant que ce majestueux animal peut peser jusqu'à 600 kg et mesurer jusqu'à 2,5 m, voici comment ça se passe: la voiture brise ses jambes, il s'écroule, puis tombe sur le pare-brise et le toit. Les accidents sont souvent mortels pour le conducteur et l'animal.

> Les cerfs de Virginie s'accouplent en octobre et novembre, et ils font ça le matin et le soir. En conséquence, les accidents sont nombreux à cette période, de même qu'en été. Au Québec, les collisions de voitures avec l'ensemble des cervidés s'élèvent à 6 000 chaque année.

Le virage à droite au feu rouge

> Le **VDFR** (la prononciation de cet acronyme n'est pas sans évoquer le passage rapide d'une mobylette) est interdit sur l'île de Montréal.

> Est autorisé partout au Québec sauf là où il est interdit.

> Les deux seules villes d'Amérique du Nord qui ne

l'autorisent pas sont Montréal et New York.

› Permet d'économiser 11,4 millions de litres de carburant par an.

› Et 4 millions d'heures aux automobilistes.

› Aurait causé la mort de 84 personnes par an aux États-Unis, spécialement celle de piétons de plus de 65 ans et de cyclistes.

› Au Québec, le ministère des Transports estime que le VDFR est responsable de 0,11 % de tous les décès survenus sur les routes entre 2003 et 2013.

› Les Montréalais disent que le VDFR est la chose **la plus excitante** sur la Rive-Sud.

Tout savoir sur les autoroutes

› Les autoroutes sont gratuites (mais certains ponts sur les autoroutes sont payants).

› Elles portent des **numéros pairs**, si elles vont d'est en ouest (A20, A40…) et **impairs**, si elles vont du sud au nord (A15, A25…).

› Le numéro d'autoroute est donc suivi du point cardinal de sa direction (A40 Ouest, A40 Est, A15 Nord, A15 Sud).

› On doit donc nécessairement savoir si Québec, par exemple, se trouve à l'ouest ou à l'est de Montréal, pour deviner quelle autoroute il faut emprunter pour s'y rendre.

› Les indications autoroutières ne servent dès lors que lorsque le ciel est assez dégagé pour repérer l'**étoile polaire** (qui indique le nord) : sortir de la voiture, se placer face à cette étoile tout en tenant les bras en croix. Votre main droite indique la direction de Québec. Pour le nord-est, passez à travers champs comme Maria Chapdelaine quand elle allait chercher du pain[13].

› Les autoroutes portent également des **noms** qui ne servent strictement à rien, mais changent selon la position GPS de l'observateur attentif. Par exemple, la **15 Sud** s'appelle la 15 Sud à partir de la frontière des États-Unis à Saint-Bernard-de-Lacolle jusqu'à l'échangeur Turcot (A20 Ouest) à Montréal, ensuite elle devient l'autoroute Décarie jusqu'à la jonction avec la 40 Est, puis l'autoroute des Laurentides à partir de l'autoroute 40 à Montréal jusqu'à la route 117 à Sainte-Agathe. À cet endroit, elle s'arrête et vous êtes en plein bois.

Numéros	Noms
5	autoroute de la Gatineau
10	autoroute Bonaventure, autoroute des Cantons-de-l'Est
13	autoroute Chomedey

[13] *Louis Hémond,* Maria Chapdelaine, *Boréal, 1988.*

Numéros	Noms
15	voir ci-dessus
19	autoroute Papineau
20	autoroute Jean-Lesage
25	route Transcanadienne
30	autoroute de l'Acier
35	autoroute de la Vallée-des-Forts
40	autoroute Félix-Leclerc, autoroute Métropolitaine
50	autoroute 50, autoroute de l'Outaouais
55	autoroute de l'Énergie, autoroute J.-Armand-Bombardier
73	autoroute Robert-Cliche, autoroute Henri-IV, autoroute Laurentienne
440	autoroute Laval, autoroute Charest, autoroute Dufferin-Montmorency
540	autoroute Duplessis
720	autoroute Ville-Marie

Lui faire passer l'hiver

> En automne, lui offrir un traitement à l'huile afin de protéger les bas de caisse.

> L'équiper de **pneus à neige**, obligatoires du 15 décembre au 15 mars. Une intéressante question juridique s'est posée dans le cas particulier des *snowbirds*, soit les Québécois qui partent passer l'hiver en Floride. Doivent-ils s'équiper de pneus à neige pour se rendre à Miami? Oui, sauf s'ils demandent un certificat spécial à la SAAQ. Par contre, la **roue de secours** est exemptée.

> L'équiper d'un **démarreur à distance** (elle se réchauffe toute seule). Il est généralement interdit de laisser tourner le moteur plus de trois minutes à l'arrêt.

ARRÊT STOP Un caribou dans le pneu

Vous prenez une pièce de 25 cents, vous l'insérez dans la rainure en faisant bien attention que la tête du caribou vous regarde. Si le bout du museau dépasse, vos pneus sont trop usés pour tenir une saison.

Trousse utile en hiver

Transports Québec recommande de disposer dans sa voiture d'une trousse comprenant :

- un balai à neige;

- un grattoir;

- une pelle;

- des plaques antidérapantes;

- de l'antigel de canalisation d'essence;

- des câbles d'appoint;

- un sac de sable ou de sel;

- une lampe de poche et des piles de remplacement;

- une couverture chaude;

- des moufles (ici appelées mitaines);

- de l'antigel de lave-glace;

- des allumettes et des bougies;

- des bottes, une écharpe et un chapeau;

- des fusées de détresse;

- un fanion;

- un détecteur d'oxyde de carbone.

› Mettre de l'antigel dans le radiateur. Vous pouvez également ajouter de **l'antigel pour conduits d'essence** dans le réservoir. Il prévient le gel des conduits et favorise aussi un démarrage rapide par temps froid.

› Vérifier quotidiennement le **liquide de lave-glace** (contre le «crachin», mélange hivernal d'eau et de sel).

› La retrouver sous le tas de neige (parfois on ne la voit plus du tout). La dégeler (sèche-cheveux) ou l'empêcher de geler (graissage des serrures et du caoutchouc des portières).

› La déneiger, la déglacer avec un racloir spécial. En cas d'urgence, utiliser une boîte de lait (vide). N'oubliez pas le toit (pour celui qui est derrière vous).

› La faire sortir de l'ornière (cailloux, passant, planche antidérapante).

› Ne pas la laver tant qu'il gèle (la boue protège du sel).

› En cas de tempête de neige, prendre le métro.

L'entretenir, la réparer

Le dire

La plupart des garagistes indigènes emploient l'anglo-québécois pour désigner les pièces d'une voiture. Il est donc essentiel de prendre ce guide avant d'aller voir un garagiste (merci Hubert) :

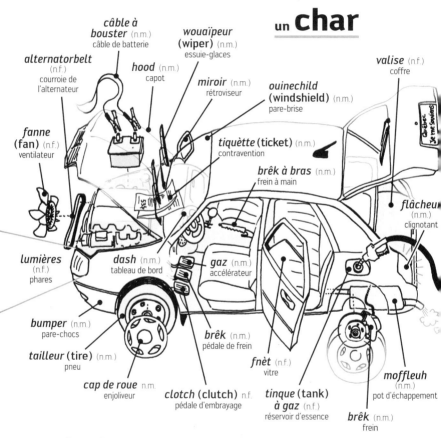

un **char**

câble à bouster (n.m.)
câble de batterie

wouaïpeur (wiper) (n.m.)
essuie-glaces

alternatorbelt (n.f.)
courroie de l'alternateur

hood (n.m.)
capot

miroir (n.m.)
rétroviseur

valise (n.f.)
coffre

ouinechild (windshield) (n.m.)
pare-brise

fanne (fan) (n.f.)
ventilateur

tiquètte (ticket) (n.m.)
contravention

brêk à bras (n.m.)
frein à main

flâcheu (n.m.)
clignotant

lumières (n.f.)
phares

dash (n.m.)
tableau de bord

gaz (n.m.)
accélérateur

bumper (n.m.)
pare-chocs

brêk (n.m.)
pédale de frein

fnèt (n.f.)
vitre

moffleuh (n.m.)
pot d'échappement

tailleur (tire) (n.m.)
pneu

cap de roue n.m.
enjoliveur

clotch (clutch) n.f.
pédale d'embrayage

tinque (tank) à gaz (n.f.)
réservoir d'essence

brêk (n.m.)
frein

... et aussi :

balberings (n.m.)	roulement à billes
fiouse (n.f.)	fusible
gaz (n.m.)	essence
hautes (n.f. pl.)	feux de route/phares
lèkatflâcheur (n.m. pl.)	les feux de détresse
milage (millage) (n.m.)	kilométrage
towing (n.m.)	remorquage

ARRÊT STOP *Plus on s'éloigne des grandes villes, moins on risque de se faire arnaquer, disait Lao Tseu. C'est pourquoi, même en payant le « towing » (le dernier mot de la liste) pour sortir de Montréal, on gagne à faire réparer sa voiture à l'extérieur de l'île.*

Le faire

Moyennant une cotisation annuelle, le **CAA Québec** offre le remorquage et une assistance routière (nombre d'interventions limité) comme il existe en Europe. Mais comme on est en Amérique, le CAA propose aussi une carte de crédit MasterCard CAA, une assurance maison et des « dollars CAA Québec ».

L'**Association pour la protection des automobilistes (APA)** recommande certains garages pour leur sérieux et leur compétence *(www. apa.ca, 514-272-5555).*

S'il vous arrivait de **perdre vos clés** comme moi, appelez Jerry. Il viendra sur place et vous en refera aussitôt (**Autoclé**, *514-475-5500, www.autocle.ca).*

La jeter

Le programme **Auto-Rein** : initiative de collecte de fonds de la Fondation canadienne du rein. Les automobilistes sont invités à donner à la fondation leurs vieux véhicules, qui sont ensuite recyclés écologiquement ou revendus *(1-888-2AUTO-REIN ou 1-888-228-8673, https://rein.ca/ autorein.qc).*

Les dollars Canadian Tire

En effectuant des achats ou en prenant de l'essence chez Canadian Tire, on obtient des coupures de faux dollars. Contrairement à ce que je croyais à mon arrivée, il ne s'agit pas d'un cadeau pour les enfants. L'affaire est très sérieuse et le fruit des cogitations de Muriel Billes, épouse du premier président de la société, qui voulait concurrencer les autres fournisseurs offrant des grille-pains aux consommateurs. L'argent Canadian Tire est ainsi le plus ancien système de primes au Canada.

On peut utiliser ses dollars CT pour n'importe quel achat dans un Canadian Tire, sans limitation de durée. Il existe des coupures de 5, 10, 25, 50 cents et de 1 et 2 dollars. On reconnaît un vrai d'un faux billet en le tenant à la hauteur des yeux et en constatant la présence d'une feuille d'érable à droite de l'oreille gauche du type qui y est représenté et s'appelle Sandy MacTire, un Écossais qui n'a jamais existé mais rappelle à tous que les Écossais sont de grands économes. Depuis l'apparition des cartes de récompenses (« Mon Argent Canadian Tire »), la cote de popularité de ces charmants billets ne cesse de chuter. Bientôt, ils vaudront bien plus que leur valeur nominale et on les revendra sur eBay. En attendant, entassons-les sous nos matelas.

9

Les **taxes**

Fraîchement débarqué...

À Dominique

J'ai un ami européen qui n'a jamais compris la différence entre les taxes et le service. Tout a commencé dans le taxi quand il est arrivé de Dorval et fini, je suppose, quand il a payé la taxe de départ, que l'on exigeait jadis pour quitter l'aéroport. Quand on lui parle du service, il demande si les taxes sont comprises, et quand il paie les taxes, il y ajoute le service. Jamais je n'ai pu lui faire saisir que les taxes s'ajoutent toujours, mais le service parfois. « Mais quand on achète des souliers, me dit-il, faut-il payer le service ? » Non, Dominique, disais-je, il faut simplement ajouter les taxes. « Mais pourquoi faut-il le payer dans les bars ? » À cause du salaire des serveuses. « Mais comment puis-je connaître le salaire des serveuses ? et pourquoi sont-elles moins bien payées que les vendeuses de chaussures ? » Son embrouillement me mêlait de jour en jour, mais j'avais décidé de tenir bon en récapitulant ce que je savais.

« Dominique, dis-je ce matin-là car j'étais en pleine forme, il faut ajouter des taxes à tous les produits que l'on achète, c'est la première règle.

– Quelles taxes ?, me demande-t-il aussitôt pour me gêner.

– La taxe sur les produits et services, en abrégé TPS, et la taxe de vente du Québec, en abrégé TVQ, soit un total de 14,975 %.

– Est-ce une règle générale ?, me demande-t-il avec le ton qu'a dû employer la femme de Newton lorsqu'il lui conta sa découverte.

– C'est une règle absolue et la raison pour laquelle aucun commerçant ne connaît exactement le prix de ce qu'il vend. »

J'avais décidé de bien séparer les questions et de n'approfondir celle du service que lorsqu'il serait bien ferme sur les taxes, mais voici ce qui me dégoûta. Le soir, il revint avec un bordeaux sur lequel il n'avait payé aucune taxe et il me dit, d'un air fâché, que je ferais mieux d'apprendre les règles avant d'avoir la prétention de les enseigner.

« Comment ça, tu n'as payé aucune taxe?, lui dis-je.

– Ni TV Québec ni rien de tes trucs, répondit-il avec un air furieux. Quand je pense que tu veux écrire un guide pour les Européens, ça va être beau!

– Et où as-tu acheté ce vin?

– Dans un endroit où il est cher. Le Sac, saque, enfin quelque chose comme ça.

– Et ils n'ont pas ajouté de taxes?

– Ils n'ont rien ajouté du tout, me dit-il en le débouchant. J'ai juste ajouté 15 % pour le service, mais ils n'ont pas demandé de taxes. »

J'aurais aimé lui apprendre qu'on ne paie pas de service quand on achète une bouteille de vin, mais il m'aurait demandé pourquoi, alors, il faut le payer quand on en achète un verre. J'aurais bien dû boire toute la bouteille pour voir plus clair sur cette question et le vin est trop cher au Québec. À cause des taxes.

Leçon de survie

À part l'essence, les vins à la SAQ et les titres de transport, tous les prix sont affichés hors taxes (pour faire croire qu'ils sont moins chers. C'est ce qu'on appelle la politique fiscale de l'autruche). Quelles taxes? La **taxe sur les produits et services** fédérale est de 5 %; et la **taxe de vente du Québec** (TVQ) de 9,975 %. Le total des taxes est ainsi de 14,975 % (car la TVQ s'applique au prix hors taxes + TPS). Il est à peu près impossible de comprendre pourquoi la taxe est imposée sur tel produit plutôt que sur tel autre. Le principe est : tout est taxé. L'exception s'appelle viandes, fromages, fruits et légumes. Mais ce n'est pas si simple : il reste à savoir si l'aliment est prêt à être consommé ou non. Si vous achetez un **poulet cru** au supermarché, par exemple, vous ne payez pas de taxe. S'il est rôti, si. De même, si vous achetez **six muffins**, pas de taxe. Si vous en achetez un, si. Pour d'autres biens, la taxe est réduite, bref, tout ça est aussi joyeux que la TVA.

À ces impôts indirects s'ajoutent la taxe municipale et la taxe scolaire, toutes deux à charge des propriétaires d'immeubles et dont l'assiette est le prix de vente.

La question de savoir s'il est moins cher de vivre à Montréal qu'en Europe n'est pas si aisée à résoudre. La vie est moins chère qu'en Europe, mais les revenus moins élevés également. Les loyers sont certainement beaucoup moins chers ici, mais les salaires sont inférieurs (et les vacances plus courtes) à ce que l'on connaissait en Europe.

Les **salaires minimums**
(365 000 travailleurs, dont plus de 208 800 femmes) sont de :

> **Taux général**
> 11,25 $ de l'heure

> **Salariés au pourboire**
> 9,45 $ de l'heure

Les **impôts directs** se partagent en taxes fédérales et provinciales. Pour tout savoir : **Revenu Québec** *(514-864-6299, www.revenuquebec.ca)*.

Psychologie
des Québécois

Fraîchement débarqué...

À Chham, Bintou, Samuelle, Jo, Ivo, Émilia, Jean-Pierre, Marine, Nicolas, Cesar, G., Céline, Francis, Charles, Patricia, Laurent, Christine, Sonny, Stéphanie, Charlotte, Betty, Corentin, Karine, Koe, Élodie, Michel et les 100 000 autres qui passent des soirées entières à essayer de comprendre « les Queb's »...

En 2006, Jacques Bouchard, un publicitaire québécois, a publié un livre intitulé *Les nouvelles cordes sensibles des Québécois*, actualisation d'un ouvrage paru pour la première fois en 1978. Cet ouvrage brossait un portrait psychologique des grandes tendances de votre nouvelle patrie, sur base d'entretiens avec un échantillon représentatif.

Cet homme intelligent est malheureusement décédé récemment, et je serais moi-même disparu depuis beaucoup plus longtemps si j'avais osé publier un pareil ouvrage, car les Québécois sont susceptibles.

Enfin ils l'étaient. Car Jacques Bouchard avait décidé en 2006 que ce n'était plus le cas. « *La susceptibilité, l'intolérance et la violence verbale* », remarquait-il 30 ans après la première édition de son livre, n'ont plus cours au Québec. Si, en effet, les deux dernières cordes se sont effilochées, il me reste un doute sur la première, et il est donc hors de question que je m'aventure à mettre mon grain de sel dans une marmite sous pression. J'en reviens donc illico presto à notre auteur et à son préambule : les racines du tempérament québécois. Examinons-en quelques unes.

Une racine terrienne d'abord. Il y a une centaine d'années, 80 % de la population était rurale, ce qui signifie que les grand-pères d'à peu près tous ceux que vous rencontrez dans le métro habitaient à la campagne. C'était à peu près la même chose en France, mais ici s'arrêtent les comparaisons. La deuxième racine, comme on sait, est en effet constituée par l'aspect minoritaire de cette population. Il y a 100 ans toujours, le Canada français se trouvait aux mains de la majorité anglophone, et l'on parlait anglais dans tous les magasins de Montréal, même ceux qui ne parlaient pas anglais. Ajoutons à ce bouquet de racines la culture catholique, autrefois omniprésente dans les consciences et aujourd'hui dans les injures. Assaisonnons de pauvreté et voici ce qu'il y a dans la marmite : des ruraux francophones catholiques, souvent proches de la misère, nageant dans une sauce anglaise, riche et protestante. Il faudrait bien sûr nuancer, mais nous n'en avons pas le temps et les bibliothèques nationale et municipales sont remplies d'ouvrages contradictoires qui sont gratuits si vous apportez deux pièces d'identité.

Leçon de survie

Ce mélange donne donc, selon Jacques Bouchard, **différents traits de personnalité :**

> **Le bon sens :** le Québec classe les idées en deux catégories : ça a du bon sens (on prononce sang) ou ça n'en a pas. « *Ça a pas d'bon sang, voyon-don* » est donc une expression que l'on entend quotidiennement, dans sa version fâchée elle donne *Ça a aucun bon sang*. Les linguistes observeront néanmoins que l'expression *Ça a pas d'bon sang* n'est pas toujours négative, car l'on peut dire *Ce gâteau aux carottes est bon, ça a pas d'bon sang*. Bref cette expression n'a aucun sens.

> **L'amour de la nature** est une des raisons pour lesquelles je me serais fait assassiner si

j'avais écrit *Les nouvelles cordes sensibles*, car les Québécois détestent qu'on les réduise aux forêts et aux grands espaces. Beaucoup d'entre eux néanmoins possèdent ou louent un chalet près d'un lac dans lequel ils jouent au scrabble quand il pleut.

La tolérance : peu de sociétés sont plus tolérantes que le Québec. Elle constitue un fond historique de la mentalité canadienne-française. On peut vivre comme on veut, on peut penser ce qu'on veut, et chacun fait à peu près ce qu'il lui plaît. La tolérance est cependant par définition une qualité qui risque perpétuellement sa vie, car elle ne s'oppose pas à ce qui la contrarie, et je crains pour elle.

La simplicité : les Québécois n'aiment pas les chichis, je dirais même qu'ils les détestent. Leur amour de la simplicité, qui remonte au XVIIe siècle, va jusqu'au goût de la familiarité non seulement dans le tutoiement, mais également dans un comportement beaucoup moins guindé qu'en d'autres contrées plus hexagonales. Par-dessus tout, ils exècrent la prétention s'opposant ainsi complètement à leurs prétendus cousins. De ce goût de la simplicité, il ne faudrait pas déduire que les Québécois soient simples. Au contraire même, leur ramage ne ressemble pas à leur plumage. Sous une apparence dépouillée de tout artifice, les Québécois dissimulent

parfaitement la complexité de leur psychologie.

L'individualisme : Everett C. Hughes, un sociologue américain, avait écrit que les escaliers extérieurs montréalais témoignent du haut degré d'indépendance des habitants, personne n'ayant à partager un escalier commun ni à déneiger pour les autres. Je suggère d'abattre ce sociologue, car cette indépendance vient de l'espace auquel sont habitués les individus canadiens. Les Québécois supportent peu les incursions dans leur intimité, et il est mal vu de leur poser des questions personnelles (par exemple « où avez-vous acheté votre casserole ? »), car ce qui est pour nous un signe de politesse leur paraît le début de la drague ou d'une psychanalyse.

La finasserie : *« On trouve chez les Canadiens français une subtilité d'esprit qui parfois se change, surtout dans le peuple, en ce que l'on pourrait appeler la roublardise »*, avait écrit un observateur qu'il aurait fallu exécuter également. La finasserie, dit Littré, est une sorte de ruse ou de supercherie. Si vous avez déjà essayé d'acheter une fermette à un Provençal, vous n'aurez pas besoin d'explication pour acquérir un chalet d'un Saguenéen.

Le talent artistique : il y a plus d'artistes au mètre carré au Québec qu'il n'y en a sur aucun kilomètre carré de la planète ronde. La créativité ne se limite d'ailleurs pas aux arts, mais s'étend également aux règles de stationnement.

> **L'émotivité** (je l'ajoute, car Jacques Bouchard parlait plutôt de sentimentalité) signifie que pour bien des Québécois l'émotion est le langage de la vérité. Les Américains croient plutôt que celle-ci se trouve dans l'action, et les Européens dans la pensée. Mais les Québécois regardent la pensée avec la même gêne que les Européens examinent l'émotion : ils n'y croient pas vraiment. Si vous avez bien compris cela, vous vous êtes épargné de longues minutes de souffrance. Les débats d'idées durent en général trois minutes trente, et il ne faut pas croire que de grandes manifestations d'émotion signifient forcément de grands sentiments. Le lendemain, elles ont tout oublié.

> **L'envie** (la jalousie). Il existait un vieux terme français disparu aujourd'hui de la plupart des dictionnaires comme s'il était désuet : *se conjouir*, qui signifiait se réjouir du bonheur des autres. Cette qualité (selon Jacques Bouchard, dois-je le repréciser) serait rare ici. On a enseigné à bien des enfants qu'ils étaient nés pour un petit pain, c'est-à-dire pour ne rien réussir de grand, et il en est resté comme un fond d'amertume face à la réussite, c'est pourquoi les gens riches se cachent sous les allures de Lazlo Carreidas (le milliardaire auquel le Capitaine Haddock donne une aumône à la page 1 du *Vol 714 pour Sydney* parce qu'il le croit misérable).

> **L'hédonisme** distingue nettement les Canadiens francophones de tous les autres. Le goût du sexe en particulier prend ici des proportions ahurissantes quand on arrive du Vatican, et celui du pot aurait enchanté Bob Marley. Les Québécois raffolent également des subventions.

> **Le matriarcat québécois** étonne également ma mère : si, dans la maison, le pouvoir appartient complètement aux femmes, à l'extérieur de la maison, c'est exactement la même chose.

> **La joie de vivre** est peut-être ce qui vous surprendra le plus. Les Québécois ne pensent pas que leur avenir est bouché et n'envisagent pas le futur en fronçant les sourcils comme vous le faisiez hier soir. Et 88 % des Québécois se disent heureux, alors que ce taux n'est que de 77 % dans le reste du Canada. Un professeur de l'Université McGill, Christopher Barrington-Leigh, affirme même que le Québec serait le deuxième endroit le plus heureux du monde, après le Danemark. Au top des villes québécoises les plus heureuses figureraient Saguenay et Trois-Rivières, hilares du soir au matin.

> **L'amour des enfants :** vous constaterez vous-même à quel point la société québécoise adore les enfants et leur bien-être. Les Jésuites du XVIIe siècle avaient constaté que les Amérindiens de

Nouvelle-France vouaient également une affection sans borne à leurs enfants.

› **Le combat pour le français** vous surprendra d'abord, car vous ne venez pas d'un pays dans lequel cette langue peut disparaître. Mais ce qui vous étonnera le plus est le fond britannique du Québec : **les files d'attente rectilignes devant les bus**, une certaine **distance dans le rapport physique** (qui explique pourquoi les Québécois s'écrient *Scuzez* quand ils s'approchent de vous dans un rayon de trois mètres et risquent de vous toucher) ou **la ponctualité** anglaise (le quart d'heure académique n'existe pas, il faut au contraire arriver 15 minutes avant l'heure).

› Au travail, on garde **les portes** de son bureau ouvertes, on veut du résultat et pas de l'enrobage, on ne sort pas des **fonctions assignées** et on ne règle pas les **conflits** directement avec l'emmerdeur local, mais avec son chef. Ça vous paraît peut-être de la délation des années 1940, d'ailleurs, quand vous vous faites virer, un type de la gestapo vous accompagne avec votre taille-crayon jusqu'à la porte. Mais dans le domaine du travail, tout est *by the book*, suivi à la lettre, donc revendiquez vos droits *(www. cnt.gouv.qc.ca)*, pas trop fort toutefois car les Québécois sont **pacifistes**. Les concerts ne

donnent généralement pas lieu à des émeutes comme cela se voit ailleurs et à la sortie d'un festival, et vous bénirez le Ciel de pouvoir vous balader en jupette à 23 h.

Ce sujet étant inépuisable, des auteurs issus du monde des sondages et du marketing en ont remis et ont publié en 2016 *Le Code Québec. Les sept différences qui font de nous un peuple unique au monde*[14], que je ne saurais que vous recommander.

Outre les éléments déjà cités, quelles sont les différences qui en font un peuple unique au monde (n'oublions pas icitte que je cite)?

› Ce sont des **décrocheurs** en série qui hésitent avant de s'engager entièrement et qui renoncent facilement. Leurs idéaux sont nobles, mais leurs comportements sont souvent moins éloquents.

› Ils se prennent pour des **victimes** des autres et ont une peur immense de l'échec.

› Ils sont de **véritables villageois** et s'intéressent très peu à ce qui se passe ailleurs.

› Les Québécois sont des êtres **fiers**, affirme enfin cette étude. Mais comme elle vient de dire qu'ils se prennent pour des victimes, j'ajouterais : comme tous les Terriens, les Québécois sont des **êtres illogiques**.

---

[14] *Léger Jean-Marc / Nantel Jacques / Duhamel Pierre, Le Code Québec. Les sept différences qui font de nous un peuple unique au monde, Les Éditions de l'Homme, Montréal, 2016.*

Les Québécoises

Fraîchement débarqué...

À Louise

Mes amis exagèrent, projettent ou imaginent; en tout cas ils mentent car ce qu'ils disent est impossible. Ils se vengent, règlent leur compte, affabulent. Ou bien ils généralisent: enfin, je ne sais ce qu'ils font, mais il est impossible qu'elles fassent ce qu'ils disent.

Ils disent que les Québécoises partagent l'addition au restaurant, qu'elles entrent les premières dans les lieux publics, prennent le volant à leur mari et leur donnent des ordres qu'ils respectent. Mais qu'elles ne supportent pas d'obéir. Croient-ils vraiment que je les croie? Ils disent qu'elles n'ont ni douceur ni sensibilité, ne sont pas sentimentales, n'aiment pas l'amour mais le sexe, et par-dessus tout l'argent. Mes amis sont des menteurs. Comment peuvent-ils espérer me persuader que les femmes, ces merveilles de délicatesse et d'altruisme, ne soient pas sentimentales? Ils racontent qu'elles choisissent les hommes plutôt que le contraire et leur proposent ouvertement ce que nous n'osons leur suggérer. Me prennent-ils pour un idiot? Ils s'amusent, ils continuent, ils en remettent. Ils se passent le mot pour me confondre, s'arrangent pour me tenir tous le même discours. Ils disent qu'elles n'aiment pas les préliminaires et prennent l'initiative même au lit. Enfin on l'a compris, il y a, au Québec, une conspiration nationale pour me manipuler: aucun espoir que cela fonctionne. Car il me reste mon bon sens.

Comment pourrais-je croire, par exemple, que les Québécoises partent en République dominicaine pour acheter le plaisir? Aucune femme ne fait ce genre de choses: elles ont besoin, pour se donner, qu'on se prête à la tendresse, au romantisme, aux soupers aux chandelles. Mais ils me disent qu'elles ne sont ni romantiques ni tendres, qu'elles ne font pas l'amour mais qu'elles baisent. Quels menteurs! Ils ajoutent que les Québécoises sont des quitteuses avec un grand *Q*, et font leurs valises aussitôt qu'on ne les fait plus jouir, excusez la franchise de leur vocabulaire, mais je vous avais prévenu sur mes amis. Enfin ils ne décrivent pas des Québécoises mais des monstres.

Or, je veux bien accepter les ours mangeurs d'hommes, les lynx à Vancouver et les chacals des prairies qui attaquent les enfants : mais les Québécoises ainsi décrites, je ne peux pas le croire.

Alors d'où vient, me demandent-ils, le taux de suicide que nous connaissons? Des ours mangeurs d'hommes, des lynx de Vancouver, des chacals des prairies? Ou des femmes? Mes amis ont des idées monstrueuses, je crois que je ne les choisis pas bien. Si un homme, poursuivent-ils, n'a plus aucun pouvoir; s'il doit obéir aux femmes parce qu'il doit expier sa nature; si on le jette aussitôt qu'il a servi; si on lui prend ses enfants après avoir pris son argent, sa dignité et, pour ainsi dire, ses hormones : et si, quand il s'en plaint, on le traite de macho, de phallocrate, de dégénéré, on l'envoie voir une psychologue, que pense-t-il de lui-même? Ce qu'elles pensent de lui, c'est-à-dire pas grand-chose.

Comme je ne les crois pas, ils me recommandent d'essayer. Mais c'est à ce moment que je prends peur. Car s'ils mentent, je n'aurai gagné qu'un jeu; mais s'ils disaient vrai, j'aurais perdu la vie. Et j'aime tant la vie au Québec que j'ai fini par craindre les Québécoises. À cause de mes amis menteurs.

Mode d'emploi

Histoires de filles

Leur patronne : Anne Jousselot. Elle se marie une première fois à 18 ans en 1677. Une dernière fois à 66 ans en 1725. À sa mort, à 83 ans, elle a enterré cinq époux.

Aide aux hommes en difficultés conjugales *(www.serviceaideconjoints. org, 514-384-6296)*.

La pire de toutes : la pie grièche grise. Elle empale sa proie sur des épines et du fil barbelé pour la manger alors que « l'ouverture et la générosité du Canada excluent les pratiques culturelles barbares qui tolèrent la violence conjugale, les meurtres d'honneur, la mutilation sexuelle des femmes ou d'autres actes de violence fondée sur le sexe », selon la brochure *Découvrir le Canada. Les droits et responsabilités liés à la citoyenneté.*

Un immigré du nom de Boniface F. Kiraranganaya (sans doute un Allemand) a proposé en novembre 2001 à l'UNESCO que **les Québécoises soient reconnues comme la huitième merveille du monde**. L'UNESCO a refusé. C'est honteux. Un Montréalais qui partageait l'avis de Boniface a été condamné à 17 mois de prison ferme pour avoir pincé les fesses de 14 passantes alors qu'il circulait à vélo.

Beaucoup des Québécoises visées par cet article sont actuellement assises au **Buonanotte**, *3518 boulevard St-Laurent*, mais il est impossible de leur parler si l'on n'est pas producteur de musique ou de cinéma. (On peut se faire des cartes de visite de producteur au ***www.vistaprint.ca***.)

> ### **52 % des Montréalais sont des Montréalaises**. Sur 1 844 500, ça fait 959 140. (En 1666, sur une population de 3 136 personnes, on comptait 716 célibataires mâles pour 45 filles à marier.)

> Aujourd'hui, elles nous enterreront tous, selon l'Institut de la statistique du Québec. Car malgré leurs épouvantables conditions de vie dont nous sommes chacun personnellement responsables, sur 1 800 centenaires (au Québec), **neuf sur dix** sont des femmes.

> Certaines Montréalaises sont des Montréalais.

> Chaque année au mois de mai, près 295 600 Québécoises **enlèvent leur soutien-gorge** pour les remettre à l'opération « Osez le donner ». Ils sont ensuite recyclés au profit de la lutte contre le cancer du sein.

ARRÊT STOP *De nombreuses Québécoises ne ferment pas la porte des toilettes quand elles s'y trouvent. Il est donc utile d'avertir de sa présence par un discret sifflotement de* **La Marseillaise.**

ARRÊT STOP *Le 29 juillet 1652, des Iroquois ont tenté d'attaquer* **la Québécoise Martine Messier à coups de tomahawk**. *D'abord évanouie, elle saisit ensuite les testicules d'un de ses assaillants qui s'enfuit à toutes jambes : tout est gagné, sauf l'honneur.*

Draguer où ne pas draguer?

> Pour dire draguer on dit **cruiser** qui se prononce « crouzer ».

> Les Québécoises estiment que les Québécois ne savent pas crouzer.

> Les Québécois estiment que les Québécoises deviennent agressives quand on les crouze.

> **82,7 %** (certains prétendent qu'il s'agirait plutôt de 87,8 %) des Québécoises attachent leur soutien-gorge à l'envers. Elles l'agrafent sur le ventre puis le tournent et le remontent sur leur poitrine.

> En août 2005, les Jeunes Libéraux ont proposé d'interdire le port du string à l'école. Énormément de gens se sont spontanément présentés comme **vérificateurs bénévoles**. Et après on va dire que les gens ne s'intéressent pas aux problèmes des autres.

> Collection de vêtements de construction pour les femmes « Pilote et Filles ». Certains affichent d'intéressants slogans

(« J'veux donc tu peux », « Je fais tout faire moi-même », « menuisière cherche belle charpente ») : ***http://piloteetfilles.com***.

› Les Québécoises et les Québécois ont des problèmes car elles trouvent qu'ils ne pensent qu'au **sexe**. Et ils pensent exactement la même chose d'elles.

› Un truc simple qui marche, proposé par **Diane Tell :** être capitaine d'un bateau vert et blanc, choisir des parfums qui rendent fou, faire l'amour sur la plage, puis faire construire une villa juste à côté de Milan dans une ville qu'on appelle Bergame.

› Le Québec est le **champion du monde de la vasectomie**. Un homme sur trois de plus de 50 ans est vasectomisé.

› **Richard Burton** et **Elizabeth Taylor** se sont mariés à Montréal (au Ritz) en 1964.

› Entre 1970 et 1998, le nombre de mariages a baissé de **50 %** au Québec (merci Richard et Elizabeth).

› « Je ne suis ni né ni mort grâce à… Capote Hector », vous vous souvenez ? **La Capoterie** en vend à la pelle *(2061 rue St-Denis, 514-845-0027, https://lacapoterie.com)*.

› Selon une étude menée par Durex, les Canadiens **font l'amour en moyenne 99 fois** par an, mais les Québécois le font 106 fois (les Français 110).

› Beaucoup de Montréalaises sont **bisexuelles**.

ARRÊT STOP

Ne faites pas comme Gérald

Quand une Québécoise lui a dit au téléphone « Je m'ennuie », il a répondu bêtement « Moi pas ».

L'expression « Je m'ennuie » au Québec signifie généralement « Je m'ennuie de toi ».

Gérald a été condamné pour non-harcèlement sexuel.

› L'âge minimal pour consentir à des relations sexuelles a été récemment augmenté. Il est passé de 14 à 16 ans.

› Vous trouvez ça juste, vous, qu'on dise un professeur quand il est une femme ? Les Québécoises non plus. On dit **une professeure**, même si elle enseigne le français. D'ailleurs on dit aussi une avion, une hôtel, une job, une business. C'est complètement normal étant donné qu'une femme peut très bien, par exemple, avoir pour job de piloter un Boeing, ce qui la fait forcément dormir seule à l'hôtel, bande de nases.

› Selon le magazine *Châtelaine*, une Québécoise de 47 ans a eu en moyenne 8,56 partenaires sexuels dans sa vie (le 0,56 n'a pas vraiment compté).

Les filles du Roy, contrairement à la légende, n'étaient pas des prostituées, mais des filles étroitement surveillées quant à leur moralité. Envoyées en Nouvelle-France par Louis XIV pour peupler la colonie, on les choisissait de préférence orphelines, costaudes, âpres au travail et résistantes au froid. Elles étaient encadrées par des religieuses et provenaient principalement d'Île-de-France. La légende date de… 1640. « On nous a dit, lit-on dans les *Relations des Jésuites* de 1641, qu'il courait un bruit dans Paris, qu'on avait mené en Canada un vaisseau tout chargé de filles dont la vertu n'avait l'approbation d'aucun docteur : c'est un faux bruit, j'ai vu tous les vaisseaux, pas un n'était chargé de cette marchandise. »

Sex in this city

> Montréal compte 200 salons de « massage », une trentaine de bars de « danseuses » et tant de milliers d'« escortes » que j'en perds mes guillemets. Le département d'État des États-Unis a d'ailleurs désigné Montréal comme une destination majeure pour le tourisme sexuel, et le Comité d'action contre la traite humaine interne et internationale a déclaré que « Le sexe est la marque de commerce du tourisme montréalais. »

> Le **281** est un club de danseurs nus pour femmes habillées (les clients n'y sont d'ailleurs admis que s'ils sont accompagnés de clientes). Une danse à la table coûte 12 $, auxquels il faut ajouter le prix d'entrée (de 10 $ à 15 $) et la boisson. Je ne vous donne pas le numéro de téléphone, car ils n'acceptent pas les réservations *(94 rue Ste-Catherine E.)*. Pour celles qui veulent voir avant : ***www.281.ca***.

> **Chez Parée** a acquis une réputation internationale dans le monde des danseuses érotiques, car on m'en a parlé à Paris. Contrairement à ce que vous pensez, je n'y suis jamais allé ; donc vous me raconterez *(1258 rue Stanley, 514-866-0495)*.

> *« Les concentrations de substances oestrogènes dans l'eau du Saint-Laurent et de l'Outaouais atteignent depuis quelques années des ampleurs telles que les mâles de certaines espèces de poissons indicateurs, comme le modeste méné " queue à tache noire ", sont en voie de féminisation dans des proportions atteignant à certains endroits plus de 30 %, voire jusqu'à 50 % »*, a écrit l'environnementaliste Louis-Gilles Francœur dans *Le Devoir*. Une des causes serait l'urine des femmes qui prennent des **anovulants**.

ARRÊT STOP *Un immigrant français, Pierre Chaigneau, professeur à Montréal, a récemment énoncé dans le* Huffington Post ***4 raisons pour lesquelles il y a si peu de couples franco-québécois***. *Je résume son hypothèse. 1) Les Québécoises ne sont pas attirées par le physique à la française (plutôt effilé) et préfèrent les musclés. 2) Elles jugent les hommes sur la base de critères paraissant insignifiants aux Français (préparer une salade, s'habiller à la mode). 3) Le second degré de la conversation hexagonale ne leur plaît pas. Encore moins les joutes verbales. 4) Le caractère frontal des Québécoises est effrayant pour les Français.*

Douceur
de **vivre**
à Montréal

Fraîchement débarqué...

À Réjane

À onze heures du soir, je fais mes courses dans un grand magasin; à six heures du matin, je prends mon déjeuner au restaurant, et parfois je le prends à midi. En été, je mange à la terrasse et en hiver la grande fenêtre me sert d'écran de cinéma pour regarder, en mangeant mes deux œufs tournés, les passants sous la neige. Aux tables voisines, des étudiants américains, un professeur de psychologie, un couple qui vit à six cents kilomètres. Je lis un journal qu'on m'a donné, je bois un café qu'on me ressert sans que je l'aie demandé; je vis comme je l'entends, je suis à Montréal.

La douceur de vivre, je ne l'ai connue qu'ici. Elle n'existe plus à Paris, ni à Bruxelles, ni à Londres: on ne la cherche plus à New York ni à Los Angeles. Elle est ici, celle dont les poètes français du XVIIe siècle parlaient si bien, elle est dans ce joyau de lumière enfoui dans la forêt: elle est à Montréal. Ici, on peut jouir de la seule faculté d'exister, qui est le bonheur, disait Paul Valéry. Oui, sans doute, elle est ailleurs aussi: en Touraine, en Toscane, en Grèce. Mais là, je m'ennuie, car je n'ai pas la ville, ou une ville trop petite, trop « bovarienne » où je ne peux m'étirer. Ici je m'étire et personne ne me regarde. On me laisse tranquille, on me laisse savourer mon existence.

Bien sûr, je ne vis pas dans les banlieues Nord, je suis sur le Plateau. Bien sûr, mes réflexions sont un peu bourgeoises : mais même à Neuilly, même à Beverly Hills, je ne ressentais pas ce que je ressens. Dans ces endroits du monde, il y a le calme, mais c'est un calme acheté, payé, policier. Les voitures de sécurité tournent à tout instant, comme avant une émeute. À Los Angeles, dans n'importe quel quartier, il est impossible de passer une soirée calme au bord d'une piscine sans le vacarme des hélicoptères de la police. On fait des barbecues presque sous les projecteurs. À Paris, on peut goûter le silence, encore, mais les convives sont si stressés qu'ils tendent les molécules d'oxygène. Ici, je ne paie plus, je n'achète plus le calme. Je le mange. Il vient des érables et des bouleaux, il est fabriqué dans le Nord et ses effluves inondent mon Canada bien-aimé. Et si je rencontrais les « motards », comme on dit ici, c'est tout l'exposé que je leur ferais : faites moins de bruit avec vos motos, car vous faites mal aux arbres. À la douceur de vivre à Montréal.

Montréal est la capitale du **massage** et l'on trouve toutes les techniques imaginables.

> **Suédoises:** Spadiva
> *(514-985-9859, www.spadiva.ca).*

> **Hawaïennes:** Zensations
> *(514-495-1691,*
> *www.fr.livingbalancenow.com).*

> **Shiatsu:** Spadiva *(514-985-9859,*
> *www.spadiva.ca).*

> Avec **shirodhara** (filet d'huile
> chaude répandue sur le front) :
> Estelle Miousse *(450-818-4497,*
> *http://espaceveda.com).*

On peut se faire masser :

> Par des **étudiants en massage**
> à l'école professionnelle de

massage **À fleur de peau**
(514-728-1583,
www.ecoledemassage.ca).

> Après un **bain flottant : Le**
> **Bath Room** *(514-842-6564,*
> *www.lebathroom.com).*

> Avec de l'**huile d'argan**, de
> l'huile de figue et autres huiles
> essentielles : **Institut Naturelle**
> **Beauté** *(514-927-5268,*
> *www.institutnaturellebeaute.com).*

> Dans de l'**eau chaude** : **Clinique**
> **À votre Santé** *(514-291-4192,*
> *www.cliniqueavotresante.ca).*

> À l'aide d'un **petit bâton-**
> **net de buis** et par pression
> des paumes et des pouces : **Lanna**

Thai Massage *(514-750-2113, www.massagelannathai.com)*.

> Les pieds, les mains et les **oreilles** : **Marine Augustin Normand** *(514-816-5044, www.reflexologiemarine.com)*.

> Les pieds **au champagne** : **Salon Nuda** *(514-939-6336, www.nuda-online.com)*.

> Et pour ceux à qui ça ne suffirait pas, ils trouveront tout tout tout ce qu'il faut pour le massage (y compris l'automassage) à **La Massagerie** *(5030 av. Papineau, 514-529-6153, www.lamassagerie.com)*.

Une activité nettement plus virile consiste **à se faire raser comme dans le temps** par un DJ *(***Squire Barbering***, 5390 av. du Parc, 514-759-1251)*.

N'est-il pas complètement nul d'interdire aux gens de marcher sur les pelouses, mêmes quand elles sont manucurées? Cette stupidité européenne n'a pas cours ici. Non seulement on peut marcher sur les pelouses des **parcs**, mais on peut aussi y dormir, pique-niquer, étudier, jouer de la guitare, faire l'amour en cachette, faire un barbecue devant tout le monde, etc. Et ce n'est pas la place qui manque : il y a plus de 700 parcs et espaces verts un peu partout dans la ville. L'ensemble des plus beaux parcs au ***www.ville.montreal.qc.ca/grandsparcs***.

Les **Tam-Tams** du mont Royal se tiennent chaque dimanche d'avril à octobre, près du monument à Sir George-Étienne Cartier. Des centaines de gens y font un concert improvisé. Depuis quelques années, on y trouve aussi des chevaliers du Moyen Âge qui se battent sauvagement à coups d'épée en mousse.

J'informe ceux qui auraient le nez bouché qu'il flotte sur Montréal une **odeur de marijuana**, particulièrement dans les parcs, d'abondantes cultures se trouvant sur le balcon juste en face de chez vous.

Selon Statistique Canada et le FBI, le **taux d'homicide à Montréal est le plus bas** des grandes métropoles d'Amérique du Nord.

Montréal est d'ailleurs unanimement réputée pour la **gentillesse et la convivialité de ses habitants**. Veillons à ne pas importer ici notre stress (parisien), notre déprime (belge), notre agressivité européenne et toutes ces mauvaises habitudes qui pourrissaient notre vie. Dire merci à un chauffeur de bus, céder sa place à une femme enceinte dans le métro contribuent quotidiennement à notre qualité de vie à tous en procurant de petits moments de plaisir à chacun. Rendons à Montréal la douceur que nous avons d'y vivre!

L'accès aux **personnes en fauteuil roulant** est prévu dans la majorité des bâtiments publics, dans les bus, dans de nombreux taxis et dans la plupart des grands magasins.

Il y a six communes de plus de 2 000 habitants qui s'appellent Montréal en France (mais ce n'est pas de là que vient le nom : **Montréal**

*Il existe plusieurs **Anticafé**, notamment sur Sainte-Catherine Ouest et Ontario Est : vous ne payez pas les consommations mais le temps que vous y passez* (max. 9$ la journée). *Infos sur* www.anticafemontreal.com.

vient de mont Royal, royal signifiant à l'époque, «beau, grandiose», exclamation que lança Jacques Cartier quand il découvrit le paysage. Jacques avait l'habitude de pousser des exclamations au-dessus des collines, car il s'exclama aussi *Mons Regius!* quand il aperçut, du mont Royal justement, les 11 collines de la plaine du Saint-Laurent. C'est devenu la Montérégie. Heureusement qu'il ne parlait pas flamand).

Il y a **362 125 arbres** à Montréal et **1 type** qui a passé son temps à les compter. La Ville organise en automne la collecte des feuilles mortes (des souvenirs et des regrets aussi) qu'elle recycle en compost distribué gratuitement par la suite. *Idem* avec les sapins de Noël. Nous devons aider Montréal à respecter la nature.

À Montréal, on peut **pêcher** en pleine ville des dorés, des truites, des achigans et même des saumons atlantiques échappés des grands lacs. Dans le Saint-Laurent, on pêche notamment sur les rives de l'île Notre-Dame et de l'île Sainte-Hélène, en bordure du fleuve au parc de la Promenade Bellerive et sur le quai de Roy et Danny *(angle de la 32e Avenue et du boulevard St-Joseph)* à Lachine.

Vous pouvez lâcher votre chien et augmenter son réseau de contacts dans les **parcs canins** (plus d'une soixantaine à Montréal). Les emplacements se trouvent sur *www.trouvetonchien.com.* Les animaux de compagnie ne peuvent en revanche entrer dans les bars ni les restaurants, sauf au **Hot-Dog Café**, qui offre en plus le toilettage, un parc à chiens intérieur, un permis d'alcool et la connexion Wi-Fi : ce n'est pas à Montréal, mais c'est tout près *(6678 boul. Taschereau, Brossard, 579-720-7666, www.hotdogcafe.ca).*

Montréal-Plage se trouve au parc-nature du Cap-Saint-Jacques, à l'extrême ouest de l'île. Un écrin de verdure où perce le soleil [mais on doit payer pour entrer, des jeunes gardiennes sifflent si vous dépassez la bouée blanche et les sandwichs sont interdit(es)]. Étant donné que la qualité des eaux va de mieux en mieux, on pourrait créer des plages dans l'est et à Verdun, mais il n'existe rien encore.

Connaître la qualité de l'eau du fleuve : ***www.rsma.qc.ca.***

Des Français ont créé un **terrain de pétanque** au milieu du parc La Fontaine.

En hiver, on peut pratiquer le **ski de fond** au parc du Mont-Royal et en été le **surf** sur le Saint-Laurent. Connaissez-vous beaucoup de villes où l'on peut à la fois pêcher, surfer, skier, se baigner, faire de la voile, descendre des rapides, attendre dans les embouteillages, jouer aux boules, manger une poutine et pratiquer du sport extrême en évitant des nids-de-poule?

Par ailleurs, vous ne comprendrez rien au plaisir du petit déjeuner (le déjeuner) à Montréal si vous ne savez pas que:

> Les **œufs tournés** sont des œufs sur le plat à l'envers.

> Les *toasts* sont du genre féminin et arrivent à la table déjà beurrées.

> Beaucoup de Canadiens déjeunent d'**œufs** et de **bacon** à cause du neveu de Sigmund Freud. Dans les années 1920 en effet, le célèbre publicitaire Edward Bernays a répandu dans toute l'Amérique l'idée que les médecins recommandaient ce repas. Il était payé par une société vendant du lard.

> Les endroits les moins branchés sont les meilleurs, par exemple :

> **Fameux viande fumée et charcuterie**
> *(4500 rue St-Denis,*
> *514-845-8732)*

Si vous voulez néanmoins **bruncher branché**, l'application **Brunch Montréal** (plateforme iOS seulement) vous fournira les infos. Même si ce n'est que pour boire un café, je vous conseille le **Crew Collectif**, l'un des plus beaux bistros de Montréal. Installé dans le décor de

l'ancienne Banque Royale du Canada, il met en outre sa magnificence capitaliste au service du travail collaboratif, car on peut y louer des espaces de travail. Vous n'en reviendrez pas et vous y reviendrez *(360 rue St-Jacques, https://crewcollectivecafe.com)*.

Bon à savoir

Si vous voulez **connaître l'heure**, il suffit de vous brancher, n'importe quel jour de la semaine **(à midi pile)**, sur la radio de Radio-Canada. Elle émet alors un bip prolongé. Faites bien attention à ce moment, car au début de ce signal sonore, il sera midi. Fabuleuse technologie.

La saison des couleurs

La saison des couleurs, l'automne, est un phénomène extraordinaire à admirer dans la nature montréalaise. Vers la fin du mois de septembre et jusqu'en novembre, les feuilles des arbres prennent des colorations allant du jaune vif au rouge sang, parfois sur le même arbre. Cela donne une impression merveilleuse en forêt. Mais d'où cela provient-il, oncle Paul? Du fait que la chlorophylle (qui donne la couleur verte aux feuilles) n'est plus synthétisée, car l'arbre retient la sève en prévision de l'hiver. D'autres éléments viennent alors pigmenter la feuille et lui donner ces couleurs magnifiques. Dans le cas de l'érable, ce phénomène est doublé par l'accumulation de sucres qui provoque la synthèse des composés colorés.

Leur **pays,**
c'est **l'hiver**

Fraîchement débarqué...

À Rachel

«Mais qu'est-ce que tu vas faire en hiver?» est la question posée à tout Européen qui émigre au Canada par des gens qui n'y ont jamais été. Certains prétendent qu'entre décembre et février, on crache des glaçons, la grande majorité assure qu'à Montréal en hiver on ne voit personne dans la rue, car toute la vie devient subitement souterraine, le monde passant du métro à sa cave sans jamais sentir l'air pur : en cette matière comme en tant d'autres, la plupart des gens aiment à parler de ce qu'ils ne connaissent pas et prévenir des dangers qu'ils n'ont jamais rencontrés.

«Comment trouves-tu l'hiver?» est, en revanche, la question que posent tous les Canadiens aux Européens qui l'ont passé ici. Il y a dans cette interrogation une sorte de fierté touchante. On croirait entendre un Belge demander : «Comment trouvez-vous nos frites?» à un Polynésien en visite à Bruxelles. Le froid est au Canada ce que notre plat national est à Bruxelles : il se déguste et il s'exporte.

Quel temps fait-il en réalité l'hiver à Montréal? Je trouve qu'il y fait plus chaud en décembre qu'à Paris en février et la raison en est bien simple. À Paris, personne n'a pensé lutter contre le froid; le froid n'est pas un ennemi, c'est un inconvénient. Comme il n'est pas vital de l'éviter, on trouve normal de le subir; mais à Montréal, c'est un danger mortel. On peut périr de froid comme étouffer sous la neige. Le «verglas» peut paralyser et faire mourir de faim. Dans cette Europe que peut-il faire, le froid? Faire froid...

À Paris, à Bruxelles, à Londres, enfin en Europe de l'Ouest, le moindre gel prend ainsi des allures de phénomène: cinq centimètres de neige font la première page des journaux car personne, sauf les pompiers, ne peut l'enlever; mais personne, sauf exception, n'en meurt; alors on laisse faire.

Un jour qu'en France, ayant grelotté toute la nuit dans ma chambre d'hôtel, je m'en plaignis, l'hôtelier me répondit: «Évidemment, c'est l'hiver!» Tout le monde trouve absolument normal de frissonner en novembre pour attraper la grippe en janvier. À la même période, à Montréal, le métro est si chaud qu'on dirait une gigantesque cloche posée sur la ville.

Oui, mais dehors? Dehors, c'est parfois terrible, je l'avoue. L'hiver dernier, le froid était si fort qu'il me faisait rire, comme quelqu'un qui exagère. Mais chez moi, j'avais trop chaud, j'ouvrais les fenêtres avant de m'endormir et, couché sous ma douillette, heureux quoique célibataire, je me disais: Montréal est une ville où il fait froid et où je n'ai pas froid.

Leçon de survie

> ## Prévisions météo *(514-597-1700 et www.meteomedia.com)*.

> ## État des routes *(511)*.

> Le coût direct annuel du déneigement au au Québec tourne autour de **1 milliard $**. À Montréal, le budget déneigement revient à près de 3 % du budget de la Ville. Il s'agit de couvrir 6 «tempêtes» en déblayant 4 100 km de rues et 6 550 km de trottoirs, soit

10 650 km: la distance **Montréal–Beijing**.

> Si vous croyez qu'il fait froid à Montréal parce que vous êtes au nord, vous avez tout faux. Montréal est à la même latitude que Bordeaux. Mais Montréal, à la différence de Bordeaux, jouit d'un climat continental et est dominé par les vents d'ouest. C'est pourquoi les températures sont extrêmes.

- Les records : **–37 °C** (en février) **+40 °C** (en août). Et en plus ils en rajoutent, car la météo croit nécessaire de préciser qu'avec le « coefficient de refroidissement éolien » (le facteur vent) qui calcule la température réellement ressentie, il fait en vérité beaucoup plus froid. En janvier 1997, on ressentait ainsi **–50 °C**. En été, c'est le contraire, il fait beaucoup plus chaud que le thermomètre à cause du « facteur humidex ».

- Plus de **3 m de neige** sont tombés à Montréal en 2008. La moyenne est de 2,50 m (en général pas d'un coup). Montréal ne détient pas le record, loin s'en faut, puisqu'il est tombé plus de 6 m de neige au Saguenay dans les années 1940 et plus de 7 m à Sept-Îles en 1968.

- Un million de Québécois qui adorent l'hiver partent chaque année dans le Sud pour fêter ça (Floride, Mexique, République dominicaine et Cuba).

- Désolé Joe, on t'aimera encore lorsque l'amour sera mort, mais **l'été indien** s'appelle en réalité *l'été des Indiens*. Météorologiquement, ce réchauffement est dû à des courants chauds venus du golfe du Mexique après un gel préalable. Étymologiquement, on l'appelle ainsi parce qu'il donnait aux Indiens l'occasion de faire leur dernière chasse avant l'hiver. Psychologiquement, ça fait du bien.

Pendant l'hiver canadien, il faut veiller particulièrement aux extrémités du corps.

- Pour **les pieds**, chaussez des bottes prévues pour le froid et la gadoue de Montréal. Achetez des semelles thermiques (chez Dollarama évidemment) et un produit pour nettoyer les traces de sel, de calcium et d'eau (la Ville déverse une moyenne de 120 000 tonnes de sel et 132 tonnes de chlorure de calcium par hiver). À défaut, un peu de vinaigre fait l'affaire, mais il faut nettoyer tout de suite.

- Pour **la tête**, prévoyez un bonnet (on dit une « tuque »), sans aucun complexe car 30 % de la déperdition calorifique se fait par la tête et 90 % de la population en porte. Idéalement, choisissez un manteau muni d'un capuchon, car on oublie facilement son bonnet, on est distrait, on se croit encore en Europe, peut-être ? Veillez particulièrement aux oreilles. Quand elles commencent à geler, entrez immédiatement dans une boulangerie (vous pouvez également entrer dans un supermarché ou n'importe quel autre endroit chauffé).

- Parce que **les lèvres** ne s'humidifient pas naturellement sauf si on dit je t'aime, il faut les enduire de baume.

- Protéger **les yeux** de la luminosité de la neige et porter des lunettes anti-UV.

- **Les gants** sont indispensables dès qu'on descend sous **–15 °C**.

Il est pratiquement impossible de passer l'hiver sans tomber au moins une fois, à cause du verglas, sur de la glace. C'est pourquoi je suggère de porter des **vêtements matelassés** et

*Question: Comment enterrait-on les morts par **- 20 °C** en pleine campagne, avec une terre gelée et aucun moyen de transport? Réponse: on les entreposait sur le toit en attendant le dégel.*

de ne pas rouler à vélo. Il est déconseillé de tomber au Québec quand on n'est pas tout à fait en ordre de papiers, c'est pourquoi il faut s'abstenir aussi de sports d'hiver.

Le secret des secrets consiste à **s'habiller par couches**, à défaut de pouvoir se payer des manteaux spécialisés. Il faut au moins trois couches, pas trop serrées, comprenant: une camisole (pour garder bébé au sec), une chemise (pour conserver la chaleur) et un pull appelé ici un chandail (pour se protéger du vent). Pour le dessous, n'hésitez pas à porter des caleçons longs (les Québécoises sont habituées).

On trouve des manteaux de l'armée canadienne dans les surplus. Ils sont très chauds et portent la feuille d'érable en écusson, ce qui fait toujours bien en Europe. Sur le Plateau, il y a un surplus boulevard Saint-Laurent : **Surplus International** *(1411 boul. St-Laurent, 514-499-3903, www. facebook.com/SurplusInternational)*. Marchandez.

Harricana par Mariouche *(5530 rue St-Patrick, 514-287-6517, www. harricana.qc.ca)* est une entreprise québécoise fabriquant de magnifiques manteaux et accessoires avec des

fourrures recyclées de renard, pékan, hermine, belette, mouffette, marmotte, lièvre, lapin, écureuil, ragondin, fouine, chinchilla, loup, lynx, castor, loutre, raton laveur, martre, rat musquash, blaireau, coyote, vison et zibeline. Elle a ainsi épargné un demi-million de vies animales et quelques rhumes. Si vous voulez savoir ce qu'est un **pékan**, voir p. 162.

On peut faire installer un **démarreur à distance**, histoire de réchauffer la voiture avant d'y monter. Car rien n'est plus froid qu'une voiture froide. Mais, comme on a dit précédemment, un règlement interdit de laisser tourner le moteur pendant plus de 3 minutes par période de 60 minutes.

Il est interdit d'installer des **poêles à bois** à Montréal, sauf les poêles à granules, en raison du responsable du développement durable, qui veut faire interdire tous les foyers et poêles à bois d'ici 2020. Selon la Ville de Montréal, ils génèrent 62 % de particules fines, selon Environnement Canada 10 % seulement, et selon moi l'odeur du feu de bois est à une ville ce que Chanel N°5 était à Marilyn.

Le **coût du déneigement de Montréal** dépasse chaque année les 160 millions $ (225 millions $ en 2008). La ville déblaie d'abord certaines portions des artères principales (Sherbrooke Est, Notre-Dame Est, Papineau, Pie-IX, Henri-Bourassa et Crémazie), puis passe aux rues secondaires.

En moyenne, à partir du premier jour du **printemps**, il reste une trentaine de centimètres de neige à tomber sur Montréal.

Il est d'usage d'enlever ses souliers quand on entre chez quelqu'un et **d'offrir des pantoufles** quand on reçoit. Ceux qui ne veulent pas se déchausser peuvent acheter des caoutchoucs («des claques») qui protègent les souliers. On les enlève quand on entre. On en trouve un peu partout. C'est complètement démodé et ça ne garde pas les pieds au chaud. Pour les autres, le plus malin est d'acheter des souliers à boucles.

Quand un Québécois dit qu'il a une **grippe**, cela signifie qu'il a un **rhume**, et s'il dit qu'il est atteint de **pneumonie**, il souffre sans doute d'une **bronchite**. L'aspirine est moins utilisée au Québec qu'en Europe. Demandez du Tylenol.

Les Québécois commencent à trouver l'hiver trop long vers le mois d'août à Chibougamau.

Le **caribou** est une de ces boissons légères authentiquement québécoises que l'on buvait autrefois en racontant la blague des castors (voir p. 221) et qui peut servir d'exercice de conversion des mesures liquides si vous n'avez rien à faire ce soir. Recette pour empêcher 10 personnes de conduire :

3 onces de vodka

3 onces de brandy

12 ½ onces de sherry canadien

12 ½ onces de porto canadien

Opération Nez Rouge offre un service de chauffeur privé gratuit et bénévole pendant la période des Fêtes à tout automobiliste qui a consommé de l'alcool. Le service est gratuit *(514-256-2510, www. operationnezrougemontreal.com)*. Si vous n'êtes pas sûr d'être au temps des Fêtes, adressez-vous à **CAA Québec**, qui offre un service semblable à ses membres *(514-861-1313)* uniquement en dehors des périodes d'activité de Nez Rouge.

 ## Kit de survie recommandé pour la maison

À la suite du « verglas » qui a paralysé complètement Montréal en 1998 pendant plusieurs semaines, le gouvernement recommande d'avoir toujours chez soi :

> *une lampe de poche munie de piles ;*
>
> *de l'eau minérale ;*
>
> *une couverture thermique ;*
>
> *un réchaud à gaz ;*
>
> *des préservatifs...*

Comprendre la
politique

Fraîchement débarqué...

À Jean-Pierre

Faisons un premier tri: le PQ, le Parti québécois, n'est ni à gauche, ni au centre, ni à droite, mais a des ailes de tous ces côtés. Le Parti libéral est à droite au Québec, mais au centre au Canada. Le Parti conservateur, issu du Parti libéral-conservateur du Canada fondé en 1854, n'a plus rien à voir avec les libéraux et se situe à droite au Québec (PCQ) comme au Canada (PCC). Le Bloc québécois, d'appellation typiquement provinciale, est un parti fédéral tandis qu'Option nationale est provincial. La CAQ (Coalition avenir Québec), à droite, a été créée par l'ancien propriétaire de l'avion dans lequel vous êtes arrivé ici, la compagnie Air Transat (j'espère qu'il nous prépare un avenir plus confortable). Le Nouveau Parti démocratique (NPD) est à gauche au fédéral et on ne sait pas encore, à l'heure où j'écris ces lignes, s'il existe au provincial. Les écolos (Parti vert) ont un seul député au Canada et aucun au Québec. Québec solidaire, enfin, représentant la gauche dans notre province, compte trois députés.

Vous avez donc compris **a)** qu'il existe deux paliers de gouvernement (au fédéral et au provincial), donc 11 premiers ministres plus 3 « premiers ministres territoriaux » (Yukon, Territoires du Nord-Ouest et Nunavut) et **b)** qu'en ce qui concerne le Québec, la question n'est pas tant de savoir si l'on est à gauche ou à droite, mais si on est indépendantiste, souverainiste, fédéraliste ou autonomiste d'une part, et si l'on veut une société multiculturaliste, assimilationniste, communautariste ou interculturaliste, d'autre part. Les combinaisons possibles de ces choix sont multiples, sans compter ceux qui veulent juste une épluchette de blé d'Inde.

Mais ne nous tracassons pas, vous ne pouvez voter (même pas aux municipales) tant que vous n'êtes pas Canadien. Passons donc au système politique.

Le Canada est une « monarchie constitutionnelle fédérale à régime parlementaire ». Le chef du Canada est donc Elizabeth II, également reine des Tuvalu, duc de Normandie, reine de Nouvelle-Zélande, d'Australie, de Jamaïque, de la Barbade, des Bahamas, de Grenade, de Papouasie-Nouvelle-Guinée, des îles Salomon, de Sainte-Lucie, de Saint-Vincent-et-les-Grenadines, d'Antigua-et-Barbuda, de Belize et de Saint-Kitts-et-Nevis. Ce qui n'est pas rien puisque, d'une part, elle passe, paraît-il, tous ses matins à prendre connaissance des rapports venant de ces pays et que, d'autre part, elle est également propriétaire de tous les esturgeons, marsouins, dauphins et baleines du royaume d'Angleterre en vertu d'une loi de 1324 qui n'a jamais été abrogée. Et dire qu'il y a des innocents qui se demandent à quoi elle sert alors qu'elle régnait même sur Bob Marley!

Elle est ici représentée par le gouverneur général et par les lieutenants-gouverneurs dans les provinces. Elle ne reçoit aucun impôt, mais en visite officielle, c'est le Canada qui paie. À part ça, elle n'a pas de pouvoir politique. Passons donc au Parlement du Canada.

Il est composé de la Chambre des communes et du Sénat. Si vous voulez devenir sénateur, il faudrait commencer par être Canadien, mais il est superflu de vous présenter aux élections. Aucun membre du Sénat n'est élu, ils sont juste nommés par Justin. Vous devez démontrer que vous possédez une valeur nette personnelle (vos avoirs moins vos dettes) de 4 000 $ et de l'immobilier pour au moins ce même montant. Vous n'aurez pas vraiment de pouvoir législatif, mais le SMIC est de 142 400 $ par an.

Pour devenir député à la Chambre des communes, en revanche, aucune de ces exigences financières n'est requise. Il n'est même pas essentiel que vous remportiez la majorité des voix, car c'est ici le scrutin uninominal majoritaire à un tour. L'électeur choisit un candidat parmi plusieurs et celui qui a le plus de voix gagne, même si une majorité d'électeurs a voté contre lui. Supposons que moi, Hubert, je collecte 20 voix; que Robert en récolte 12 et Albert 15, finalement 27 électeurs ont voté contre moi, mais je serai quand même votre député. Ce système devrait être changé par le gouvernement Trudeau, qui a promis des modifications pour 2019 (je voterai pour).

Quoi qu'il en soit, le Canada arrive en 6e place dans le classement du Democracy Index, qui mesure le niveau démocratique des pays du monde, juste après les pays scandinaves et la Nouvelle-Zélande, mais bien avant la France (24e), la Belgique (34e), le Maroc (105e) et la Corée du Nord (167e).

Leçon de survie

> Le **Canada a eu 150 ans** le 1er juillet 2017, anniversaire qui a étonné certains historiens qui lui donnaient au même moment plutôt 483 ans, car ils comptaient depuis le 24 juillet 1534, date de l'arrivée de Jacques Cartier à Gaspé. L'idée de base de la Confédération canadienne, cependant, est de préserver la culture, la langue et la religion de chaque province. L'idée de base de Jacques Cartier était au contraire de convertir tout le monde, de trouver des trésors et de rentrer vite fait.

> Le **Canada et les États-Unis sont** des pays limitrophes et **alliés**. C'est pourquoi, le 11 octobre 2001, comme d'habitude, Michel, un travailleur forestier résident de Pohénégamook qui revient d'une partie de chasse, va faire le plein à la station Ouellet, située à quelques pas de chez lui, mais aux États-Unis. Juste à 40 mètres du Canada, en fait, même avant le poste-frontière. Manque de pot, Michel se fait interpeller par Starsky et Hutch. Il est aussitôt arrêté pour entrée illégale et

> armée (!) aux États-Unis. Comme on découvre que 13 ans plus tôt, à l'âge de 19 ans, il a dû verser une amende pour entrée par effraction aux États-Unis, il est conduit en prison. Il y reste 35 jours, n'en sort que moyennant le paiement d'une caution de 5 000 $ et est interdit d'entrée aux USA pour 5 ans[15].

> Dans le domaine du droit criminel, le **procureur de la Couronne** est l'avocat qui représente le gouvernement fédéral, le gouvernement provincial ou le gouvernement territorial.

> Jusqu'en 2002, les prisonniers ne pouvaient voter.

> Le restaurant **Le Parlementaire** à Québec, jadis réservé aux parlementaires de 1917 à 1968, est ouvert au grand public *(lun-ven 8 h à 11 h et 11 h 30 à 14 h 30; 418-643-6640).*

> Selon Rachida Azdouz, une spécialiste de la question, le **multiculturalisme**, c'est vivre et laisser vivre; l'**assimilationnisme**, à Rome, faisons comme les Romains; l'**interculturalisme**, vivons avec les étrangers.

> Une étude indépendante a révélé que l'institution royale a coûté aux Canadiens la somme de 50,5 millions de dollars en 2015, soit 1,44 $ par contribuable.

> Lors d'un événement officiel, le **gouverneur général du Canada** a préséance sur tout le monde, y compris les membres de la famille royale (sauf le souverain), et son épouse porte le titre officiel de «châtelaine de Rideau Hall». À quoi servirait de faire partie du Commonwealth si on ne pouvait bénéficier de traditions complètement désuètes?

> On appelle **whip** (prononcer ouip) le député chargé de la discipline du parti à l'assemblée. De l'anglais *whip* (fouet), du fait que, dans la chasse à courre, *whipper-in* désigne la personne qui, à l'aide d'un fouet, empêche la meute de se disperser. Les **pages** sont les messagers des députés et préparent les réunions.

> En 1997, Peggy Butts, une religieuse catholique qui avait fait vœu de pauvreté, n'a pu se présenter comme sénatrice puisqu'elle ne possédait pas les fonds requis. Son ordre religieux lui a donc transféré officiellement un lot de terre.

> Le **taux de participation** de la population canadienne aux élections fédérales de 2015 était de 68,3 %. Les élections provinciales d'avril 2014 ont vu 71,43 % des électrices et électeurs inscrits se prévaloir de leur droit de vote.

[15] *Lasserre, Frédéric / Forest, Patrick / Arapı, Enkeleda, «Politique de sécurité et villages-frontière entre États-Unis et Québec», Cybergeo: European Journal of Geography, http://cybergeo.revues.org/25209*

> « *Le processus électoral canadien est désuet et archaïque et doit être modernisé pour répondre aux attentes et aux besoins des électeurs* », a affirmé en 2016 le directeur général des élections du Canada, Marc Mayrand.

> Les **compétences relevant du gouvernement fédéral** sont principalement la défense nationale (logique), les affaires étrangères (normal), l'assurance-emploi (évident), les taxes et impôts fédéraux (c'est clair), la poste (d'où l'expression Postes Canada), le droit criminel, le transport des marchandises, les chemins de fer, le téléphone et les pipelines (bon sens), le droit criminel et les droits et territoires autochtones.

> L'agriculture, les compagnies et le développement économique, les prisons et la justice, la pêche, les travaux publics, les transports et communications et l'immigration sont des **compétences partagées entre le provincial et le fédéral**. Ainsi, un individu condamné à une sentence d'emprisonnement est détenu dans une prison provinciale ou un pénitencier fédéral en fonction de sa condamnation : jusqu'à deux ans moins un jour, prison provinciale. Au-delà, pénitencier fédéral.

> **Les ponts :** en principe, les ponts relèvent du provincial. Mais si le Parlement du Canada déclare que des travaux sur un pont particulier ont des effets sur le Canada en général, alors ces travaux relèvent exclusivement du fédéral. À Montréal, les ponts Champlain et Jacques-Cartier, tout comme une partie du pont Mercier, sont dans ce cas. Cependant, la voie réservée aux autobus durant les heures de pointe du lundi au vendredi est gérée par l'Agence métropolitaine de transport (AMT), qui dépend du gouvernement provincial.

> Le **pont Mercier** est de compétence provinciale et fédérale, ce que j'appellerais **carrément multicompétentiel :** provincial pour la structure amont, en direction ouest (vers la Rive-Sud), et pour la partie aval, en direction est (vers Montréal). Fédéral pour toute la section au-dessus du fleuve Saint-Laurent.

> Les **parcs** peuvent être nationaux (*www.pc.gc.ca*), provinciaux (*www.sepaq.com*) ou municipaux (*http://ville.montreal. qc.ca*). Même chose pour les **lieux historiques** qui peuvent être nationaux (*www. pc.gc.ca*), provinciaux (*www. patrimoine-culturel.gouv. qc.ca*) ou municipaux (*www. heritagemontreal.org*), la **police**, fédérale (Gendarmerie royale du Canada ou GRC, ceux avec le chapeau Stetson et les bottes), provinciale (Sûreté du Québec ou SQ) ou municipale (Service de police de la Ville de Montréal ou SPVM), et les **chemins de fer**, fédéraux ou provinciaux. Les **aides à la culture** sont octroyées par le fédéral (*http:// conseildesarts.ca*), le provincial

(www.mcc.gouv.qc.ca) et le municipal (http://ville.montreal.qc.ca/culture), et le gouvernement fédéral vend ses surplus au public (www.gcsurplus.ca), tout comme le gouvernement provincial (http://dispositiondesbiens.gouv.qc.ca) et la Ville de Montréal (même site Internet que le gouvernement provincial). Bref, vous avez définitivement compris le système canadien.

> Il faut maintenant comprendre la **péréquation**, qui est au cœur du fédéralisme, mes chers amis. Du latin *peraequationem*, de *per*, et *aequare*, rendre égal.

C'est un transfert d'impôts fait par le fédéral aux provinces afin que les résidents obtiennent des services publics comparables à ceux offerts ailleurs au pays. *« Le Parlement et le gouvernement du Canada prennent l'engagement de principe de faire des paiements de péréquation propres à donner aux gouvernements provinciaux des revenus suffisants pour les mettre en mesure d'assurer les services publics à un niveau de qualité et de fiscalité sensiblement comparable »*, dit la loi constitutionnelle de 1982. La péréquation est calculée par habitant. En 2016-2017, les montants transférés par le fédéral étaient de :

Provinces	Par habitant
Île-du-Prince-Édouard	2 573 $
Nouveau-Brunswick	2 259 $
Nouvelle-Écosse	1 822 $
Manitoba	1 328 $
Québec	1 206 $
Ontario	166 $

> **ROC** signifie *Rest of Canada*.

> Le **« Québec bashing »** est une attitude de dénigrement du Québec et, plus particulièrement, des francophones et des souverainistes qui y vivent.

> Le **Front de libération du Québec** (FLQ) était le nom collectif utilisé par un réseau prônant l'action directe pour réaliser l'indépendance du Québec. Dans les années 1960,

ça commence par des bombes, et en 1970 un diplomate britannique puis le vice-premier ministre du Québec sont enlevés. Le 15 octobre 1970, 1 000 soldats envahissent Montréal. Le Canada proclame la Loi sur les mesures de guerre, autorisant la police à perquisitionner sans mandat et à emprisonner des suspects sans accusation précise.

> Selon un sondage effectué en janvier 2017 pour *Le Devoir* et

Le Journal de Montréal, **65 % des Québécois sont contre l'indépendance du Québec**. Les plus jeunes (18 à 24 ans) sont très majoritairement contre (77 %), mais aucune tranche d'âge n'est majoritairement pour. En 1995, date du dernier référendum, les contre ne l'avaient emporté que par une très légère majorité (50,58 %).

> **Étant précisé que les lignes qui suivent** ne peuvent être interprétées comme un assentiment de l'auteur à l'une des deux causes, que le masculin est ici employé à titre générique seulement et qu'il vise également toute personne de sexe féminin, sans toutefois que le terme *sexe* exclue les personnes (même de petite taille), de minorité invisible ou visible, ou les individus (même en surpoids) ne se réclamant ni des femmes, ni des hommes, ni même des *queer*, du fait qu'elles ne sont pas encore nées et/ou/ni conçues, les raisons avancées pour l'indépendance sont généralement la langue française et l'identité distincte. En synthèse, disent les indépendantistes, le Québec est un pays à part dans les faits, il faut qu'il le soit également dans les textes. Les opposants font valoir que la situation économique du Québec ne permet pas d'envisager une autonomie pleine et entière, ce qui est contesté par les précé-dents qui pensent exactement le contraire. Une autre façon de le dire est que l'indépendance du Québec « *se justifie par la libération d'un potentiel humain qui ne peut exprimer pleinement son génie propre et son dynamisme particulier que par la création d'un nouvel État développé du XXIe siècle* [16] », ce qui est l'inverse de ce qu'affirment les autres.

> 43 % des Québécois se déclarent au centre, 20 % à gauche, 11 % à droite, et 26 % ne se prononcent pas. Pour le dire plus clairement, **69 % des Québécois ne sont ni de gauche ni de droite**.

> Le **coquelicot** est arboré tous les 11 novembre pour commémorer les morts canadiens de la Première Guerre puis de toutes les guerres. En raison du beau poème écrit par le major John McCrae, chirurgien dans l'artillerie canadienne, au cours de la deuxième bataille d'Ypres, en Belgique, en mai 1915 :

In Flanders fields the poppies blow
Between the crosses, row on row,
That mark our place; and in the sky
The larks, still bravely singing, fly
Scarce heard amid the guns below. [17]

> Le **parti Rhinocéros** (1963-1993) a proposé pendant longtemps un programme constitué des

---

[16] *André Binette, juriste.*

[17] *Dont l'adaptation officielle est complètement ratée :*
Au champ d'honneur, les coquelicots
Sont parsemés de lot en lot
Auprès des croix, et dans l'espace
Les alouettes devenues lasses
Mêlent leurs chants au sifflement
Des obusiers

promesses suivantes : **abolir la loi de la gravité**, réduire la vitesse de la lumière parce qu'elle va beaucoup trop vite, **transformer le pont-tunnel Louis-Hippolyte-La Fontaine en lave-auto gratuit en perçant des trous au plafond**, paver la province du Manitoba pour créer le plus grand stationnement du monde, fournir une éducation plus élevée aux Canadiens en construisant des écoles plus hautes et instituer l'anglais, le français et l'analphabétisme comme les trois langues officielles du Canada. L'aile gauche du parti voulait également **démolir les montagnes Rocheuses** de sorte que les électeurs de l'Alberta puissent voir le coucher du soleil sur le Pacifique, ou les déplacer d'un mètre vers l'ouest comme projet de création

d'emploi. Aux élections de 1979 et 1980, il a remporté plus de voix que les partis marginaux de l'époque. S'il avait été élu, il n'aurait rien fait puisque son objectif déclaré était de ne pas tenir ses promesses électorales.

> **Les îles Turks et Caicos pourraient-elles être adoptées par le Canada, et devenir la 11e province?** La proposition est faite par le Nouveau Parti démocratique depuis les années 1970. Le premier ministre de cet archipel avait alors marqué son accord, faisant déjà partie du Commonwealth. *« One of the reasons the idea continues to be popular is because there is this thing called winter in Canada[18] »*, avait déclaré Robin Sears, l'un des promoteurs du projet.

[18] *« Une des raisons pour lesquelles cette idée continue d'être populaire, est ce truc qu'on appelle l'hiver au Canada »*

15

Montréal
ville gay

Fraîchement débarqué...

À Rodrigue

Que j'aime voir rue Saint-Denis les couples gais se promenant main dans la main en plein été! Qu'elle est belle à voir la liberté de s'aimer! Le degré de démocratie d'un pays ne se juge pas à ses lois mais à ceci : une main libre de tenir l'autre, le mouvement d'un bras sur une épaule, le rire sur un banc public; et l'on peut me donner tout l'or du monde : si je ne puis vivre dans un pays où tout le monde peut s'aimer, je ne veux pas même y mourir.

Il faut en outre, d'un point de vue pratique, compter tous les avantages qu'apportent les gais à une ville. Quand les hommes se permettent d'être sensibles, ils vibrent si fort que les villes en tremblent. L'esthétique, la beauté, l'imagination, la fantaisie ont soufflé sur Montréal; j'en vois les effets dans les vitrines, les bars, les vêtements. Montréal s'embellit de mois en mois et je tiens que c'est grâce aux gais. Quand je reviens d'Europe, je me réjouis, dans l'avion, des changements que je verrai sur Saint-Laurent, de nouvelles boutiques, de nouveaux restaurants, de nouvelles idées dans le Village. J'ai hâte d'atterrir, je demande au taxi d'aller plus vite, j'ouvre les fenêtres, j'écoute la radio, j'attends la fantaisie. Quelque chose est si heureux en moi de retrouver Montréal que mon plexus se dilate et mes yeux sont grands ouverts. Et chaque fois que je me réjouis si fort, je me dis : n'est-ce pas cela, la gaieté?

Montréal est, après San Francisco, la **deuxième ville «gay friendly»** d'Amérique du Nord. Un doute? Lisez ça:

> **Chambre de commerce LGBT du Québec** *(514-522-1885, https://cclgbtq.org).*

> **Alcooliques Anonymes** Groupe pour gais et lesbiennes (amis et familles des alcooliques) *(514-376-9230, http://aa87.org/fr).*

> **Association des lesbiennes et des gais sur Internet** *(www.algi.qc.ca).*

> **Émotifs gai(e)s anonymes** *(514-990-5886, www.emotifs-anonymes.org).*

> **Archives Gaies du Québec** *(514-287-9987, www.agq.qc.ca).*

> **Association des Motocyclistes Gais du Québec** *(www.facebook.com/groups/amgqqc).*

> **Chorale gaie Ganymède** *(514-528-6302, http://evganymede.com).*

> **Conseil québécois LGBT** *(514-759-6844, www.conseil-lgbt.ca).*

> **Le Club des agriculteurs gais du Québec** *(450-768-6995, http://www.acfareseaux.qc.ca/fr/fierte-agricole, onglet « Fierté Agricole »)*

> **La Trame – Arts, loisirs et culture pour lesbiennes** *(514-374-0227, http://la-trame.ca).*

> **Gai Écoute** *(514-866-0103, www.gaiecoute.org).*

> ***Fugues*** Magazine gai, édite aussi le *Guide Arc en Ciel*, bisannuel gratuit *(514-848-1854, www.fugues.com).*

> **Bien-être personnel, social, sexuel et mental des jeunes et adultes lesbiennes, gais, bisexuel(le)s, transgenres, transsexuel(le)s, bispirituel(le)s, intersexués et en questionnement âgé(e)s entre 14 et 25 ans**. Si vous avez compris ce que ça veut dire, vous êtes en plus un génie *(Projet 10, 514-989-4585, http://p10.qc.ca).*

> D'ailleurs, si vous vous posez des questions sur **l'orientation sexuelle de votre conjoint**, de vous, d'un membre quelconque de votre famille, le **COSUM** peut aussi vous aider *(Centre d'orientation sexuelle de l'Université McGill/COSUM, www.mcgill.ca/cosum/fr).*

> **Promotion de la santé sexuelle auprès des hommes gais et bisexuels** *(www.rezosante.org).*

> Groupe **d'affirmation LGBT au sein de l'église** unie Saint James Believe *(www.facebook.com/ st.jamesbelieve)*.

> **Association des pères gais de Montréal** *(www.algi.qc.ca/ asso/apgm)*.

> **Mutinerie *queer*** mondiale, chapitre montréalais *(http://lespantheresroses.org)*.

> **Fraterniser avec des danseurs nus** qui jouent occasionnellement au billard entre leurs danses : **Stock Bar** *(514-842-1336, www.stockbar.com)*.

> **Club de course et de marche pour gais et lesbiennes** *(514-360-2266, info@galopins. org, www.facebook.com/galopins. quebec)*.

> **Cours de danses country pour gais et lesbiennes** *(Club Bolo, 514-849-4777, www.clubbolo. com)*.

> **Hors Sentiers, randonnée et autres activités de sport de plein air pour hommes gais** *(http://horssentiers.ca)*.

> Caresses intimes et **plaisir mutuel entre hommes en pantalons de velours côtelé** *(corduroyman@live.com)*.

> **Épilation** testicules, pénis et anus, généralement appelée par ma mère «génital brésilien» *(http:// dtoxhomme.com, 514-972-9654)*.

> Manger une **omelette préparée par un jeune boxeur** nu chantant *Fais-moi la tendresse* avec un accent vietnamien : pour l'année prochaine.

> **Partager des expériences de plein air avec des lesbiennes** *(Amazones des grands espaces, www.plein-air-amazones.org)*.

> **Se promener tout nu dans un hôtel :** Nuzone, hôtel naturiste gay *(1729 rue St-Hubert, 514-524-5292, www.nuzone.ca)*.

> La «**célébration de la Fierté gaie et lesbienne**» a lieu tous les ans à la fin juillet. Vers la mi-août, on peut voir le «Défilé de la fierté» qui est une sorte de carnaval. Il faut aimer le bruit, les fanfares et la joie obligatoire.

> Le **Complexe Sky** est un bar branché (sur quoi exactement?) en plein milieu du Village. Shows travestis *(1474 rue Ste-Catherine E., 514-529-6969, www.complexesky. com)*.

> **Le Club Unity** a reçu le prix **Club gay/lesbien de l'année** en 2006 et 2007 *(1171 rue Ste-Catherine E., 514-523-2777, www.clubunitymontreal.com)*.

> La station de métro Beaudry est l'une des seules stations au monde à être décorée aux **couleurs du drapeau gai**.

> 250 millions de dollars sont dépensés chaque année par les **touristes gais** à Montréal.

Ce qu'ils pensent des **autres**

Fraîchement débarqué...

À Marie-Hélène

Les Québécois ne peuvent pas aimer les Anglais, c'est entendu. Comme les irréductibles Gaulois à l'égard des Romains, ils ne peuvent davantage, pour les mêmes raisons historix, aimer les Américains – d'ailleurs qui les aime? Mais ils n'aiment pas plus les Canadiens d'Ottawa à Vancouver, qui menacent leur existence. N'y a-t-il pas là quelque chose d'aisément compréhensible?

Tout le monde sait qu'ils n'aiment pas trop non plus les Français, car ils les ont vendus: comment le leur reprocherait-on? Je veux dire comment pourrait-on reprocher aux Québécois de ne pas aimer quatre cents millions de personnes?

D'ailleurs la terre est vaste. Éliminons de l'Europe les Français et les Anglais, il reste tous les autres. Oui, mais les Québécois ne parlent ni l'italien, ni l'allemand, ni le flamand, ni le grec: comment pourrait-on les accuser de ne pas aimer des gens dont ils ne comprennent pas la langue? N'est-ce pas logique, puisqu'ils n'aiment pas trop non plus, me dit-on à Outremont, ceux dont ils ne comprennent pas la religion, hassidique en l'occurrence. Il est impossible d'aimer ceux qu'on ignore: bref, quittons Outremont mais quittons aussi l'Europe où les langues sont étrangères, et oublions ainsi cinq cents millions de personnes. Voyons l'Afrique. Les Québécois aiment-ils les Africains? Veut-on rire? Laissons-les en Afrique : l'addition est maintenant montée à neuf cents millions. Reste l'Asie. La vaste Chine, le Vietnam, le Japon, la Thaïlande : qui peut se permettre de payer ces voyages? Et qui a envie de passer des vacances à Pékin? Les Chinois sont tortion-naires et ont volé la flamme olympique au Canada : il faudrait être bouddhiste pour dépasser le goût de la revanche. Non, vraiment, plus j'y pense, plus je trouve que les Québécois ont d'excellentes raisons de détester cinq milliards d'individus, à commencer par le « Paki du Dep » chez qui ils achètent leur lait tous les matins.

Leçon de survie

Le Quartier chinois est situé autour du boulevard Saint-Laurent et de la rue De La Gauchetière. L'immigration chinoise a d'abord été soumise à une « taxe d'entrée » de 1885 à 1923, puis elle a été purement interdite jusqu'en 1947. L'immigration en provenance d'Inde a également été interdite. En 2016, le premier ministre du Canada a présenté officiellement ses excuses aux immigrants chinois pour le tort fait à leurs ancêtres.

La Petite Italie est située au-dessus du Plateau entre les rues Saint-Zotique et Jean-Talon. Les Italiens forment la plus importante communauté étrangère de Montréal. Débarquant en masse au début du XXᵉ siècle à Montréal, essentiellement en provenance de la Sicile et du Sud, ils travaillaient surtout pour le réseau ferroviaire. Pour des raisons politiques (ils ne parlaient pas français), les Italiens n'ont pas été admis aux écoles francophones, de sorte que la plupart ont été éduqués… en anglais!

Les Portugais sont surtout implantés au Portugal, mais également entre l'avenue du Mont-Royal et l'avenue des Pins sur Saint-Laurent. Les premiers Portugais arrivent au Canada avant les Canadiens (1452). Ils reviennent en grand nombre à partir de 1953, en même temps que **les Espagnols**, surtout des Açores, surpeuplées. Les Portugais ont beau-coup rénové les maisons des quartiers qu'ils habitent.

La première loi sur l'immigration du Canada classait la Belgique parmi les pays préférés. **Les Belges** arrivent à la fin du XIXᵉ siècle et jouent un rôle majeur dans la lutte ouvrière au Canada, car ils proviennent majo-ritairement de mouvements syndicaux wallons. Les Flamands se dirigent davantage vers l'industrie laitière et maraîchère. La vague d'immigration la plus importante a lieu entre 1945 et 1975.

Les Juifs étaient au départ interdits de résidence en Nouvelle-France, où l'on n'accepte que des catholiques. Dès l'abandon de la colonie par la France, ils intègrent Montréal et y créent en 1769 la première synagogue du Canada. Les violences dont ils sont l'objet dans l'Empire russe poussent les Juifs vers l'étranger dès la fin du XIXe siècle. Le Canada leur ferme ses frontières à partir des années 1930 jusqu'après la guerre. On compte à peu près cent mille Juifs aujourd'hui à Montréal. Le premier quartier juif se trouvait autour du boulevard Saint-Laurent entre la rue Dorchester (aujourd'hui le boulevard René-Lévesque) et l'avenue des Pins (il reste d'ailleurs les commerces du début du XXe siècle). Ils se déplacent ensuite vers le Mile-End et Outremont, où se trouve la communauté hassidim, puis enfin vers Côte-des-Neiges et Côte-Saint-Luc.

C'est grâce aux **Allemands** que les Inuits ont une langue écrite. Au XVIIIe siècle, une communauté morave est en effet envoyée en mission dans le nord du Labrador pour y enseigner. Elle crée le premier dictionnaire de cette langue. Les «Germano-Canadiens» ne viennent pas forcément d'Allemagne, mais plutôt d'Europe de l'Est et d'Amérique du Sud. Les Allemands arrivent à Montréal vers la fin du XIXe siècle.

Les Suisses arrivent en 1604 en tant que mercenaires du roi de France. Ce pays qui a inventé la Croix-Rouge et la neutralité est en effet réputé pour ses soldats jusqu'au XIXe siècle. Ils sont ensuite employés comme guides de montagne dans les Rocheuses. Aujourd'hui, certains laboratoires de recherche pharmaceutique suisses sont installés à Montréal.

Haïti est le pays où les Québécois envoient le plus de missionnaires, après le Japon. Entre 1974 et 1989, **les Haïtiens** constituent le plus important groupe d'émigrants au Canada et 90 % d'entre eux sont regroupés dans le Grand Montréal. Ils sont les plus nombreux à Côte-des-Neiges, Saint-Michel et Rivière-des-Prairies.

Les anglophones («les Anglais») de Montréal se prennent pour une espèce menacée. D'ailleurs ils n'ont qu'un quotidien, sept radios, deux universités et deux stations de télé. Beaucoup se plaignent qu'on les traite injustement de colonisateurs alors que, n'étant pas nés à l'époque, ils n'ont même pas pu en profiter. Ils sont nombreux à vivre à Westmount (55 % de la population y est anglophone), l'un des secteurs les plus chics de Montréal car à la différence des francophones, plusieurs sont riches depuis de nombreuses générations.

La plus grande banque de crédit d'Amérique du Nord a été fondée par **des Polonais** (Caisse Saint-Stanislas). Le premier d'entre eux est arrivé au Canada en 1752 et le dernier sans doute hier. Ils sont près d'un million au Canada (surtout en Ontario). Les environs de Prince-Arthur et de Saint-Laurent étaient autrefois appelés la Petite Pologne.

Le Mexique est fièrement représenté par le huard (le canard sur les billets de 20 $ et les pièces de 1 $) d'où il revient tous les ans à 120 km/h. Le Canada n'exige plus de visa de la part des Mexicains depuis décembre 2016, en échange du fait que le Mexique a rouvert son marché au bœuf canadien.

Le Petit Maghreb se trouve rue Jean-Talon Est, entre les boulevards Saint-Michel et Pie-IX. Doté de cette appellation officielle depuis 2009, ce quartier abrite une centaine de commerces tunisiens, marocains et algériens.

Il n'y a pas officiellement de quartier **français**, mais il y a un bar Ricard, **Bar Monsieur Ricard** *(4543 av. du Parc, 514-678-1862, http:// barmonsieurricard.ca)*, et l'on peut dire que le Plateau devient peu à peu un village gaulois.

L'Autre Montréal propose des visites guidées sur le thème du « Montréal ethnique », car nous sommes une ethnie *(514-521-7802, http://autremontreal.com)*. Pour préparer la visite, lire *Le tour du monde à Montréal* (Guides de voyage Ulysse).

Associations d'aide aux immigrants : voir p. 150.

De 2005 à 2014, le Québec a accueilli 500 000 nouveaux habitants, dont :

39 971	Algériens	36 018	Marocains
38 183	Français	27 742	Haïtiens
36 222	Chinois	10 707	Tunisiens

Comment se faire des amis

Fraîchement débarqué...

À Paul

Par un clair matin d'avril, il fit comme vous et décida de partir en Nouvelle-France, séduit par les descriptions alléchantes du responsable de l'immigration de l'époque, Robert Giffard, ami de Samuel de Champlain. Il prit le bateau à Dieppe, car l'idée de l'avion n'était pas encore dans l'air, et au mois de juin 1634, Zacharie Cloutier, son épouse Xainte et leurs cinq enfants débarquent dans la région de Québec.

Ceci fait immédiatement augmenter la population de 25 %, car ils n'étaient encore qu'une centaine de Blancs dans ce pays grand comme cinq fois la France, disons même douze fois si l'on prend la Nouvelle-France en entier. Arrivé sur place, Zacharie se met rapidement au travail et remplit l'un de ses engagements, à savoir construire une demeure pour son seigneur, en échange de quoi il reçoit 1 000 arpents de terre qu'il baptise la Clouterie. Mais voici que Giffard, celui qui avait vanté les mérites du Canada, se met à exiger que Cloutier lui rende «foy et hommage», puisqu'il est titulaire d'une seigneurie, et que nous sommes toujours en régime féodal. Concrètement, il s'agit d'aller chez lui, de poser un genou à terre et déclarer : «*Monsieur de Beauport, je vous rends foy et hommage!* », «*Monsieur de Beauport, je vous rends foy et hommage!* », «*Monsieur de Beauport, je vous rends foy et hommage!* », car il faut le répéter trois fois. Zacharie Cloutier croit d'abord que c'est une blague : ils ont pratiquement grandi ensemble, se connaissent depuis des années, et jamais il n'a été question d'une telle simagrée. Il refuse net. Giffard fait alors appel au gouverneur et exige, en plus des genoux à terre, le paiement d'une taxe dont personne n'a jamais entendu parler, et qu'il faut payer sur les terres reçues, c'est une vieille habitude au Québec. Le gouverneur est un vendu, et donne raison à Giffard. Mais Cloutier s'entête. Un jugement s'ensuit, le condamne à la taxe, qu'il finit par acquitter. Mais pour les genoux, des clous. Zacharie Cloutier se couche définitivement sans avoir mis le genou à terre le 17 septembre 1677, à 87 ans. Sa femme, Xainte, l'y rejoindra à 84 ans.

Cent vingt ans plus tard, il a 10 850 enfants et au moment où ce livre va partir chez l'imprimeur, qui est sans doute un de ses cousins, cinq fois plus : Madonna, Hillary Clinton, Alanis Morissette, Jack Kerouac, Angelina Jolie, Céline Dion, Beyoncé et Shania Twain, tous descendent de ce couple, selon des recherches effectuées par l'Université de Montréal. Tous sauf vous. De ce côté-ci de la mer, vous ne connaissez personne et vous n'avez aucun ami. Vous ne pouvez pas frapper à la porte de Beyoncé et demander : « *Coudon Beyoncé, t'aurais-tu une livre de beurre en souvenir de notre grand-mère?* ». Vous ne vous appelez ni Tremblay, ni Cloutier, ni Bouchard. Vous vous appelez Rémi et vous êtes sans famille.

Leçon de survie

8 conseils pour vous faire des amis au Québec

1. Les Québécois sont **«tricotés serrés»**. Pendant longtemps, ils ont été isolés en raison de leur langue, de leur culture, de la neige et de l'histoire. Ils ont donc développé un réseau serré dans lequel il n'est pas aisé d'entrer. La première chose que vous pourriez faire pour y pénétrer serait d'**arrêter de les appeler des Canadiens**.

2. **Arrêtez de les gonfler**. Mettez-vous à leur place : il n'est pas nécessairement agréable d'entendre critiquer le Québec alors que cette province s'est bâtie sur la fierté de devenir un pays. Arrêtez de les gonfler avec la France, la Belgique, l'Alsace et la Lorraine. Ne comparez pas. Vous êtes chez eux.

3. Ne leur donnez pas de **cours de français**. Les Québécois se comprennent très bien entre eux, et vos précisions grammaticales n'ont rien d'absolument indispensable.

4. Ils sont des émotifs alors que **vous êtes des intellos**. La culture européenne a basé votre éducation sur le développement de l'intellect, mais la culture québécoise est plus axée sur le cœur. Le Québec a beaucoup à enseigner à l'Europe sur l'empathie, la tolérance et la chaleur humaine.

5. **Comprenez le code**. Toutes les cultures secrètent leurs codes dans des domaines aussi variés que l'habillement, la nourriture, l'amour, l'amitié, l'argent et la manière d'attendre le bus. Même si vous n'en êtes pas conscient, vous arrivez ici avec votre code national. C'est lui, le problème. Ce n'est ni vous, ni eux. L'immigration permet un déconditionnement très bon pour la santé.

6. Sortez du ghetto. Si vous restez entre nous, comment voulez-vous les rencontrer, sérieusement? Le principal **outil du réseautage au Québec**, c'est le **5 à 7**. Rien à voir bien sûr avec ce que ce terme désigne en France (une visite à sa maîtresse). C'est plutôt un cocktail, généralement détendu, à l'occasion d'un événement quelconque, destiné à favoriser les rencontres

professionnelles et à agrandir son réseau professionnel.

7. Vous trouverez énormément d'occasions de rencontrer vos nouveaux amis dans les différents sous-groupes du **Montreal New In Town Meetup Group** *(www.meetup. com)*, un site multilingue et spécialisé dans les 20-35 ans (randonnées, visites d'expos, rassemblements autour d'un verre, d'une table, etc.) : **Plein Air Interculturel Montréal** *(www.pleinairinterculturel. com)* (canot-camping, kayak, randonnée, vélo, ski de fond, raquette, patin), **Montréal LOA** (de *Law of Attraction*), **Le MEETUP de conversation Français-Anglais** (conversations bilingues), **Parler en public** (ils réservent chaque mois une salle de la Grande Bibliothèque pour en discuter)…. Il y en a pour les entrepreneurs, pour les femmes chefs d'entreprises, les travailleurs indépendants, les gens intéressés par la sagesse et la philosophie, la danse écossaise, etc.

8. Faites du **bénévolat** : le bénévolat peut être une excellente façon de s'adapter à la culture d'ici tout en contribuant à la société. Le **Centre d'action bénévole (CAB)** est en lien avec plus de 1 000 organismes qui vous attendent (secteurs des arts, de la santé, de l'éducation, des services sociaux, des sports, de l'environnement, etc.) *(514-842-3351, http://cabm.net)*.

Télé, radio
et vidéo

Fraîchement débarqué...

À Michaël

Je dirais à un étranger qui voudrait comprendre le Québec par sa télévision : observez ce qu'on ne voit pas, écoutez ce qu'on ne dit pas, informez-vous de ce qu'on ne vous apprend pas, et vous saurez tout.

Si la télévision québécoise, dans ce qu'elle montre, ne révèle rien ou presque du Québec, on peut en effet très bien connaître la Belle Province en observant ce qu'elle ne diffuse pas. L'absence totale de héros positif par exemple, sauf dans le sport, démontre sa suspicion envers toute élite. L'inexistence de vraies discussions, le peu d'intérêt pour le reste du monde, la place minime laissée à la culture non musicale témoignent d'une étrange curiosité. Et l'homme masculin, responsable et intègre, grand absent des fictions, parle, si l'on peut dire, de cet énorme conflit des sexes au sein de la société.

Les animateurs, toujours les mêmes, remplis d'une gentillesse étonnante et d'une bonne humeur éternelle, se congratulent à n'en plus finir sur leur dernière coupe de cheveux ou s'extasient sur un légume exotique en français international. Il y a des odes aux kiwis et des hymnes à la paella au milieu de dithyrambes pour la moindre vedette sortant de *Star Académie* ou *Occupation Double*.

Dans les fictions au contraire, généralement de très grande qualité, cet enthousiasme n'a plus cours : on plonge en pleine dépression, entre hommes perdus et femmes hystériques exprimant en joual et avec un vrai talent un destin oscillant entre déchéance, toxicomanie, suicide et sexe. Là, tout n'est que misère, agitation et souffrance. On se réjouit presque de regarder les informations pour se distraire de ce qu'on vient de voir dans les téléséries : un tremblement de terre en Australie nous remettrait de l'hystérectomie douloureuse de Janette ayant entraîné l'assassinat de sa famille par le grand-père pédophile devenu archevêque en Ontario. Dans la plupart des pays du monde, la fiction console du réel. Mais ici c'est l'inverse.

Au milieu de ces deux mondes bipolaires, celui de la pub, bien sûr, empêche toute personne normale de se concentrer sur un film, assaillie qu'elle est par le dernier barbecue à propulsion nucléaire dès le mois de mai, et les voitures ou la bière à l'année longue. C'est en fermant la télévision, finalement, épuisé par tant d'émotions tonitruantes, qu'on s'aperçoit qu'on n'y a vu aucun Autochtone, pas d'anglophone, très peu de Noirs et encore moins d'Asiatiques. Les Français, hormis le chef qui-va-nous-faire-goûter-le-cassoulet-de-sa-mèreu, n'ont pas de droit supplémentaire à l'écran. Le Québec peut se dire multiculturel, mais il ne peut pas se le montrer.

Bref, la télévision québécoise reflète la société dans ses silences et ses absences, c'est pourquoi je conseille sérieusement à tout socio-logue de passage de la regarder intensément. Quand elle est éteinte.

Leçon de survie

La télévision

Sans câble, on a droit à la chaîne **V**, **Télé-Québec**, **Radio-Canada**, **TVA**, **Radio-Canada anglophone (CBC)**, **CTV** et **Global TV** (les chaînes peuvent varier selon les quartiers et les régions). C'est gratuit, il n'y a pas de redevance. Si vous avez une télévision récente, connectez une antenne (à peu près 100 $) à votre télé à l'aide d'un câble coaxial et lancez la recherche des canaux. Pendant ce temps, résolvez le problème suivant : les chaînes commerciales s'interrompant toutes les sept minutes pour diffuser trois minutes de publicité, combien de temps faut-il pour regarder un film d'une heure et demie ?

Avec le câble de base (selon l'opérateur), les principaux postes auxquels vous aurez droit sont :

Canal Savoir	chaîne didactique québécoise
Canal Vie	santé, mode de vie, problèmes sociaux
Historia	films et documentaires
LCN	infos en continu de TVA
Max	téléséries et films
MétéoMédia	le temps tout le temps. Mais vraiment tout le temps
Radio-Canada (franco)	bizarrement, c'est une télévision (publique)
Radio-Canada (anglo)	*same thing*

Avec le câble de base (selon l'opérateur), les principaux postes auxquels vous aurez droit sont :

ICI RDI	infos en continu de Radio-Canada
Télé-Québec	diffuse régulièrement des films français
V	chaîne commerciale
TVA	chaîne commerciale
Évasion	chaîne focalisée sur les voyages
ICI ARTV	Arte local
Séries+	téléfilms de meurtres et pédophilies
TV5	chaque jour, on peut comprendre devant le journal télévisé (belge, suisse, français) pourquoi on est parti

Certains Européens ont trouvé le moyen d'avoir le câble sans le payer, au moyen de je-ne-sais-quelle boîte noire qui permet une connexion. On dit que des camions passent dans la rue pour les détecter au radar, comme les Nazis faisaient avec nos grands-parents pour déceler les postes de radio.

Pour éviter la chambre à gaz, **Bell** propose un abonnement appelé forfait personnalisé à 24,95 $ par mois donnant accès à plus de 80 chaînes, mais précise que ce montant est «Réservé aux clients qui s'abonnent au Forfait avec un abonnement au Personnalisé (bilingue) et à au moins un autre service sélectionné». En ce qui concerne les 24,95 $, il s'agit en fait d'un «Tarif mensuel de 37,95 $ (sujet à changement), moins le rabais de 16 $ du Forfait, plus les frais de service numérique (3 $/mois) et plus les frais de financement pour la contribution de Bell au Fonds pour l'amélioration de la programmation locale (FAPL) créé par le CRTC». Plus d'infos incompréhensibles au *www.bell.ca*. Visitez aussi *www.videotron.ca*, l'autre grand fournisseur.

Des films sans pub sur Télé-Québec et des chaînes payantes (par câble et ou satellite), notamment :

› *Cinépop :* classiques du cinéma des années 1950 à nos jours;

ARRÊT STOP *Deux chaînes que vous ignoriez : TFO (Télévision française de l'Ontario) et la 1ère (chaîne de Saint-Pierre-et-Miquelon). Elles sont disponibles sur le câble.*

› *Super Écran :* films récents;

› *Indigo :* télévision à la carte.

Pour tout savoir des programmes de télévision : *www.tvhebdo.com*.

Pour ceux qui le voudraient absolument, on peut voir le journal de TF1 sur Internet (*www.tf1.fr*) comme celui de France 2 (*www.france2.fr*).

Les chaînes françaises géolocalisent votre adresse IP quand vous essayez de les regarder sur Internet et, la plupart du temps, vous recevrez le message **«ce contenu n'est pas disponible dans votre zone géographique»**. Pour éviter ça, certains utilisent un système de «VPN» (réseau privé virtuel), qui ralentit néanmoins la connexion.

La solution est pourtant simple, comme dit

*La chaîne **CPAC** (Cable Public Affairs Channel ou Chaîne d'affaires publiques par câble) est un service de télédiffusion bilingue, privé, sans publicité et sans but lucratif. Elle retransmet en direct, le jour et la nuit s'il le faut, les débats de la Chambre des communes. Si vous avez une suggestion (un dessin animé à diffuser par exemple): comments@cpac.ca.*

Antoine: *«J'ai une fibre 100 mega à Montréal, mes parents qui sont à Lyon ont une fibre Free avec Freebox v6. J'ai juste pris l'option multi-tv (2 ou 9 € selon le modem de box) et j'ai acheté un boîtier sicom VPN. Au Québec, mon routeur fait office de client VPN (acheté 15 $ en ligne) et se connecte sur la box de mes parents, du coup, tout mon home network à Montréal est localisé en France et derrière une box. J'ai donc pu mettre le second freebox player sur la tv du salon.»*[19]

De très nombreuses émissions et séries québécoises sont visibles gratuitement sur ***http://ici.tou.tv***.

Il paraît que le fondateur de **Netflix** *(www.netflix.ca)* a eu cette idée le jour où on lui a demandé 40 $ parce qu'il rendait un DVD avec trois jours de retard. Quelques années plus tard, un Américain sur trois âgé de 20 à 50 ans est abonné à ce service. Les plus grandes inventions proviennent souvent d'entreprises en dehors du secteur.

Un petit logiciel gratuit permet de regarder certaines émissions françaises (TF1 n'est pas d'accord): **Captvty** agrège et recense l'ensemble des vidéos mises à disposition par les chaînes télévisées dans leurs services de «rattrapage».

Les amateurs peuvent également suivre **les matchs de foot** (soccer) au *www.matchendirect.fr*.

Le Québec se trouve en zone 1 et l'on ne peut donc pas y lire les **DVD européens** (zone 2) sauf si l'on se procure un lecteur DVD dézoné ou qu'on les lit sur son ordinateur. Il en va de même pour les lecteurs Blu-Ray.

Sans cet admirable guide, jamais vous n'auriez pu louer les films suivants, dont la version française est imposée par la **loi 101**:

Titre original	Titre québécois
Down Periscope	*Y a-t-il un commandant pour sauver la Navy?*
Dirty Dancing	*Danse lascive*
Speed 2	*Ça va clencher!*
Die Hard: With a Vengeance	*Marche ou Crève: Vengeance définitive*

[19] *Source: http://loutardeliberee.com*

Ghost	*Mon fantôme d'amour*
L.A. Confidential	*Los Angeles interdite*
Men in Black	*Hommes en noir*
Trainspotting	*Ferrovipathes*
Pulp Fiction	*Fiction pulpeuse*
American Pie	*Folies de graduation*

Les radios

Fréquence FM

Radio-Canada 95,1 et 100,7	les deux chaînes de la radio publique
CKOI 96,9	NRJ, Fun...
CHOM 97,7	rock anglophone
CIBL Radio-Montréal 101,5	la seule «radio libre» de Montréal
Énergie 94,3	un zeste de hip-hop en plus que CKOI
98,5 FM	le FM parlé de Montréal
Radio Ville-Marie 91,3	radio d'inspiration catholique avec d'excellents bulletins d'informations
CJPX Radio Classique 99,5	La publicité les fait vivre comme toutes les autres, mais ici elle est faite en 1950 et lue par l'animateur : «La musique classique est encore meilleure quand on l'écoute dans une voiture munie de pneus Goodyear.» Et la pub est encore meilleure quand elle est faite par des pros.
Rythme FM 105,7	la seule à diffuser beaucoup de chanteurs français
Rouge FM 107,3	plutôt des ballades et du *soft*
VPR 107.9	excellente radio du Vermont, dédiée à la culture
91.9 Sports	radio de sports
BOOM 104.1	type nostalgie

La **radio 730 AM**, autrefois dédiée au sport généraliste, est aujourd'hui spécialisée dans celui de la circulation à Montréal. Très agréable à écouter à la campagne.

ARRÊT STOP

TAM-TAM CANADA, *une émission de Radio Canada International, s'adresse principalement aux nouveaux arrivants. Nombreux témoignages, entrevues, trucs et astuces : www.rcinet.ca.*

Faire le ménage
à Montréal

Fraîchement débarqué...

À Marc

Il y a deux acharnés dans mon poste de télévision qui passent une demi-heure par jour à hurler à propos d'une lavette. Je crois qu'ils veulent me la vendre. En attendant ce moment impossible, ils se la vendent mutuellement. C'est l'homme qui fait l'article à la femme. Pour la persuader de l'efficacité de ce chiffon, il se propose de tout salir pour ensuite tout nettoyer. A-t-on déjà vu un homme proposer de tout salir pour ensuite tout nettoyer? Ce renversement de situation semble procurer un infini plaisir à la femme, car lorsqu'il renverse, expressément, de la confiture de fraises sur le parquet, elle pousse des cris sur lesquels je m'interroge. En réalité, on dirait qu'elle jouit, qu'elle se meurt. Quand il dit: «Et maintenant, de la mayonnaise!», elle s'écrie: «Oh! nooooon!» comme s'il lui disait: «Et maintenant par derrière!» Et quand il annonce: «Du cirage sur le fauteuil», elle défaille, elle n'a plus de voix, elle n'a plus de force pour l'en empêcher. Le plaisir l'étreint si fort que je ne peux croire qu'il provienne seulement du viol des règles domestiques: c'est aussi parce que c'est un homme qui va tout nettoyer.

Hélas pour elle, il le fait sans effort, car sa lavette était magique. Que fait ce chiffon? Il nettoie tout sans aucun produit. Oui, cette jeune femme peut jeter tous les produits de ses armoires: ils n'ont plus d'usage. Comment? Comment est-ce possible? Grâce aux microfibres étoilées qui éliminent 85 % des bactéries.

Personne n'y avait pensé, mais maintenant c'est fait; il suffisait que les microfibres soient étoilées pour ranger à la poubelle l'eau de Javel, Monsieur Propre (Monsieur Net ici), le Lysol, le savon, les détergents et les aspirateurs : les microfibres étoilées, nous dit-on, enlèvent les poussières là où elles se cachent (on dirait qu'elles les sentent) et nettoient absolument tout : les murs, le sol, le plafond, les fenêtres, la voiture, j'en oublie. Mais le mieux, c'est que cette offre incroyable n'est pas disponible dans les magasins.

Ne faudrait-il pas saisir la Cour suprême? Comment, dans ce pays béni où les soins médicaux sont ouverts à tous, peut-on réserver les microfibres étoilées à certains? Que vont faire les autres alors? Il faut les avertir, leur prêter un téléviseur, faire un plan chiffon StarMop pour les familles, enfin il faut faire quelque chose.

Car non seulement il est ainsi devenu facile de nettoyer sans frotter et sans détergent grâce aux microfibres étoilées, mais il est aussi facile de les payer. Le Monsieur nous dit qu'on peut se procurer la StarMop pour un paiement facile de 49,95 $. Qu'est-ce qu'un paiement facile? C'est un paiement rapide : et si l'on paie dans les 15 minutes, on recevra, outre la StarMop, une deuxième de plus petite taille, une troisième qui lui ressemble, un boîtier pour les ranger, 12 paires de gants. Mais il faut appeler le numéro qui clignote dans les 15 minutes, ne pas remettre au lendemain ce qu'on peut faire aujourd'hui, ni à tantôt ce qu'il faut faire de suite. Car bientôt nous ne serons que poussière.

Et qui nous ramassera?

Leçon de survie

Les anthropologues en mission auront remarqué que les « laveuses » s'ouvrent par le dessus et les portes des magasins en les tirant, il faut donc rester bi-concentré quand on entre dans une laverie pour **faire sa lessive**. Pour ceux qui voudraient ouvrir la fenêtre, se souvenir qu'elles ne se poussent ni ne se tirent. Elles coulissent.

La **Maison Brillante** appartient à une de mes amies et propose des fées du logis.

Le Chiffon Doré inc. offre un service de femmes de ménage hebdomadaire, bimensuel ou occasionnel *(514-325-0825, http://entretien-menage-nettoyage.com)*, de même que **La Grande Vadrouille** *(514-*

ARRÊT STOP *Anna Leonowens, la gouvernante du roi de Siam au XIXe siècle dont les écrits ont inspiré la pièce* The King and I, *est enterrée au cimetière Mont-Royal.*

341-0443, www.grandevadrouille.com). Pour faire des connaissances, on peut aussi consulter les «babillards» des magasins de photocopies et des cafés fréquentés par des étudiants.

Orchidée nettoyage, une société de nettoyage vraiment *clean*, est tenue par Claude Darmond, un immigré depuis 40 ans *(514-626-5901, http://orchideenettoyage.com)*.

Lavorama Express vient chercher le linge sale, le lave et le rapporte *(5872 rue Sherbrooke O., 514-489-7701)*.

Buanderie Mousse Café, une laverie dans un café *(2522 rue Beaubien E., 514-376-8265)*. Très sympa.

La Maison de l'Aspirateur dépanne et vend des balayeuses de seconde main, c'est-à-dire dépanne et vend des aspirateurs d'occase *(5860 boul. St-Laurent, 514-273-2821, www. maisonaspirateur.com)*.

Monsieur Fix It répare tout «sauf les cœurs brisés». Une de ces vieilles boutiques de l'avant tout-jetable *(4652 boul. Décarie, 514-484-8332, www.themrfixit.com)*.

«***Avoid spousal nagging***, *call* **Le Bricoleur** *for your renovation needs and re-discover quiet weekends again*» *(514-862-7877, www. lebricoleur.ca)*.

La Clinique de la Casserole Delmar récupère l'irrécupérable et le remet à neuf *(3659 rue Queen, Rawdon, 450-834-3434, www. cuisineriedelmar.com)*.

Vous pouvez **vous passer de papier hygiénique** et épater votre belle-mère grâce au «bidet kit» de Hygiène Green. Intrigué? Interloqué? Fasciné?

Découper ici

Mémento QC

champlure	robinet
chaudière	seau
chaudron	casserole
diluant à peinture	white spirit
guenille	chiffon
linge (le)	les vêtements
moppe/vadrouille	serpillère
nettoyeur	Pressing
vidanges	poubelles

Immigrer

Fraîchement débarqué...

À Luciano

C'était sous Ceaucescu. Virgil avait décidé de fuir le pays à n'importe quel prix, mais il dit aujourd'hui que s'il l'avait connu, il ne l'aurait pas payé, ce prix. S'il avait su, d'abord, que pour passer de l'Est à l'Ouest, il aurait dû se glisser sous un wagon et y perdre quasiment l'ouïe; que pour passer d'Allemagne de l'Ouest en France, il faudrait, parce qu'il n'avait pas d'argent pour payer le billet, se cacher dans une cuve qui s'est écroulée au premier contrôle, courir dans les wagons, s'échapper comme un criminel : mais ça, dit-il, ce n'est encore rien.

Ce n'est encore rien, en effet. Il décide de partir au Canada. Je dis aux Canadiens d'écouter cette histoire. Mais il n'a aucun passeport; il n'a presque pas d'argent. Prendre l'avion? Rêve de riche. Le bateau? Impossible. Que fait-il?

Avec d'autres compatriotes, il s'abrite dans un *container* qui doit partir sur un paquebot à Montréal. Ils sont une douzaine à se glisser, avec quelques provisions de chocolat et d'eau, dans un *container* de 10 mètres de long, qu'on hissera sur le bateau dans 15 jours. Oui, dans 15 jours. Il faut vivre dans ce *container* pendant 15 jours.

« Un matin, ils ont soulevé le *container* et l'ont embarqué. C'était un équipage russe. La traversée a commencé. On savait que s'ils nous trouvaient, ils préféreraient nous jeter à la mer plutôt que payer aux autorités canadiennes les amendes pour passagers clandestins, alors on ne bougeait pas, on attendait l'arrivée. On priait.

Mais il y a eu soudainement la tempête. Comme notre *container* était à l'arrière du bateau et n'était pas bien attaché, je l'entendais grincer et bouger avec les vagues. Je nous voyais déjà tomber du bateau, couler dans notre *container* entre l'Europe et le Canada. J'ai décidé que c'était trop dangereux. Il fallait sortir. Peut-être qu'ils nous tueraient. Mais j'en tuerais avant. Je pensais : celui qui voudra me tuer, je lui mordrai la gorge comme un chien, et je l'entraînerai avec moi. »

Ils sortent un à un et, par bonheur dirait-on s'il ne s'agissait pas d'humanité, on les épargne ; les Russes les remettent aux autorités canadiennes qui les menottent. Cela leur semble des gants de velours. On les nourrit, on les loge. Ils demandent l'asile politique. Un avocat s'occupe de Virgil. Il lui faut ensuite travailler pendant deux ans pour payer des honoraires de vingt-cinq mille dollars. Aujourd'hui il a tout payé. Il est libre. Il est plombier. Il est canadien. Il m'a appris ce qu'émigrer veut dire.

Leçon de survie

> En 2012, la provenance (le pays dans lequel ils auraient été persécutés) des **réfugiés politiques** au Canada était, par ordre d'importance:

1. La Hongrie

2. La Chine

3. La Croatie

4. Le Pakistan

5. La Corée du Sud

> À la fin janvier 2017, le Canada avait accueilli **40 000 réfugiés syriens**. Le Québec en a accepté près de 10 000.

 Prémonition?

*Selon l'Agence des services frontaliers du Canada, les demandes d'asile au Canada ont **augmenté de 882 %** entre janvier 2014 et janvier 2016, alors que Donald Trump n'a été élu qu'en novembre 2016.*

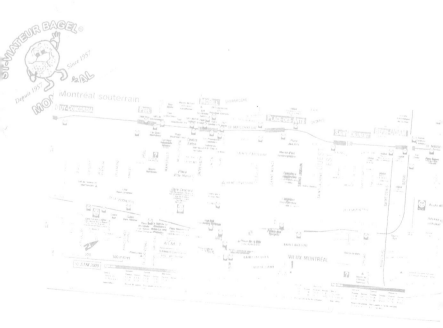

Engagez-vous
qu'ils disaient :
la vérité sur l'immigration

Fraîchement débarqué...

À Christine

Tout Européen a l'intime certitude qu'il est attendu en Amérique du Nord pour donner aux indigènes diverses leçons sur la culture, l'amour et la manière de se tenir à table. C'est à peine, en fait, s'il ne s'étonne qu'on ne l'arrête à l'aéroport Trudeau pour lui demander : « D'où vous vient cette exquise démarche ? » Chacun, d'ailleurs, selon sa nationalité : le Français vient apprendre au monde comment devrait tourner le monde, le Suisse comment il devrait économiser et le Belge comment rester pratique. Bref, de Dorval, tout ce petit monde retombe de haut quand la question devient : « Comment gagne-t-on sa vie maintenant qu'on est résident permanent et que Maman est loin ? »

À vrai dire, la réponse à cette question est simplement : « Trouve-toi un(e) job » comme ont fait tous les émigrants depuis l'invention de l'âne, mais non : le Français demande s'il n'y aurait pas moyen d'être président de quelque chose, le Suisse s'il ne pourrait pas ouvrir un restaurant de fondue et le Belge songe à faire des gaufres. Seulement, on leur réclame aussitôt des références. Des références ? Mais, mon brave, en voici : mon oncle présidait l'automobile-club, ma tante était serveuse et mon père a lui-même inventé la gaufre.

Nous montrons nos diplômes, nos CV, nos recommandations pour nous apercevoir au bout du compte des refus, qu'on nous demandait en réalité une expérience québécoise. Quoi? Qu'entends-je? Nous venons tout vous donner, partager avec vous ce que la civilisation post-méso-potamienne a fait de mieux en trois millénaires d'existence alors que vous n'en avez pas un, et vous venez nous demander une expérience *québécoise*? Mais quand Einstein a émigré aux États-Unis, lui a-t-on demandé sa calculette?

Il y en a que cela noie dans la Labatt (qui est belge). En regardant le fond de leur verre, qu'ils font subitement rimer avec hi-ver, ils se demandent ce qu'ils sont venus faire ici. Il fait froid, les Québécois ont l'accent québécois et finalement il y avait quelqu'un en Europe avec qui ils auraient pu vivre une grande histoire d'amour. Tout ça à cause de quoi? À cause de qui sont-ils ici en train de se dessé-cher alors qu'une splendide blonde, qu'un demi-dieu à moitié nu, les attend à Paris, Bruxelles ou Genève, les lèvres humides de désir? À cause d'Immigration Canada. Oui, ce sont eux qui les ont forcés à venir près du cinquantième parallèle alors qu'ils allaient enfin explo-ser professionnellement, construire un foyer avec quelqu'un aux lèvres humides de désir, réussir leur vie et mériter ce qu'ils valent. À cause d'eux que maintenant ils sont dans le Grand Nord à boire une bière qui n'est même pas faite en Belgique, tout en devant calculer combien font 15 % de taxes sur 5 pintes. Ces gens sont des escrocs, des dangereux, des irresponsables. Et ces fiers descendants de Jacques Cartier n'ont qu'un mot pour conclure : «Garçon, un billet pour Paris!»

Leçon de survie

Le Canada accueille une moyenne de 235 000 immigrants par an. S'ils ache-taient tous ce guide, ce serait super. Au Québec, le **nombre annuel moyen d'immigrants** oscille autour de 52 000 personnes.

On compte environ **110 000 Français** au Québec et 150 000 dans l'ensemble du Canada.

Sans vouloir jouer à Mme Soleil, je peux vous dire que, si vous êtes arrivé récemment, il y a 18,6 % de chances

Une année record

Le Canada a accueilli un peu plus de 320 000 immigrants durant l'année 2015-2016. En moyenne, il en reçoit plutôt 235 000 par an.

que vous veniez plutôt du **Maroc** ou d'**Algérie**, et exactement 10 % de probabilité que vous soyez né en France. Vous êtes sans doute âgé de 25 à 34 ans, vous avez décidé de vous installer à Montréal dans 70 % des cas, à part 110 valeureux qui ont décidé d'habiter en Abitibi et 820 poètes qui ne savaient pas où aller.

Près de **70 %** des **Français** immigrés s'installent à Montréal (**10 %** à Québec). Ils sont en majorité des hommes (71 %) de 32 ans et diplômés universitaires. Ils attendent 8 semaines avant de trouver leur premier emploi, mais 45 % estiment que celui-ci ne correspond pas à leur niveau de formation.

Le Québec est ainsi **la plus grande communauté française** installée hors Union européenne. Il y a d'ailleurs autant d'étudiants français au Québec qu'aux États-Unis.

Il y a des chances que les immigrants français soient **divorcés** car, selon les psychologues, peu de couples résistent à l'immigration. Soit parce qu'elle entraîne l'isolement, soit parce que les couples ont émigré à cause des problèmes qu'ils avaient

dans leur couple, soit les deux, enfin bref, à la fin, l'objet de ce guide n'est pas de mentionner toutes les causes du divorce.

Il faut à peu près **un an** pour être reçu résident permanent. Il en coûte au moins **2 500 $**.

La plupart des **avocats** sérieux recommandent de se passer d'eux pour les cas d'immigration non problématiques (pas de casier judiciaire, pas de maladie grave).

La plupart des immigrés sérieux recommandent de se passer de **conseillers en immigration** et spécialement de ceux qui se disent honorés de vous demander seulement 5 000 $ pour vous aider. Se méfier particulièrement des agences qui ont des tas de noms et d'adresses différents… mais le même numéro de téléphone.

Aucun conseiller en immigration ne recommande de se passer de lui.

Certains immigrés disent : « La première année c'est l'euphorie, la deuxième la débâcle et la troisième la conclusion : on reste ou on repart. »

Le **Programme d'aide à l'intégration des immigrants** et des

 L'ARM à l'œil

En octobre 2008, Sarkozy a embrassé le premier ministre québécois Jean Charest à la suite de la signature d'une entente sur la reconnaissance des qualifications professionnelles de certains métiers et professions. Si vous pratiquez par exemple le métier injustement incompris de solier-moquettiste, appelé au Québec poseur de revêtements souples, vous bénéficiez déjà d'un ARM (Arrangement en vue de la Reconnaissance Mutuelle des qualifications) qui va vous faciliter la vie au Québec. De plus en plus de professions faisant l'objet d'ARM, renseignez-vous au www.consulfrance-quebec.org.

ARRÊT STOP *Une bonne nouvelle, vous n'avez peut-être pas besoin d'un certificat en techniques jardinesques pour avoir le droit de balayer les feuilles de la voisine. La reconnaissance des acquis et des compétences (RAC) permet de faire reconnaître vos compétences de manière officielle. La démarche, un peu longuette, finit par la délivrance d'une attestation officielle ayant valeur de diplôme. S'il vous manque l'une ou l'autre connaissance, une formation complémentaire est proposée* (www. reconnaissancedesacquis.ca).

minorités visibles en emploi (PRIIME) vise à soutenir le recrutement et l'intégration au marché du travail de personnes qui n'ont pas d'expérience de travail en Amérique du Nord (Canada ou États-Unis) dans leur domaine de compétence. Il peut s'agir :

> soit de personnes immigrantes ayant obtenu la résidence permanente depuis moins de cinq ans;

> soit de personnes appartenant à une minorité visible, qu'elles soient nées au Canada ou à l'étranger.

L'aide apportée consiste essentiellement en un soutien salarial. Pour vous informer, adressez-vous à un Centre local d'emploi (CLE).

Selon un démographe de l'INRS, **20 %** des immigrants français retournent en France après deux ans et demi, **33 %** ne seront plus là après 5 ou 6 ans et **50 %** seront partis après 8 ans.

6 désillusions qui vous éviteront 1 000 surprises

1. Vous vous amuserez, vous apprendrez beaucoup de choses, vous vivrez certainement des expériences mémorables. Mais **vous ne vous intégrerez jamais complètement** dans la société québécoise. Il en est pratiquement toujours ainsi des immigrants. Il faut attendre la deuxième génération.

2. **Ne comptez pas sur votre diplôme :** votre diplôme étranger ne vous avantagera pas. Dans bien des cas, il ne sera pas reconnu ou ne le sera que partiellement et l'on vous conseillera de retourner à l'école. Allez néanmoins au *www.formulaire.gouv.qc.ca* et tapez « évaluation comparative » dans l'outil de recherche pour obtenir une idée de ce que vaut ici votre diplôme. Toujours utile à montrer à un employeur...

3. **Ne comptez pas sur la demande :** la profession que vous exercez est peut-être recherchée, mais vous, pas forcément. Une cinquantaine d'**ordres professionnels** régissent l'accès à des métiers aussi variés que, par ordre alphabétique, acupuncteur, agronome, architecte, arpenteur-géomètre, audioprothésiste, avocat, chimiste,

chiropraticien, comptable agréé, dentiste, denturologiste, géologue, huissier de justice, infirmière et infirmier, ingénieur, ingénieur forestier, médecin, médecin vétérinaire, notaire, opticien d'ordonnances, optométriste, pharmacien, podiatre (c'est une sorte de pédicure-podologue), sage-femme ou technologue en radiologie. Oubliez les forêts et les lacs, découvrez les formulaires et les Bics. Plus d'infos au *www.professions-quebec.org.*

4. **Vous serez surqualifié :** 42 % des travailleurs immigrants de 25 à 54 ans avaient en 2009 un niveau de scolarité plus élevé que les exigences normales de leur poste (contre 28 % des travailleurs nés au Canada).

5. **Vous gagnerez moins d'argent** que vous ne le croyez : selon toutes les statistiques, les immigrants en possession d'un diplôme universitaire gagnent en moyenne moins que leurs homologues nés au Canada.

6. De 2015 à 2016, le **taux de chômage** chez les immigrants est passé de 10,7 % à 9,8 %. Chez les immigrants originaires du Maghreb (les plus touchés par le chômage), il serait de 11,5 %.

Amenez-les

Votre chat : la procédure pour amener un chat ou un chien au Canada :

> Posséder un certificat de bonne santé datant de moins de 10 jours établi par un vétérinaire.

> Avoir fait vacciner son chat contre le thypus et le choléra et prouver que les rappels ont été faits. Il faut également que le chat ait été vacciné contre la rage plus de 30 jours avant l'arrivée sur le sol canadien.

> Ces documents doivent être contresignés par la Direction Départementale des Services Vétérinaires.

> Payer 35 $ à la douane.

Un cochon d'Inde : le cochon d'Inde n'est pas soumis au Règlement sur la santé des animaux, il ne faut donc aucune autorisation particulière. C'est un rapatriement puisque ce mammifère provient d'Amérique, l'Inde n'a rien à voir là-dedans. *Idem* pour la dinde (autrefois appelée poule d'Inde).

Du fromage : l'importation est autorisée sauf si le fromage est présenté dans du lactosérum. Compte tenu du prix local des fromages étrangers ou nationaux, c'est toujours une bonne idée d'en apporter.

Des affaires personnelles : les immigrants peuvent apporter leurs affaires personnelles pour autant qu'ils prouvent qu'ils en sont propriétaires et en ont eu la possession et l'usage avant d'arriver au Canada. Dans ce cas, on ne paie pas de droits de douane. On peut donc emporter un aéronef privé, des instruments de musique, des collections de timbres, des appareils ménagers, ou des bateaux, ceux-ci étant classés comme «effets personnels et mobiliers» par l'Agence des services frontaliers du Canada. Profitez-en pour prendre ce qui n'existe pas ici: une **perforatrice à deux trous**, du **champagne** (très apprécié par les indigènes car impayable), des **boules Quiès** (inconnues au Canada), votre **microscope** (pour lire les contrats d'abonnement de cellulaires) et **une deuxième paire de lunettes**, car si vous perdez la première ici, vous perdrez aussi votre culotte.

Apportez également vos **documents scolaires** (diplômes) et des **lettres d'employeurs** avec la date et la durée de vos emplois ainsi que la description des tâches effectuées et les responsabilités assumées. Ça peut servir pour la reconnaissance des acquis.

Service d'information sur la frontière (SIF): *204-983-3500 ou 1-800-461-9999* (24h/24).

Pages personnelles traitant de l'immigration au Québec

- › **www.immigrer.com**

- › À Montréal, depuis le 16 août 2009 : **http://marieetfrank.blogspot.com**.

- › Laure Juilliard a carrément un joli site sur ses découvertes multiples : **www.uneparisienneamontreal. com**.

- › **http://ou-trouver-a-montreal. ca :** également européen, est tenu par des immigrants et s'adresse

spécialement à ceux qui s'installent ici.

- › **www.bichecarlotta.com :** les aventures de Charlotte à Montréal.

- › **http://cetomontreal.com :** Cindy (de Nice) et Olivier (de Toulouse).

- › **http://poutineettartiflette. blogspot.ca :** Célia et Yann, venus des Alpes pour faire des études comparatives sur le fromage quand il est fondu.

Cinq conseils pour rédiger un CV à la québécoise

- › pas de **photo**;

- › pas d'indication de votre **âge** ou date de naissance;

- › pas d'exposé de votre **situation maritale**;

- › pas de détails sur votre **situation militaire**, ils s'en foutent;

- › ajouter une feuille avec toutes les personnes à contacter pour prouver vos **références** (numéros de téléphone, adresses e-mail).

Et six autres pour l'entrevue d'embauche

- › arriver **trop tôt**;

- › généralement en **tenue** plutôt décontractée;

> ne pas employer **tabarnak** et **ostie** dans le but de se faire passer pour un Québécois;

> préparer la réponse à la **question** : pourquoi avoir immigré? (vous aimez les défis);

> et : où vous voyez-vous dans **trois ans**? (à votre place);

> ils ne veulent pas **savoir** si nous **savons** mais si nous **savons faire**. Si vous voulez savoir comment ils font eux : www.ratemyemployer.ca.

Ils vous aideront

(recherches d'emploi, informations juridiques, etc.)

> **Union française** (429 rue Viger E., 514-845-5195, www.unionfrancaisedemontreal.org).

> **Union francophone des Belges à l'étranger** (www.ufbe.be).

> **La Maisonnée** (6865 av. Christophe-Colomb, 514-271-3533, www.lamaisonnee.org).

> **Hirondelle :** organisme d'aide aux nouveaux arrivants (4652 rue Jeanne-Mance, 2e étage et 3e étage, 514-281-5696 ou 514-281-2038, www.hirondelle.qc.ca).

> **Centre des femmes de Montréal** (3585 rue St-Urbain, 514-842-6652 ou 514-842-1066, http://centredesfemmesdemtl.org).

> **Diversité Artistique Montréal :** le DAM a pour mission de promouvoir la présence des artistes de la diversité cultu-relle dans le paysage artistique montréalais (3680 rue Jeanne-Mance, bureau 310b, 514-280-3581, www.diversiteartistique.org).

> **Immigrant Québec :** organisa-teur du Salon de l'immigration et de l'intégration au Québec (www.immigrantquebec.com).

> **Montréal Accueil** (www.montrealaccueil.com).

> **OFII :** Office français de l'immigra-tion et de l'intégration (les Cours Mont-Royal, 1550 rue Metcalfe, 514-987-1756).

> **CSAI :** Centre social d'aide aux immigrants (6201 rue Laurendeau, 514-932-2953).

> **Ministère de l'Immigration, de la Diversité et de l'Inclu-sion (MIDI** (c'est nous) (édifice Gérald-Godin, 360 rue McGill, 514-864-9191, www.immigration-quebec.gouv.qc.ca).

> **Vision Diversité** a pour objectif de mettre de l'avant le métissage humain et artistique du Québec. Produit et diffuse des artistes de la diversité (http://visiondiversite.com).

> **DeGama** est une coopérative de solidarité destinée à accompagner votre immigration toute fraîche ou légèrement déconcertée. Beaucoup de ressources et d'enthousiasme dans cette équipe (www.degama.ca).

Sur le Net

> *www.jobboom.com*

> *www.monster.ca/fr*

> *www.workopolis.com*

Terroir

Fraîchement débarqué...

À Mathilde

Mon grand-oncle, retraité de la « Royale », c'est-à-dire de la marine française, refusait toujours le fromage, au désespoir de sa servante. Les invités s'extasiaient, mais lui, n'en voulait plus. « On a tué le camembert », affirmait-il avec un air désespéré, en regardant les prés de son château de Touraine. Il trouvait, dans les années 1970, que le camembert n'avait plus de goût : qu'aurait-il dit aujourd'hui?

Que c'est nous qui n'avons plus de goût... Juste ciel! Comment peut-on appeler « fromages » ces pâtes blanchâtres qui ont toutes une saveur égale, c'est-à-dire nulle, quel que soit le nom qu'on leur donne. Quel est exactement le goût de la mozzarella? Du cheddar? Du brie? De je ne sais quelle pâte des Moines qu'aucun moine n'a jamais effleurée? Ces fromages sont si réglementés, légiférés, décrétés qu'ils n'ont plus aucune constitution et qu'ils n'ont plus même d'odeur. Leur différence se limite à leur forme. Ils ont beau se présenter comme « le fromage de chez nous », ils sont de nulle part parce qu'ils doivent être consommés partout.

On dirait que les Américains, qui ont fait de leur absence de goût la norme de la planète, ont imposé à tout fromage cet ordre qu'ils donnent à leurs femmes : soyez belles mais soyez *clean*. Comme ils voulaient manger ailleurs ce qu'ils mangeaient chez eux, ils ont décidé que le fromage était de la moisissure, et le McDonald excellent pour la santé.

Les fromages sont, certes, les premières victimes de cette domination du goût par les incultes. Mais les tomates! Mais les pommes et les poires! Mais les salades, les pommes de terre! Elles sont belles et fades, on dirait qu'elles sont «siliconées»: oui, on dirait des Américaines. Comme on modifie maintenant le corps des femmes, parce qu'il rapporte plus d'argent quand il est plus beau, on change la saveur de mes poires: les mêmes causes donnant les mêmes résultats, leur chair est triste et utilitaire, à toutes deux. Et le beurre? Et le lait? Plus aucun de ces aliments n'a le goût de son nom. Quand je les vois dans les grands magasins, j'ai envie de crier à l'imposture car on me trompe. Ou d'écrire, sous une pomme: ceci n'est pas une pomme.

Que fait le Québec? Que fait ce pays dédié plus qu'aucun autre à la nature? Nous vend-il des produits «naturels»? J'aurais aimé. Mais il faut reconnaître que, pour la plupart, ses porcs sont aussi maltraités que des enfants asiatiques et ses fruits sont gonflés d'eau, j'allais dire de larmes. Il produit, comme tous les autres, il «crée des emplois» en détruisant sa culture. Il est tombé dans cette grande marmite internationale dont la cuisinière, voulant contenter le plus grand nombre, a ôté le piment parce qu'il déplaît aux «Caucasiens», la noix de muscade parce qu'elle ne plaît pas aux «Afro-Américains», le sel parce qu'il nuit aux cardiaques et le goût parce qu'il pourrait alimenter des procès.

À côté, il y a ce Québec qui se bat pour ses fraises au goût de fraise, ses pommes moins rouges mais plus goûteuses, ses produits biologiques. C'est la lutte entre la culture et l'argent. Qui va gagner? En général, c'est l'argent. Les commerçants prétendent qu'ils offriraient de tels produits en masse s'il y avait une demande. Je les crois volontiers, ils sont toujours prêts à vendre plus. Mais comment pourrait-on demander un produit qu'on ne connaît pas, je veux dire une poire qui a le goût d'une poire? Enfant, on m'avait appris à reconnaître une poire Williams d'une Bon-Chrétien: si j'en voulais chez Provigo, on croirait que je me moque d'un homme politique.

En France, certains enfants, à qui l'on avait demandé de dessiner un poisson, dessinaient un bâtonnet de morue surgelé. En 1996, Ottawa a voulu interdire le fromage au lait cru, mais le Québec l'en a empêché. Bravo à tous! Mon Dieu! Si le Québec ne s'élève pas contre les États-Unis, qui le fera, en Europe? La francophonie est peut-être une affaire de langue: mais avant tout, c'est une affaire de goût.

Leçon de survie

Les **pommes** vendues dans les grandes surfaces sont «cirées» pour paraître plus brillantes.

Le Québec est à la pointe des **biotechnologies**. Une société québécoise a réussi à introduire des gènes d'araignée dans des moutons pour qu'ils produisent dans leur lait de grandes quantités de toile d'araignée. Ceci permettra de fabriquer des emballages du type plastique en lait de mouton élastique que l'on pourra manger. On a également propagé des gènes de flétan dans les tomates pour leur permettre de résister au gel.

Il existe plus de deux cents **fromages** fabriqués au Québec (pas tous avec du mouton). En juillet 2005, la fromagerie Boivin, qui fait vieillir le cheddar dans les eaux du fjord du Saguenay, a perdu ses barils, emportés par les courants. Il semble qu'ils aient attiré les requins du Groenland puisqu'on en a pêché un de 230 kilos dans les eaux du fleuve.

Jean Soulard (l'un des chefs les plus réputés du Québec) déclare, quoique français, qu'il achète tous ses produits au Québec (y compris les fromages).

Pour vous y retrouver: tableau de Mansiondeïev de la correspondance des fromages

Québec	France
Saint-Basile de Portneuf	Livarot Fermier
Migneron de Charlevoix	Port-Salut
Lechevalier Mailloux	Maroilles Fermier
Mi-Carême	Camembert Antignac

Les producteurs canadiens de fromage pouvaient fabriquer et commercialiser de l'emmental, du reblochon, de la tomme des Pyrénées ou du chevrotin avant l'entrée en vigueur de l'**accord CETA**. Seules les violations d'appellations protégées les plus flagrantes étaient en effet interdites. Le CETA a mis théoriquement fin à cette imposture en protégeant 145 appellations.

Cuisine Voisine (*www.cooksfromhome. com/fr*) est à la nourriture ce qu'est Airbnb à l'hôtel. Vous repérez ce que vos voisins mijotent et vous le leur achetez.

Le gouvernement fédéral a refusé d'imposer l'étiquetage des produits contenant des **OGM**.

Le gouvernement fédéral n'a jamais imposé d'appellation stricte sur les conditions d'élevage du poulet (car les éleveurs sont une espèce très protégée dans le monde). Tout ce qui est écrit sur l'emballage relève de la publicité plus que de la chimie. C'est ainsi qu'on peut trouver des « arômes naturels issus de concentrés artificiels ».

Le **poulet Chantecler** est le seul poulet vraiment québécois. Créé grâce à de nombreux croisements entre diverses espèces pendant 13 ans par un trappiste d'Oka, il résiste aux grands froids. Le mâle est chanteur, les femelles sont pondeuses et rôtissables, c'est-à-dire pour parler tristement, à double fonction. Le 10 août 1921 fut une grande date pour cette volaille qui fut admise au « Standard of Perfection » de l'American Poultry Association, l'équivalent du « Walk of Fame » pour les poulets. Néanmoins, l'industrialisation demande aux poules de développer rapidement de grosses poitrines, parties préférées des consommateurs. Est-ce que ça vous fait penser à quelqu'un? Chantecler a été reconnu par l'Assemblée nationale du Québec comme l'une des races animales du « patrimoine agricole du Québec ». Mais rien n'y fait, les gens préfèrent Pamela Anderson.

Le **cheval canadien** est, selon ses thuriféraires, polyvalent, rustique, frugal, résistant, d'une endurance proverbiale et d'une robustesse légendaire, car il peut rester dehors toute l'année. Il descend en droite ligne, dit-on, des haras de Louis XIV (*www.chevalcanadien.org*).

ARRÊT STOP *À leur arrivée au Québec, les Italiens n'ont pas trouvé les tomates, poivrons et brocolis qu'ils cherchaient. Ils ont donc décidé de les faire pousser dans les ruelles, et c'est à eux que l'on doit les potagers urbains. Si vous voulez en louer un, la Ville de Montréal en propose pour 20 $ la saison. Composez le 311 et appelez ça un **jardinet**.*

Le **poisson** n'est pas plus sûr que les cochons. **Frankenfish** a été mis au point par des chercheurs de l'Université de Toronto et de la Memorial University of Newfoundland. C'est un saumon transgénique : un peu du saumon royal de l'océan Pacifique, un peu de l'anguille. L'avantage? L'anguille grandit tout au long de l'année, alors que le saumon normal, ce crétin, cesse de grandir pendant la saison froide. Résultat : Frankenfish devient adulte en deux fois moins de temps et peut aboutir dans votre assiette après demain. Les environnementalistes s'inquiètent, et plus d'un million de consommateurs ont signé une pétition sur *Avaaz.org* pour s'y opposer. Moi aussi.

Le « **panier bio** » relie les citoyens aux fermes biologiques. Chaque semaine, les fermes participantes livrent leurs paniers de légumes à un point de chute dans votre quartier qu'on appelle le « Fermier de famille ». Équiterre, qui gère ce système, affirme que 15 000 personnes ont été ainsi approvisionnées en produits bios (légumes, viande, miel, etc.) Le principe est simple : on s'engage à acheter pour un certain montant dans les six prochains mois et on paie immédiatement une cotisation. Il ne reste plus qu'à attendre son panier *(www.equiterre.org ou 514-522-2000)*.

Le **Tortillard gourmand** est un minibus n'ayant rien à voir avec la STM qui emmène les visiteurs à la rencontre de producteurs agricoles et viticoles, avec dégustation sur place *(514-973-7383, www.tortillardgourmand.com)*.

On peut se procurer des semences naturelles, non traitées et particulièrement adaptées au climat, au **Semencier du patrimoine** *(www.semences.ca)*. Sous l'influence des marchands et de la concentration des semences, nombre d'espèces acclimatées ont en effet disparu, ou sont en passe de disparaître. La **pomme Alexandre**, importée de Russie autrefois, a ainsi été pratiquement éliminée alors qu'elle résistait particulièrement bien aux maladies. Le « **melon de Montréal** », réputé pour la finesse de ses parfums et dont j'ai fait pousser un exemplaire à Laval, autrefois consommé jusqu'à New York, est passé près de l'extinction. La « **reinette grise de Montréal** », le **haricot Soldat de Beauce**,

la **prune de Damas** (venue des Croisades), le **maïs de Gaspé** et la **carotte Sainte-Valérie** figurent parmi les espèces menacées.

Vous pouvez pratiquer **l'autocueillette près de Montréal**, notamment de **citrouilles**, **pommes**, **tomates**, **courges** et **fraises**, à 10 min du pont-tunnel Louis-Hippolyte-La Fontaine, au **Verger de la Savane** *(www.marchefruitlegumesmontreal.com)*.

Le Maître Gourmet est une boucherie bio bien connue à Montréal *(1520 av. Laurier E., 514-524-2044)*.

La viande fumée traditionnelle « préparée avec notre recette secrète d'herbes et d'épices » se mange à la charcuterie hébraïque **Schwartz** *(3895 boul. St-Laurent)*. Il semble que le décor n'ait pas changé depuis la date de l'ouverture en 1931. C'est laid, froid et déprimant, mais on y fait la file depuis plus de 80 ans. Il doit y avoir une raison. Le sandwich de viande fumée coûte 9,60 $. On peut y rencontrer Céline Dion (on peut aussi la voir dans *Échos Vedettes, Allô Vedettes, Le Journal de Montréal, La Presse, 7 Jours, L'actualité…*).

Écologie

Fraîchement débarqué...

Je connais des gens qui ne peuvent voir un poulet sans penser à des frites, à un vol de canards sans saliver, et qui ne regardent les cochons qu'en respirant le parfum qu'ils dégageraient sur un barbecue. Tout animal, à leurs yeux, prend la forme de saucisse, de gigot ou de rosbif, bref ils n'aiment des animaux que leur goût.

Si vous aviez été québécois il y a 100 ans, vous auriez peut-être pensé pareil des arbres. Soit vous les auriez adorés pour le prix qu'ils représentent, soit vous les auriez détestés pour l'espace dont ils vous privent. Pris entre la souche à arracher pour se créer un lopin de terre et le tronc à abattre pour le vendre aux marchands, vous n'auriez vu dans les bois que des ennemis personnels ou la pitance quotidienne. Mais en aucun cas un arbre.

Donc des arbres, il en reste peu. Je parle des grands arbres centenaires, et des bois nobles comme le pin ou le chêne. Ils ont presque tous disparu sous différents prétextes. En quelques siècles, la plupart des géants de la forêt québécoise sont tombés des nues, eux qui se croyaient protégés par des millénaires tranquilles. La raison de leur disparition fait toujours trembler les trembles : on les a détruits parce qu'on les croyait immortels. Le mythe de l'abondance de la nature, écrit un historien de l'écologie québécoise, a hanté l'idéologie dominante et, en rasant des forêts entières, a préparé le terrain à l'appétit du gain, nourri par le grand air, qui guettait le sous-sol avec gourmandise.

Car, dans le nord du Québec, qui regorge d'or, de cuivre, de nickel, même de diamants, les produits toxiques utilisés par les mines ont causé des dégâts presque irréparables, des dettes écologiques monstrueuses qu'aucun gouvernement de l'époque n'a cru bon de soigner. Des générations de dorés et de truites ont été plombées. L'arsenic a remonté le ventre de milliers de poissons à la surface. Mère Nature arrangerait tout ça, pensait-on sans doute, comme une maman écolo après un pique-nique, tandis que les enfants jettent le plastique du jambon sur les marguerites.

Vous allez me dire que ce n'est pas drôle. Moi non plus. Le Québec et le Canada tout entier n'ont-ils pas un rôle mondial à jouer dans l'enseignement de l'amour de la nature? Un pays qui se ceint d'une feuille d'érable ne doit-il pas respect au végétal? Quand une province utilise un iris comme emblème, ne doit-elle pas ouvrir les yeux? S'il n'y a plus de nature sauvage, mais seulement des jardins protégés, des sentiers balisés, des voir-mais-pas-toucher, comment l'homme, ne pouvant plus se mesurer à la majesté naturelle, saura-t-il qui il est?

Au lieu d'enseigner à la télévision les méfaits de la pollution, la fin des ours blancs et la triste agonie des abeilles, pourquoi ne pas apprendre aux enfants l'émotion de la beauté, la tête tournée vers les étoiles et la nuque dans le parfum des épinettes? Ils en retireraient de la force, de l'espoir et ce regard habité de ceux qui ont contemplé la splendeur du monde. La véritable écologie n'est pas le refus de la pollution, ni le choix misérable d'un sac en matière recyclable. C'est la connaissance profonde de ce qu'apporte la nature à notre humanité intime.

L'une des dernières écoles où ce cours soit possible, c'est le Canada. Qu'attend le Québec pour ouvrir sa classe en plein air?

Leçon de survie

Montréal plus vert

Avant de devenir plus vert, Montréal pourrait facilement devenir **plus bleu** si l'on détruisait tous les immeubles industriels empêchant de voir le fleuve Saint-Laurent, spécialement le long de la rue Notre-Dame Est. On y planterait ensuite des érables, on aménagerait une longue promenade sous les arbres et on passerait ainsi du bleu au vert le long des feux rouges.

La Ville de Montréal a annoncé qu'elle planterait 300 000 arbres d'ici 2022 afin de faire passer l'**indice de canopée** de 20 à 25 % sur le territoire de l'île de Montréal.

Le **Centre d'écologie urbaine de Montréal** (*www.ecologieurbaine.net*) organise différentes activités (création d'îlots de fraîcheur, installation de toits verts, d'arbres et plantes grimpantes) et encourage l'agriculture urbaine sur votre balcon ou dans des jardins communautaires. En 2011, 25 000 agriculteurs (en herbe bien sûr) se sont prononcés en faveur de ce nouveau type de culture.

La **maison la plus écologique d'Amérique du Nord** est un duplex situé sur l'avenue du Parc, dans le quartier Mile-End de Montréal, selon le programme LEED (Leadership in Energy and Environmental Design).

Le **tri des ordures ménagères** n'est pas obligatoire, mais fortement conseillé. La Ville distribue des bacs verts en général beaucoup trop petits qu'il faut donc remplacer par de grands sacs transparents. Pour connaître le jour de collecte : **311**.

Veuillez **écrire sur la porte de votre frigo** ou apprendre par cœur pour la semaine prochaine que les papiers/cartons souillés ou gras, le papier ciré, les autocollants même ceux pour les mouvements écolos, la tapisserie, le papier photographique, le papier d'emballage métallisé, les enveloppes matelassées, les couches, le verre à boire, le verre plat (vitre, miroirs, etc.), les ampoules et fluorescents, le pyrex, la porcelaine, la céramique et la vaisselle (pièces entières ou fragments), les contenants de peinture, solvants, pesticides, aérosols, la ferraille, tuyaux, clous, vis, les casseroles, chaudrons, moules à muffins, appareils électroniques, électroménagers et petits appareils domestiques, les objets composés de plusieurs matières (jouets, outils, etc.), les sacs de céréales ou de craquelins (cirés), les sacs de chips dits ici croustilles, les enveloppes de friandises (gras), la pellicule extensible des emballages de pâtés, de viande et de fromage, de même que les toiles de piscine, auvents et abris Tempo, le polystyrène, les produits de soins de beauté et les tubes de dentifrice comme les tuyaux d'arrosage et les bottes ne sont **pas recyclables**.

Produits électroniques: les **électrobacs** accueillent à peu près tous les petits produits électroniques (téléphones cellulaires, lecteurs MP3, appareils photo numériques, GPS, tablettes, liseuses, câbles, cartouches d'encre, disques optiques, chargeurs). Ils effacent les données, remettent en état ce qui peut l'être et recyclent. Pour connaître l'emplacement des électrobacs : *www.electrobac.com*. Les magasins **Bureau en Gros** reprennent : les ordinateurs de bureau, les ordinateurs portatifs, les moniteurs, les imprimantes, les télécopieurs, les scanneurs, les périphériques (câbles, claviers, souris), les téléphones et les répondeurs, les appareils photo numériques et les cellulaires.

Recyc-Frigo offre un service de collecte gratuit à domicile, à condition que votre réfrigérateur ou votre congélateur ait 10 ans ou plus, qu'il soit toujours fonctionnel et branché et qu'il ait une dimension de 10 à 25 pieds cubes. Si vos appareils répondent à ces conditions, appelez au 1-877-493-7446 (FRIGO). Si

vous n'aviez aucune idée de ce qu'est un pied cube, c'est du passé : 1 pied cube = 0,028 316 846 592 mètre cube.

La **peinture** peut être recyclée grâce aux services d'Éco-peinture. Pour connaître le lieu de dépôt ou pour acheter de la peinture recyclée : *www.ecopeinture.ca*.

Les **huiles usées** sont récupérées dans les magasins Canadian Tire *(1-866-746-7287)*.

Le **vermicompostage** consiste à ordonner à un millier de vers de manger n'importe quel déchet de cuisine, y compris les restes de légumes et de fruits, le marc de café, les sachets de thé et les coquilles d'œufs (mais pas les féculents, la viande, les graisses, le frigo ni les cellulaires). Cela se fait à l'intérieur grâce à un kit que l'on se procure chez **La Ferme Pousse-Menu** *(514-486-2345, vermicompost@poussemenu.com)*.

Enfin, pour tout le reste, y compris les résidus dangereux, adressez-vous à l'**éco-centre** de votre quartier. Pour connaître l'adresse de l'écocentre le plus proche : ***311***.

Une idée pour le maire de Montréal : imiter le sac Goedzak hollandais. Il est transparent, ouvrable et refermable facilement. On y dépose tous les objets auxquels on voudrait donner une nouvelle vie. Les voisins ou les passants se servent au passage. Le plus beau recyclage, c'est encore le don, non?

Nature

Fraîchement débarqué...

À Nathalie

Si les Américains pouvaient mettre l'amour en boîte, ils l'achète-raient en France et le revendraient au Japon. En attendant, ils se proposent d'acheter l'eau de vos lacs. J'en ai vu un, l'autre jour, avec son hydravion posé quelques mètres derrière lui. Quand on lui demandait ce qu'il faisait là, il répondait simplement qu'il allait vider le lac, avec cet air d'évidence qu'ont les milliardaires devant les tâches impossibles.

Quand je dis vider le lac, je minimise car en même temps, il allait évidemment tuer quelques milliers de poissons, quelques millions d'insectes, perturber pour toujours un écosystème qui a peut-être vingt mille ans : détails que tout cela.

Bien entendu, la première question de notre Américain fut de savoir à qui s'adresser, car les milliardaires pensent que tout a un proprié-taire, attendu qu'ils sont eux-mêmes possédés par l'argent. C'était une bonne question. Chez qui faut-il sonner en effet pour négocier non pas le lac, mais son contenu ? Il me semble que les propriétaires naturels de cet espace sont ceux qui y habitent. Mais les poissons n'auraient jamais été d'accord et notre Américain aurait dû faire comme ses ancêtres avec les Indiens, exterminer les trois quarts et placer les autres en aquarium. Il aurait aussi pu s'adresser à Dieu, mais il préféra le premier ministre. Je m'imagine la surprise de ce dernier qui ne savait pas que c'était achetable. Mais il paraît qu'il réfléchit. Je ne savais pas que c'était réfléchissable. Il se demande, je suppose, si cette opération serait « créatrice d'emplois », car aujourd'hui on tuerait bien les vieux pour procurer aux jeunes l'emploi de les enterrer. Quoi qu'il en soit, si le Canada vend l'eau de ses lacs, je le quitte. On dira que cela ne fait rien ; mais je boycotterais l'Amérique aussi. On continuera que cela ne changera pas grand-chose; mais je le ferais quand même. J'irais dire à l'Europe, le Canada n'est plus, ses érables ont le goût du pétrole qu'on met dans les tronçonneuses pour les fendre, sa neige est carbonique et ses trappeurs sont morts; il n'y a plus de nature au Canada. Et les Européens diront : si le Canada n'a plus de nature, nous n'avons plus d'espoir, nous n'avons plus de poumons. Mais je leur répondrais : c'est bien pire. Quand le Canada n'aura plus de nature, c'est que les hommes n'auront plus de cœur.

Leçon de survie

L'eau

L'eau potable de Montréal vient du **fleuve Saint-Laurent** près des rapides de Lachine. Montréal produit quotidiennement **1 800 000 m³ d'eau**.

Il y a très peu de marques **d'eaux minérales**, comparativement à la France et peu d'eau gazeuse canadienne naturelle à part la **Montclair** qui appartient à Nestlé. On trouve évidemment du Perrier (hors de prix, comme partout ailleurs), mais peu de Badoit, de Spa, etc. Une des seules eaux québécoises indépendantes est la Saint-Justin, qui provient d'une source rachetée par un pédiatre pour ses bienfaits.

Les **lacs** occupent **16%** de la surface du Québec.

Il y a près d'un **demi-million** de **lacs** au Québec. Il y en a deux millions au Canada et assez d'eau pour submerger toute la superficie du pays sous plus de deux mètres.

L'eau d'**Amos**, en Abitibi-Témiscamingue, a été qualifiée d'eau la plus pure au monde (moins de 200 ppm de sels minéraux dissous et un pH de 7,1). Elle est embouteillée sous la marque Eska et est la propriété de la banque d'investissement Morgan Stanley à New York.

ARRÊT STOP

Que faire si vous rencontrez un OURS?

Foutez le camp (lentement).

Chantez.

Ne grimpez pas à un arbre.

*Si vous êtes néanmoins actuellement sur un arbre, appelez le **1-800-463-2191** (ligne ouverte 24 h/24).*

*S'il vous agresse, le gouvernement recommande de faire de grands gestes tout en gardant le contact visuel. Pour le téléphone du premier ministre : **411**. Ce s'ra pas long.*

Les animaux

Les Montréalais n'aiment pas trop les **écureuils** que les Européens adorent et que les trappeurs mangeaient. En 2006, Bruce Kert s'est vu infliger une amende de 75 $ pour avoir proposé une arachide à un écureuil, ce qui est complètement interdit par la Ville de Westmount. L'amende a monté ensuite à 455 $. Débouté en Cour suprême, il en a fait une chanson qu'il a mise sur YouTube («Squirrelgate»), et si vous voulez savoir si vous comprenez le québécois, profitez-en pour regarder l'extrait **«Jean-Luc Mongrain et les écureuils»**, une chronique déjantée comme je les aime.

Il y a pas mal de **putois** («mouffettes») autour de la ville. L'odeur d'un putois se sent à 500 mètres à la ronde et aucune douche, aucun savon ne l'enlève. La seule solution, si vous sentez le putois : prendre un bain de jus de tomate. Bizarre mais efficace.

On peut apercevoir à Montréal, pendant la nuit, des ratons-laveurs, des **coyotes**, des marmottes, des renards, des **orignaux** et des chevreuils. Comme je sais que vous ne me croyez pas, appelez gratuitement le ministère des Forêts, de la Faune et des Parcs pour vérifier : 1-844-523-6738.

Les **abeilles** ont réintégré Montréal en 2011 : deux ruches se trouvent notamment sur le toit d'un bâtiment de l'UQAM et sur le campus de l'Université McGill. Il paraît que leur miel est excellent.

Vous ne les connaissiez pas

Le **carcajou :** il ressemble à un ours de petite taille, mais on le considère comme l'animal le plus féroce du Québec.

L'ours de Kermode : il s'agit d'un ours noir blanc, c'est-à-dire un ours noir devenu blanc en raison d'un gène récessif. Il est souvent surnommé «ours esprit» par les Autochtones qui lui vouaient un culte. On en trouve en Colombie-Britannique.

Le lion des montagnes, ou couguar : sa présence est attestée au Québec. Si vous rencontrez un animal ressemblant à un lynx mais pourvu d'une queue, il s'agit d'un couguar.

Le pékan : une belette au visage pointu et aux oreilles arrondies, prédateur infatigable du porc-épic. Comment on fait pour assassiner un **porc-épic ?** Le pékan lui donne une gifle, ce qui le plaque sur le dos. Il le mord alors dans le ventre, qui est dépourvu de piquants...

Zébulon : c'est un zèbre croisé avec un âne (Miller Zoo, 20 route Hurley, Frampton, 418-479-2000, www.millerzoo.ca).

Heu-reux!

Fraîchement débarqué...

À Saber

Si le cinéma est utile, Denys Arcand est nécessaire. *Les Invasions barbares* ont montré à Cannes que la fréquentation d'un hôpital à Montréal transporte les malades à la fois en Bosnie et en Slovénie ou même en Turquie au lendemain d'un tremblement de terre, mais beaucoup plus lentement vers un médecin. Une telle description a dû retenir beaucoup de touristes de venir skier au mont Tremblant et, peut-être, encourager certains ministres à engager du personnel.

Rien n'est moins sûr cependant.

En effet, les Québécois s'avèrent extrêmement contents de leur système de santé: ils ne doivent attendre en moyenne que 8,5 semaines entre la visite et l'hospitalisation, contre le double en Saskatchewan, par exemple. Bien sûr, dans certaines spécialités moins urgentes (chirurgie de la cataracte par exemple), les délais peuvent sembler un peu plus longuets (jusqu'à 26 semaines), mais au fond les délais moyens sont un peu plus longs (7,2 semaines), voire un peu longuets (23,9 semaines pour l'ophtalmologie), mais au fond, on attend autant pour parler à un être humain quand on appelle Bell ou Rogers. D'ailleurs aux urgences, c'est beaucoup moins long: en moyenne, en 2016, les malades québécois passaient 15,7 heures sur une civière dans les couloirs avant d'obtenir une chambre d'hôpital, ce qui a fait dire à la porte-parole du ministère: *«Il faut remonter à 2006-2007 pour obtenir une telle performance.»* C'est carrément génial. Ce qui ajoute à leur bonheur et les réjouit de manière indicible est en outre que les médecins, qui ne se déplacent jamais à domicile, acceptent de le faire quand le malade est mourant et qu'une femme enceinte n'attend jamais plus de neuf mois avant de voir un médecin.

Donc, pourquoi les ministres changeraient-ils quelque chose, je vous le demande?

« Une seule raison explique la situation aberrante devant laquelle nous nous trouvons », avait affirmé Gilles Duceppe, ancien chef du Bloc québécois, *« et c'est l'attitude bêtement corporatiste de certaines institutions professionnelles, comme le Collège des médecins »*.

Leçon de survie

L'assurance maladie

(«carte Soleil») couvre tous les Québécois, y compris les résidents permanents, et donne accès à la gratuité des soins de santé. Et en plus elle parle: **Carte Parlante** 24h/24 *(514-864-3411)*.

En plus, il existe un numéro de téléphone pour se plaindre: **Commissaire aux plaintes des personnes assurées** *(1-888-899-2121)*.

Les **soins dentaires** et la **psychanalyse** ne sont pas couverts par l'assurance. Si votre rage de dents vient justement de votre mère qui vous traumatisait en vous forçant à manger des pommes, désolé, mais il n'y a rien à faire au Québec.

Les médicaments ne sont

pas couverts par la «carte Soleil». Quoi? Il faut payer les médicaments icitte? Non plus, il y a une sorte de mutuelle, c'est très compliqué, mais finalement c'est quasiment comme en Europe: on ne paie qu'une partie du prix.

Pour bénéficier d'une **chambre privée** dans un hôpital, il faut payer ou prendre une assurance particulière.

La plupart des Européens hospitalisés au Québec s'étonnent de l'extrême générosité et de la gentillesse du **personnel**, relativement à l'Europe.

Quand vous êtes malade

Statistiquement, **vous avez donc plus de chance de rencontrer un médecin** (qui ne peut pas exercer) **dans un taxi** ou une voiture Uber que dans une salle d'urgence.

Adressez-vous au **Centre local de services communautaires (CLSC)** de votre quartier (bobos bénins) ou à «l'urgence» de la clinique la plus proche avec votre

ARRÊT STOP *Le Commissaire à la santé et au bien-être a déclaré dans un rapport de 2016 que les urgences québécoises représentent en temps d'attente **la pire performance au Canada** et dans l'ensemble des pays occidentaux ayant un niveau de vie comparable.*

«carte Soleil» et les œuvres complètes de Marcel Proust. Vous pouvez **trouver une consultation disponible** dans un rayon de 70 km de votre code postal sur *Bonjour-sante.ca*, mais ça vous coûtera 15 $.

Urgences dentaires : allez à l'hôpital.

Pharmacie 24 h/24
(promenade du Musée, 5122 ch. de la Côte-des-Neiges, 514-738-8464).

Ambulance *(911).*

Info-Santé
permet, en cas de problème non urgent, de joindre un professionnel de la santé *(811).*

Bon à savoir

L'**hôpital Royal Victoria** *(1025 av. des Pins O.)* a abrité l'Institut psychiatrique Allan Memorial, qui a servi de centre d'expérimentation pour un **programme secret de la CIA**. Il s'agissait d'injecter à des malades mentaux du LSD et des doses massives d'électrochocs. La CIA avait suggéré au médecin-chef de pratiquer les expériences les plus dangereuses sur des ressortissants étrangers. L'hôpital a fermé en 2015 et ses soins sont maintenant dispensés au Centre universitaire de santé McGill *(1001 boul. Décarie).*

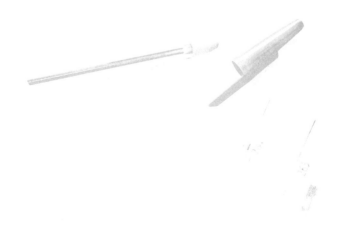

Culture

Fraîchement débarqué...

À Sophie

Les Français qui séjournent 15 jours au Québec reviennent à Paris en chantant qu'ils ont découvert la France en Amérique; ceux qui le visitent plus longtemps affirment que c'est l'Amérique en France : mais ceux qui y restent trois mois n'y voient que l'Amérique en français. À la vérité, en effet, le Canada français est moins éloigné de la France que sa culture de la culture française. Et comme plusieurs l'ont constaté, le constatent ou le constateront dans un couple : on peut parler la même langue et rester étrangers l'un à l'autre.

La culture française, dans son essence, tend tout entière vers la délicatesse, mais n'atteint parfois que le superficiel et l'éthéré. Le Québec fait l'inverse : la France cultive l'aérien, mais le Québec le solide. La France travaille la forme, le Québec s'occupe du fond : aussi les Québécois pensent des Français qu'ils font de grandes phrases pour ne rien dire et les Français, qui y mettent du style, appellent les Québécois des paysans munis d'une carte de crédit. Quoi qu'il en soit de ces injures transatlantiques, le Québécois veut des résultats, non des discours. La France donne les meilleurs parfums, les plus grands stylistes, le savoir-vivre, l'art des bons mots : le Québec est le troisième producteur d'aluminium et l'un des plus gros fabricants d'électricité au monde. Bref, le Français adore les idées, et le Québécois le métal. On dit que c'est un latin de Scandinavie, un syndicaliste individualiste, un séparatiste qui ne veut pas divorcer. Chacun exagère et moi aussi. Mais j'ai raison en ceci : c'est que si les Québécois donnaient à la France le goût d'aller au « boutte » des choses et de « pogner »; et si la France apportait au Québec l'art de paraître et l'art de vivre, dans une sorte de contre-offensive commune aux États, nous serions tous fiers d'être francophones, car nous aurions la culture la plus riche du monde.

Leçon de survie

Les journaux et les magazines

> **Le Journal de Montréal :** journal populaire à très gros tirage, très bon supplément week-end. Appartient au groupe Québecor.

> **La Presse :** appartient à Gesca, elle-même propriété de Power Corporation, laquelle est notamment actionnaire du Groupe Bruxelles Lambert qui détient des participations dans Total, GDF Suez, Suez Environnement et Pernod Ricard. Depuis 2016, seule l'édition du samedi est imprimée, le journal n'étant diffusé les autres jours que dans sa version numérique : *www.lapresse.ca*.

> **Le Devoir :** le seul journal n'appartenant pas à un conglomérat industriel. *Le Monde* en plus austère.

> **The Gazette :** le quotidien anglophone de Montréal.

> **L'actualité :** magazine sérieux, type *Nouvel Obs*.

> **Châtelaine :** type *Elle, avec moins de mode*.

> **7 Jours :** potins de star, genre *Voici*. Appartient à Québecor.

> **Échos Vedettes :** potins de stars. Appartient à Québecor.

> **Allô Vedettes :** potins de stars. Appartient à Québecor.

> **Clin d'œil :** potins de stars. Appartient à Québecor.

> **24 heures :** quotidien gratuit qui appartient à qui vous savez.

> **Voir :** c'est incroyable, mais ce magazine mensuel gratuit n'appartient pas à Québecor. Un scandale.

> **Métro :** quotidien gratuit distribué dans les stations de métro.

> **Protégez-vous :** magazine de protection du consommateur, très utile.

> **Québec Science :** excellent mensuel sur la science et la technologie pour tous.

> **Qui fait quoi :** magazine et annuaire des intervenants de l'industrie du spectacle.

> **L'Itinéraire :** vendu par les itinérants pour 3 $ (dont 1,50 $ qui leur revient). Ce bimensuel est intéressant, et les témoignages des itinérants toujours émouvants à lire. L'un des magazines les plus enrichissants du Québec dans tous les sens du terme.

> **Urbania :** rédigé par « d'audacieux anthropologues de la culture populaire et de la société », Urbania est à la fois un magazine, un site Web et un producteur audiovisuel *(www.urbania.ca)*.

Les théâtres et les salles de spectacle

> C'est un restaurant **Frite alors!** *(5405 9ᵉ Avenue)* qui finance le **Théâtre L'instant**, fondé par de grands comédiens belges *(7285 rue Chabot, 514-224-3612, http://theatrelinstant.com).*

> **Centre du Théâtre d'Aujourd'hui** *(3900 rue St-Denis, 514-282-3900, www.theatredaujourdhui.qc.ca).*

> **Théâtre Jean-Duceppe:** un des théâtres de référence à Montréal *(Place des Arts, 175 rue Ste-Catherine O., 514-842-2112, http://duceppe.com).*

> **Théâtre du Nouveau Monde:** institution montréalaise *(84 rue Ste-Catherine O., 514-866-8668, www.tnm.qc.ca).*

> **Théâtre du Rideau Vert:** *idem (4664 rue St-Denis, 514-844-1793, www.rideauvert.qc.ca).*

> **Théâtre de Quat'sous** *(100 av. des Pins, 514-845-7277, www.quatsous.com).*

> **Espace Go:** spécialisé dans le théâtre émergent *(4890 boul. St-Laurent, 514-845-4890, https://espacego.com).*

> **La Licorne** *(4559 av. Papineau, 514-523-2246, https://theatrelalicorne.com).*

ARRÊT STOP *Certains jours, les cinémas (mardi et mercredi) et les théâtres (jeudi) offrent une réduction.*

> **Théâtre Denise-Pelletier** *(4353 rue Ste-Catherine E., 514-253-8974, www.denise-pelletier.qc.ca).*

Le Quartier des spectacles: autour de la rue Sainte-Catherine et du boulevard Saint-Laurent, le Quartier des spectacles a remplacé le «Red Light», ancien lieu de jeu, de prostitution et de cabaret. Il réunit plus de 30 salles de spectacle et a l'ambition de devenir un pôle culturel international.

La Vitrine est un guichet unique — virtuel et physique — d'information, de promotion et de vente d'activités culturelles. On y trouve également des rabais intéressants *(2 rue Ste-Catherine E., 514-285-4545, www.lavitrine.com).*

Les bibliothèques

Chaque quartier possède sa bibliothèque municipale. L'accès comme l'emprunt y sont gratuits. La **Grande Bibliothèque** offre sur six étages une immense collection de livres, revues, films et enregistrements sonores, l'accès Internet sans fil gratuit et des outils de recherche sophistiqués: on y passerait la nuit, d'autant qu'elle est ouverte en soirée. Au deuxième étage, juste à droite en sortant de l'ascenseur, se trouve la «collection pour nouveaux arrivants», remplie d'ouvrages utiles dont celui-ci, faut-il le dire.

Ouverte tous les jours, sauf le lundi *(475 boul. De Maisonneuve E., 514-873-1100, www.banq.qc.ca)*.

Les cinémas

Il faut voir

Tous les films québécois produits après le 31 janvier 2006 doivent faire l'objet d'un dépôt légal auprès de la **Cinémathèque québécoise**, qui organise régulièrement des rétrospectives et des expositions *(335 boul. De Maisonneuve E., 514-842-9763, www.cinematheque.qc.ca)*.

Cinéma Imax : un écran de 21,5 m de hauteur sur 28,3 m de largeur *(Centre des sciences de Montréal, quai King-Edward, Vieux-Port, 514-496-4724 ou 877-496-4724, www.centredessciencesdemontreal.com)*.

Cinéma Cinéplex (maintenant connu sous l'épouvantable nom de **Cinéma Banque Scotia) :** 13 salles *(977 rue Ste-Catherine O., 514-842-0549)*.

Dollar Cinéma est au septième art ce que le Dollarama est à La Baie. Tout est à un dollar ou presque : le *pop-corn* et les «liqueurs» dont je ne dirai jamais assez qu'elles sont des boissons gazeuses. L'entrée coûte 2,50 $ *(6900 boul. Décarie, www.dollarcinema.ca)*.

Les **ciné-parcs** sont des cinémas en plein air, permettant de se frencher en regardant des films dans sa voiture, tout en mangeant un Mac avec maxi Pepsi. Le son est retransmis par la bande FM. Tout Québécois logique n'a pas besoin qu'on lui explique que les ciné-parcs ne sont ouverts que le soir, à cause de la lumière, et seulement en été, à cause de la chaleur.

Il existe des ciné-parcs un peu partout, habituellement à proximité des autoroutes. À Boucherville *(450-655-0692)*, à Saint-Hilaire *(450-467-0402)*, à Saint-Eustache *(450-472-1666)* ou à Saint-Nicolas, près de Québec *(418-831-0778)*.

Le **Cinéma du Parc** appartient à un cinéphile qui y diffuse du cinéma moins commercial *(3575 av. du Parc, 514-281-1900)*.

AMC Forum *(2313 rue Ste-Catherine O., 514-904-1277)*.

Quartier Latin : films en VF *(350 rue Emery, 514-849-2244)*.

Le **Cinéma Beaubien** est «une entreprise consciente du renouvellement du modèle de développement, qui n'a pas à satisfaire des actionnaires avides de rendements maximaux à court terme, qui peut plus naturellement inscrire ses stratégies de développement comme ses actions quotidiennes dans une perspective de développement durable; et qui offre une programmation en salle comprenant principalement des films tirés du répertoire d'auteurs et de primeurs, sans exclure le cinéma commercial québécois». Pour les nostalgiques des **salles de quartier** *(2396 rue Beaubien E., 514-721-6060)*.

On peut connaître la programmation de la plupart des cinémas de Montréal au ***www.cinemamontreal.com***.

Douteux.org s'est donné pour mission de «développer le réflexe du questionnement par rapport à la culture de masse et éliminer l'acceptation automatique des idées reçues» tout en offrant «des expériences de visionnement enrichissantes en présentant ce que les médias de masse ont de pire à offrir». Concrètement, les membres regardent des films stupides **en jetant divers objets sur l'écran**, en général le dimanche soir. Infos au *www.facebook.com/douteux.org*.

Les musées

Le dernier dimanche du mois de mai se déroule la **Journée des musées montréalais**, qui permet de visiter gratuitement 30 musées. On peut choisir entre le magnifique **Musée Dufresne-Nincheri** *(2929 av. Jeanne-d'Arc, 514-259-9201, www. chateaudufresne.com)*, qui offre une image de ce qu'était le luxe montréalais avant la crise de 1929, l'émouvant **Musée commémoratif de l'Holocauste de Montréal** *(5151 ch. de la Côte-Ste-Catherine, 514-345-2605, http://museeholocauste.ca)*, qui expose des objets personnels et les témoignages de survivants réfugiés à Montréal, le **Musée des beaux-arts de Montréal** *(1379-1380 rue Sherbrooke O., 514-285-2000, www.mbam.qc.ca)*, qui réussit parfaitement l'équilibre entre l'efficacité nord-américaine et le goût européen (la collection permanente contient le **bicorne** que portait **Napoléon** en 1812 lors de la campagne de Russie), et le **Musée des Hospitalières de l'Hôtel-Dieu de Montréal** *(201 av. des Pins O., 514-849-2919, http://museedeshospitalieres.qc.ca)*, qui présente 20 000 objets ou œuvres d'art liés à l'histoire de Montréal, etc. Infos au ***www.museesmontreal.org***.

Qui est qui au Québec?

La plus célèbre chanteuse avant **Céline Dion** était **Mary Travers**, dite **La Bolduc**. À part ça, les artistes peuvent être classés en deux catégories: les chanteuses (qui s'expriment puissamment) et les chanteurs (ils regardent par terre en jouant de la guitare). C'est ainsi que:

> **Vincent Vallières** regarde par terre en jouant de la guitare;

> **Marie-Hélène Thibert** s'exprime puissamment;

> **Nicola Ciccone** chante un peu plus fort que les autres;

> **Marie-Mai** chante moyennement fort;

> **Éric Lapointe:** une exception à la règle. Leur Johnny à eux. Chante très fort.

ARRÊT STOP *Une bonne nouvelle*: la participation aux danses folkloriques a vraiment chuté depuis 1980.

> **Dead Obies** rappent incompréhensiblement («*J'fais juste lever ma Pabst à toute mes dead-o-cats/ Staché dans tous les sous-sols du Québec/Mad respect 'fellas yes fais-le*»).

> **Marie-Chantal Toupin:** spécialité québécoise ne possédant aucun équivalent en Europe, et qui possède l'incroyable avantage de pouvoir faire rimer tous les verbes du premier groupe (en *er*) avec moé pis toé. Chante super-fort.

> **La Bottine Souriante**, **Navet Confit**, **Tricot Machine** et **Les Vulgaires Machins** sont des noms de groupe absolument normaux à Montréal.

> **Kevin Parent:** Maxime Le Cabrel Aufray. J'adore.

> **Patrick Normand:** une des plus belles voix du Québec.

> **Daniel Bélanger:** considéré comme une référence de la chanson québécoise.

> **Plume Latraverse:** un grand méconnu à l'écart des circuits commerciaux, dans la même lignée que **Richard Desjardins** le

Magnifique, l'un des plus grands artistes de la francophonie.

> La nouvelle génération d'artistes est notamment composée de **Safia Nolin**, et des **2Frères** du côté francophone et **Bears of Legend**, **Will Driving West**, **The Brooks** ou **Milk & Bone** du côté anglophone.

> L'écrivain de Montréal est **Michel Tremblay**. Le seul problème est qu'il n'écrit pas en «français international». On comprend rien pantoute, tabarnak!

> **Dany Laferrière** a obtenu le prix Médicis pour *L'énigme du retour* en 2009 et a été reçu à l'Académie française en 2015.

> **Marie-Nicole Lemieux**, lauréate du concours Reine Elizabeth, meilleur disque de l'année aux Victoires de la Musique classique 2005, est une contralto mondialement appréciée.

> Avec **Louis Lortie, Alain Lefèvre** est sans doute le plus grand pianiste classique du Québec. Il a remis en avant l'œuvre du compositeur montréalais **André Mathieu** (1929-1968), surnommé le «Mozart québécois».

> Le plus grand peintre de Montréal: **Jean Paul Riopelle**, décédé en 2002. Il faut aussi découvrir **Clarence Gagnon**, **Jean Paul Lemieux**, **Marc-Aurèle Fortin**... Le patrimoine pictural du

Québec est encore très méconnu. Pour un aperçu du talent des peintres et sculpteurs d'ici : **www.capsq.qc.ca**.

> La **Ligue d'improvisation de Montréal (LIM)** se donne en spectacle au Lion d'Or. Pour toute info : **www.citronlim.com**.

> Au début des années 1980, une troupe d'artistes déambule sur des échasses. Trente ans plus tard, ils nagent dans les millions, c'est ce qu'on appelle un double salto. Le **Cirque du Soleil** a été vendu en 2015 à un consortium américain, mais son siège social se trouve toujours à Montréal et emploie près de 4 000 personnes à travers le monde (*www.cirquedusoleil.com*).

> Plus de 3 millions de spectateurs à travers le monde ont vu un spectacle du **Cirque Éloize** (*www.cirque-eloize.com*) et plus de 2 millions ont admiré les 62 chevaux de **Cavalia** (*www.cavalia. net*).

> **Xavier Dolan** a commencé sa carrière à 4 ans dans des pubs pour Jean Coutu. Il a également tourné le clip *Hello* de la chanteuse Adèle dans les Cantons-de-l'Est.

Les humoristes affichent des scores incroyables. On les voit pratiquement tout le temps à la télévision. Ils représentent sans doute un phénomène anthropologique, sociologique, financier et linguistique, mais pour moi, depuis la disparition de **Sol** en 2006, il manque quelque chose dans la gamme de l'humour au Québec. On dirait qu'il y a des Jean-Marie Bigard partout, ou je ne comprends rien ? Les plus compréhensibles pour nous : **Rachid Badouri** et **Sugar Sammy**. Le plus connu pour eux : **Yvon Deschamps**. Le plus rapide pour tous : **Louis-José Houde**.

Le Québec investit des dizaines de millions de dollars dans la mode. L'un des couturiers les plus doués est **Yves-Jean Lacasse** tandis que les manteaux les plus portés sont ceux de **Kanuk**.

La parfumière du Québec s'appelle **Lise Watier**. Sa création la plus connue : *Neiges*.

Acheter des disques

> **Francophonies**, le spécialiste de la musique francophone. Importe de très nombreux disques de France et offre l'éventail le plus complet de musique française à Montréal en CD et vinyle, c'est-à-dire 12 000 dans 15 m² (*1860 rue Ontario E., 514-843-8812, http://francophonies.fr/*).

> **Beatnick**
CD et vinyles neufs et d'occasion. Musique variée (*3770 rue St-Denis, 514-842-0664, www.beatnickmusic.com*).

> **Freeson Rock**
Rock progressif, rock classique et métal (*1477 av. du Mont-Royal E.,

514-521-5159, *www.freesonrock. com).*

> **Phonopolis**
> Musique alternative et émergente, vinyles et CD *(207 rue Bernard O., 514-270-4442, www.phonopolis. ca).*

> **L'Oblique**
> Vinyles et CD neufs et d'occasion. Spécialisé dans la musique rock, alternative et émergente *(4333 rue Rivard, 514-499-1323, www.face-book.com/Boutiqueloblique).*

> **Sonorama**
> Vinyles et CD, musique variée *(260 rue Bernard O., 514-273-5553, http://sonoramadisques.com).*

> **Archambault** *(500 rue Ste-Catherine E., 514-849-6201, www.archambault.ca).*

Acheter des livres

Les grandes chaînes sont Renaud-Bray, Archambault et Chapters. Quelques indépendants :

> **Librairie Nouvel Âge – Nouvelle Conscience**
> Développement personnel et spiritualité *(9269 rue Lajeunesse, 514-844-1719, www.librairiequartierlatin.com).*

> **Librairie-bistro Olivieri**
> Une belle librairie avec un excellent bistro à l'arrière *(5219 ch. de la Côte-des-Neiges, 514-739-3639, www.librairieolivieri.com).*

> **Librairie Gallimard** *(3700 boul. St-Laurent, 514-499-2012, www.gallimardmontreal.com).*

> **Librairie Paulines** *(2653 rue Masson, 514-849-3585, www.librairies.paulines.qc.ca).*

> **Librairie Ulysse**
> Guides et livres de voyage *(4176 rue St-Denis, 514-843-9447, www.guidesulysse.com).*

Ça les amuse

> **L'épluchette de blé d'Inde** (il s'agit de maïs) :
> à l'origine, coutume paysanne dans laquelle les hommes et les femmes effeuillaient le maïs avant de l'engranger pour la saison. Un épi rouge était caché dans le tas et celui ou celle qui le trouvait pouvait embrasser la personne de son choix. Modernisée, cette fête est aujourd'hui l'occasion de se rouler un joint entre voisins avant l'**orgie classique** clôturant généralement la fin de la période estivale.

> **La Saint-Jean :** fête nationale québécoise. Inspirée des feux de la Saint-Jean célébrant le solstice d'été, la Saint-Jean est peu à peu devenue un hymne national à Gilles Vigneault avant de passer à l'**orgie traditionnelle** du début de l'été.

> **La cabane à sucre :**
> célébration de la récolte de l'eau d'érable qui sera transformée en sirop, la cabane à sucre s'est

avec le temps transformée en une magnifique occasion de faire une **orgie printanière**.

> **Party de bureau:**
Profondément rituelle, cette cérémonie annuelle se déroulant pendant la période de Noël permet de passer du monde difficile des entreprises au monde épouvantable de la remise en question existentielle. Un Québécois soulignait en effet que tout participant à **cette orgie** se pose ensuite les trois questions suivantes: Qu'ai-je raconté à ma femme? Où est ma femme? Qui est ma femme?

Vous ne saviez pas qu'ils étaient canadiens

> **Paul Anka**

> **Pamela Anderson**

> **Saul Bellow** (Montréalais)

> **Blackberry**

> **Jim Carrey**

> **Leonard Cohen** (Montréalais)

> **Glenn Gould**

> **Natalie Glebova** (Miss Univers 2004)

> **Alanis Morissette**

> **Michael J. Fox**

> **Oscar Peterson** (Montréalais)

> **William Shatner** (le capitaine Kirk de *Star Trek*; Montréalais)

> **Mylène Farmer** est née au Québec.

Vous croyiez qu'ils étaient québécois

> Joseph Armand **Roch Voisine** vient du Nouveau-Brunswick.

> **Lara Fabian** vient d'Etterbeek (Belgique).

> **Lisa Leblanc** vient du Nouveau-Brunswick.

> **Daniel Lavoie** vient du Manitoba.

> **Natasha St-Pier** est une Acadienne.

> **Ultramar**, **Du Maurier**, **Canada Dry**, **la Station du Mont-Tremblant** sont américains ou britanniques.

Principals festivaux

Printemps

> **FrancoFolies de Montréal** *(514-876-8989, www.francofolies. com)*.

> **Mondial de la bière**
> *(514-722-9640,*
> *festivalmondialbiere.qc.ca).*

> **Festival international du film**
> **sur l'art** *(514-874-1637,*
> *www.artfifa.com).*

> **Grand Prix de Montréal**
> *(www.grandprixmontreal.com).*

Été

> **Célébrations de la Fierté**
> **Montréal** *(514-903-6193,*
> *www.fiertemontrealpride.com).*

> **Festival des films du monde**
> **de Montréal** *(514-848-3883,*
> *www.ffm-montreal.org).*

> **Festival international de jazz**
> **de Montréal** *(514-871-1881,*
> *www.montrealjazzfest.com).*

> **Festival international de**
> **Lanaudière** *(450-759-7636,*
> *www.lanaudiere.org).*

> **Festival international Nuits**
> **d'Afrique** *(514-499-9239,*
> *www.festivalnuitsdafrique.com).*

> **Festival Juste pour rire**
> *(514-845-2322 ou 1-888-244-*
> *3155, www.hahaha.com).*

> **Fête nationale du Québec**
> *(514-849-2560).*

> **Masters de tennis**
> **du Canada** *(1-855-836-6470,*
> *www.rogerscup.com).*

> **Osheaga**, l'empire des sons sur
> l'île Sainte-Hélène *(www.osheaga.*
> *com).*

Automne

> **Coup de cœur francophone**
> *(514-253-3024).*

> **Festival du nouveau cinéma**,
> festival du cinéma novateur
> *(www.nouveaucinema.ca)*

> **M pour Montréal**, l'émergence
> des musiques montréalaises
> *(www.mpourmontreal.com)*

> **Phénomena**, célébration de la
> culture alternative (cabaret, magie,
> théâtre d'objets...)
> *(www.festivalphenomena.com)*

Hiver

> **Montréal en lumière**
> *(514-288-9955,*
> *www.montrealenlumiere.com).*

> **La Fête des neiges** *(1 circuit*
> *Gilles-Villeneuve, 514-872-6120).*

> **Igloofest**, « un puissant antibio-
> tuque contre le frette » (18 ans et
> plus) *(www.igloofest.ca).*

> **Les Rendez-vous du cinéma**
> **québécois** *(www.rvcq.com).*

> **Salon international de l'auto**
> **de Montréal** *(514-331-6571,*
> *www.salonautomontreal.com).*

Guide de la
déprime
à Montréal :
les **endroits à voir**

Leçon de survie

Vous avez le droit d'avoir la nostalgie du pays, mais autant le faire dans un endroit vraiment déprimant :

> Les restaurants **Tim Hortons**.

> Les restaurants **La Belle Province**.

> Le dernier album d'**Isabelle Boulay**.

> Écouter le **dernier album** d'Isabelle Boulay à La Belle Province.

> **L'adresse Internet** du Festival Juste pour rire (*www.hahaha.com*).

ARRÊT STOP *Vous pouvez devenir membre VIP du Miami Deli : vous recevrez un **fantastique chèque cadeau de 5$** et pourrez profiter d'une expérience culinaire exotique (hamburgers, sous-marins et pizzas) à l'ombre d'un palmier en plastique (3090 rue Sherbrooke E.).*

> La **vitrine** du restaurant **Schwartz** (des morceaux de clients séchés) *(3895 boul. St-Laurent).*

> **Le silo à grains du Vieux-Port** ne sert plus à rien, mais on le garde parce qu'il fait partie du patrimoine.

> Le site ***www. quitterlequebec.com***.

Si vous êtes en manque

Musique d'accordéon…	Marché de La Villette (324 rue St-Paul O., 514-807-8084)
Banania…	Gourmet Laurier (1042 av. Laurier O., 514-274-5601)
Bêtises de Cambrai…	Gourmet Laurier (voir ci-dessus)
Brandade de morue…	La Mer (1840 boul. René-Lévesque, 514-522-3003)
Chicorée Leroux…	Gourmet Laurier (voir ci-dessus)
Débardeur Petit Bateau…	Des vertes et des pas mûres (141 av. Laurier O., 514-303-6515)
De Gaulle…	Grévin Montréal (705 rue Ste-Catherine O., 514-788-5210, www.grevin-montreal.com)
Le Monde…	Multimags (370 av. Laurier O., 514-272-9954)
Métro parisien…	La station Square-Victoria-OACI
Pistou…	Le Fouvrac (voir ci-dessus)
Savon Le Chat…	Gourmet Laurier (voir ci-dessus)

Ils peuvent vous **aider**

Leçon de survie

- **A-asso-association des bègues du Canada** *(1-877-353-1042, www.abcbegaiement.com).*

- **Association des dépressifs et des maniacodépressifs**, en voie de fusion avec l'Association des professionnels de l'industrie de l'humour *(514-529-5619, www.revivre.org).*

- **Fédération des femmes du Québec** *(514-876-0166).*

- **Association de suicidologie** (mais il n'y a jamais personne qui répond au téléphone, c'est bizarre).

- **Association québécoise des personnes de petite taille** *(514-521-9671, www.aqppt.org).*

- **Association des pères Noël de la province de Québec** *(450- 678-2847, www.hohohoperenoel.ca).*

- **Association des sceptiques du Québec** (je ne suis pas vraiment sûr qu'ils existent) *(www.sceptiques.qc.ca).*

- **Comité québécois pour la reconnaissance des droits des travailleurs haïtiens en** République dominicaine (les appeler en Belgique).

- **Les Déprimés anonymes**, ils ne savent même plus comment ils s'appellent. D'ailleurs, ils ont décidé collectivement de cesser définitivement toute activité en 2016.

- **Fédération québécoise des professeures et professeurs d'université** (chercher le numéro dans la nuaire).

- **Fondation canadienne des Rêves d'enfants** réalise des rêves d'enfants *(514-289-1777, www.revesdenfants.ca).*

- **Association des popotes roulantes Montréal Métropolitain** *(514-937-4798, www.popoteroulante.org).*

- **Cocaïnomanes anonymes** *(514-527-9999, www.cocainomanes-anonymes.org).*

- **Centre du ronflement** *(514-327-5060, www.centreduronflementdemontreal.com).*

- **Outremangeurs anonymes**, téléphoner aux heures des repas

(514-490-1939, http://outremangeurs.org).

> **Revivre**, association québécoise de soutien aux personnes souffrant de troubles anxieux, dépressifs ou bipolaires *(514-529-3081, www.revivre.org)*

> **Sexoliques anonymes**, la réceptionniste s'appelle Fernande *(514-254-8181).*

> **Groupe d'aide et d'infor-mation sur le harcèlement sexuel au travail** *(514-526-0789, www.gaihst.qc.ca)*

> **ATQ, Association des Timides du Québec** (en formation): personne n'est venu à la première

assemblée générale, l'association n'a donc pas pu être créée. Ils vont carrément réessayer en 2031.

> L'**Action des nouvelles conjointes du Québec (ANCQ)** aide les nouvelles conjointes (et leurs conjoints) qui se recomposent après un divorce ou une séparation qui les a décomposées *(418-847-3176, http://ancq.qc.ca).*

> **Aide aux victimes de Revenu Québec** *(514-328-3910, http://revenuquebec.cc).*

> **Association québécoise du syndrome de la Tourette**, tabarnak d'ostie d'chialeux *(http://aqst.com).*

Qui a eu cette
idée folle?

Fraîchement débarqué...

À Cathy-Lou et Lolita

Et puis il y a les chères têtes blondes.

Tout naturellement, l'anxiété de la petite émigrante se concentre sur le haut lieu de ses tourments; cette fois, elle a la prime d'être nouvelle et différente. Elle a déjà entendu que «gosse», ici, a une autre signification. Elle a vu ses parents se débattre avec la notion de commission scolaire, secteur géographique dont l'obscur critère découpe la Ville en trois commissions, celles de Montréal, de Marguerite-Bourgeoys et de Pointe-de-l'Île. Elle les a observés compléter soigneusement les dossiers d'inscription, rassembler hâtivement ses bulletins précédents, vérifier fébrilement que son carnet de vaccinations est à jour – pas encore une piqûre, hein maman?

Il y a de bonnes nouvelles : l'école finit à 15 heures; et de moins bonnes : il y a école les 5 jours de la semaine. Ses parents lui cachent lâchement que le calendrier scolaire québécois compte environ une vingtaine de jours de vacances par an de moins qu'en France. Il y a des choses amusantes comme s'équiper de l'indispensable boîte à lunch et des Ziploc; et d'autres plus embarrassantes qui, le pressent-elle, vont la «rendre toute mêlée» : les cartables sont maintenant les classeurs qui sont les chemises. Son étui à crayons se remplit d'aiguisoir, d'efface et de «tape», et son sac d'école se charge de cahiers Canada et de feuilles lignées serrées dans des «duo tang».

Le grand jour est arrivé, elle le vit vêtu de neuf, c'est pareil partout. Elle cherche sa classe – tu entres en troisième, ici les classes vont en montant, tu t'en souviendras? – elle la trouve enfin, on la présente à des visages curieux et souriants – assois-toi là ma chouette – elle se détend un peu, le professeur commence à parler, et voilà, elle ne comprend plus rien et ne peut pourtant pas l'avouer.

Les enfants partagent universellement le même talent : il faudra moins de deux semaines pour que ce soit elle qui explique le Québec à ses parents.

Christine Ouin

Leçon de survie

Le primaire et le secondaire

Au Québec, l'école est obligatoire pour tous les enfants de 6 à 16 ans. Aux termes de la Loi sur le ministère de l'Éducation, les parents ont le droit de choisir les établissements qui, selon leurs convictions, assurent le mieux le respect des droits de leurs enfants. Dans la pratique, ceux-ci sont reçus à l'école de leur secteur géographique de résidence – les commissions scolaires –, sauf dérogation.

La même loi stipule que les enfants ont le droit de recevoir l'enseignement dans la langue de leurs parents (français ou anglais). Au Québec, 80% des enfants sont scolarisés en français.

L'enseignement de l'autre langue est obligatoire dès la première année.

Le service éducatif public est gratuit et 92% des enfants du Québec sont scolarisés dans les écoles publiques. La plupart des écoles offrent une année de préscolarité pour les enfants à partir de cinq ans. Pour les plus petits, il existe des garderies publiques, semi-publiques et privées, qui pratiquent différents tarifs *(www.magarderie.com)*. Le plus souvent, il faut inscrire l'enfant sur une liste d'attente avant d'obtenir une place pour lui.

En général, les écoles privées sont subventionnées par l'État et le coût de la scolarité varie de 1 000 $ à 4 000 $ par an, en fonction des services et activités parascolaires proposés par ces établissements. Les écoles privées imposent souvent le port d'un uniforme rarement seyant et toujours dispendieux.

L'enseignement est divisé en enseignement primaire qui dure six années et en enseignement secondaire de cinq années. Il y a ensuite deux années d'enseignement collégial dans les cégeps (ça veut dire collège d'enseignement général et professionnel) qui doivent être achevées pour entrer à l'université.

Les cégeps offrent des AEC (Attestation d'études collégiales), courtes formations beaucoup plus utiles aux immigrants qu'un diplôme d'études secondaires.

Enfin, il existe à Montréal des établissements relevant du gouvernement français principalement destinés aux enfants des expatriés.

Il existe cinq commissions scolaires à Montréal, dont deux anglophones.

> **Commission scolaire Marguerite-Bourgeoys** (1100 boul. de la Côte-Vertu, 514-855-4500, www.csmb.qc.ca).

> **Commission scolaire de Montréal** (3737 rue Sherbrooke E., 514-596-6000, www.csdm.qc.ca).

Institut de tourisme et d'hôtellerie du Québec (ITHQ)
(514-282-5111, www.ithq.qc.ca)

Franchement, on ne voit pas ça en Europe, et pas même à l'École supérieure de cuisine française. Les programmes vont du niveau secondaire au niveau universitaire. On y forme notamment des cuisiniers, des pâtissiers, des biscuitiers, des entremettiers et des confiseurs glaciers. Le programme 409.477 est intitulé « Petits gâteaux et petits fours frais », mais le 409.338 se consacre aux crèmes et garnitures, car il forme des crémiers. Et tous ces petits pâtissiers, entremettiers de tous bords fabriquent toute l'année, pendant que nous sommes dans les embouteillages, des sculptures de sucre, des canards aux noms compliqués, des poissons du Grand Nord qu'ils mangent ensuite, car on leur permet d'acheter, pour eux, la cuisine qu'ils préparent. Ils forment aussi des sommeliers (la seule salle de cours au Québec avec des crachoirs), des cochers, des maîtres d'hôtel et des concierges. L'école offre des formations continues pour les goujats et les sans-gêne (« Étiquette à table », 3 h), des cours-repas pour les goinfres (« Histoire du chocolat », 3 h), la seule bibliothèque culinaire de la province, un hôtel quatre étoiles et deux restaurants dans lesquels les élèves s'exercent devant le public qui se régale.

Il y a plus de 1 000 élèves, une salle de gustation où les lumières sont tronquées afin de ne pas influencer les panels de goûteurs, une hotte contenant des bactéries pour manger la graisse qui s'échappe des fourneaux, des partenariats avec Hydro-Québec, Metro, la SAQ, un accord de stage avec les quelque 500 établissements de Relais & Châteaux, enfin, je vous le dis : quand les Québécois s'y mettent, ça fait mal de se retrouver à la Casa grecque.

ARRÊT STOP

Selon le Programme pour l'évaluation internationale des compétences des adultes (OCDE) et l'Institut de la statistique du Québec, le **taux d'analphabètes fonctionnels** *varie selon le diplôme obtenu :*

Diplômés du secondaire : 63 %

Diplômés du collégial : 40 %

Diplômés du niveau universitaire : 27 %

> **Commission scolaire de la Pointe-de-l'Île** (550 53e Avenue, 514-642-9520, www.cspi.qc.ca).

> **Fédération des établissements d'enseignement privés (FEEP)** (1940 boul. Henri-Bourassa E., www.feep.qc.ca).

À noter qu'à la même adresse et au même numéro de téléphone, on trouve l'ACPQ, soit l'Association des collèges privés subventionnés du Québec.

Écoles relevant du gouvernement français et enseignant le programme obligatoire de la République :

> **Collège Marie de France** (4635 ch. Queen-Mary, 514-737-1177, www.cimf.ca).

> **Collège Stanislas** (780 boul. Dollard, 514-273-9521, www.stanislas.qc.ca).

L'université

Il faut être universitaire pour comprendre que :

> le système est basé sur les « crédits » (les matières) et les cycles. Bien entendu, plus il y a de crédits, plus c'est long ;

> le nombre de crédits cumulés donne droit au « certificat » (30 crédits, 2 trimestres), au « diplôme » (60 crédits, 4 trimestres) ou au « baccalauréat » (90 crédits minimum), lequel peut être « spécialisé », avec « majeure et mineure » ou « multidisciplinaire » ;

> pendant tout ce temps, la plupart des étudiants se spécialisent aussi en centres d'appels, au McDo ou au Casino de Montréal pour payer leurs études ;

> la TELUQ est la première et la seule université totalement à distance au Québec (400 cours et 80 programmes). Ses programmes sont généralement sanctionnés par un diplôme de l'UQAM (www.teluq.ca).

Équivalence des diplômes

> En ce qui concerne les étudiants, l'équivalence est étudiée par l'école ou l'université à laquelle on veut s'inscrire. Pour le primaire et le secondaire, on prend en compte l'âge et le dossier individuel.

> En ce qui concerne le marché de l'emploi, le service des équivalences donne un avis consultatif d'équivalence.

> Un accord intergouvernemental a été conclu entre le Québec et la France (mais ni la Belgique ni la Suisse) établissant les équivalences suivantes, qui restent très théoriques :

Europe	Québec
Bac	DEC
Licence	Baccalauréat
Master	Maîtrise
Doctorat	Doctorat

> **Ministère de l'Immigration, de la Diversité et de l'Inclusion** *(285 rue Notre-Dame O., 4ᵉ étage, 514-864-9191, www.immigration-quebec.gouv.qc.ca).*

> **Reconnaissance des acquis et des compétences (RAC)** *(www.reconnaissancedesacquis.ca).*

> Évaluation payante au **Centre d'information canadien sur les diplômes internationaux** *(95 av. St-Claire O., bureau 1106, Toronto, Ontario, 416-962-9725).*

Info Apprendre: service gratuit d'aide et de référence si vous souhaitez compléter une formation, savoir si votre diplôme est reconnu, s'il y a un accès à la profession, etc. Bilingue, confidentiel, de 9h à 17h *(1-888-488-3888).*

Printemps érable

En mars 2011, le gouvernement québécois annonce une augmentation des droits de scolarité universitaire de 1 625 $ sur cinq ans, les faisant ainsi passer à 3 793 $. Une centaine d'étudiants mécontents occupent alors le bureau du ministre des Finances. Un an plus tard, **250 000 personnes manifestent** dans les rues de Montréal.

C'est le début du Printemps érable, une gigantesque manifestation de la société civile ayant révélé de grands

Un continent caché

La **formation professionnelle dispensée par le réseau public** est une façon rapide et souvent gratuite de vous intégrer au Québec. Certains cours se donnent exclusivement en ligne, il n'est donc même pas nécessaire de vous déplacer. Les matières enseignées sont très vastes : lancement d'entreprise, tourisme, hôtellerie, horticulture, coiffure, esthétique des animaux de compagnie, garderie en milieu familial, infographie, comptabilité, secrétariat, mécanique automobile, ébénisterie, entreprenariat culturel, etc. Googlez précautionneusement, car vous serez d'abord submergé par les annonces du privé.

talents politiques et sociaux parmi la jeunesse québécoise. La grève se terminera début septembre 2012, à la suite de l'arrivée d'un nouveau gouvernement.

Des trucs plus drôles

L'**École nationale de l'humour** ne blague pas avec sa formation « où la conscience sociale, la qualité de la langue, l'intégration des nouvelles technologies et l'exploration des applications humanitaires côtoient les objectifs d'efficacité comique et le développement d'une originalité » *(514-849-7876, www.enh.qc.ca)*.

L'**École nationale de théâtre du Canada** enseigne l'interprétation, l'écriture dramatique, la mise en scène, la scénographie et la production, dans la langue de Molière et celle de Shakespeare *(www.ent-nts.ca)*.

L'**École nationale de cirque** s'est bâti une réputation internationale dans les arts circassiens *(www. ecolenationaledecirque.ca)*.

Montréal offre également des formations, ateliers et cours sur le **secourisme** *(514-875-5544)*, le **massage yoga thaïlandais** *(514-597-0505)*, l'**extension de cils en un jour** *(514-755-7908)*, la **sécurité privée** en 180 heures *(514-748-7480)*, le **striptease** *(514-248-0212)*, le **magasinage au marché Atwater avec un chef** *(Ateliers & Saveurs, 514-849-2866)*, l'**art de vivre** *(514-231-7116, www.*

yogamontreal.com), les **habiletés érotiques et expression de l'amour** *(info@sexocorporel.com)*, la **langue des signes gratuitement** *(www.courslsq.net)*, le **chant des oiseaux** au parc national des Îles-de-Boucherville *(1-800-665-6527)*, le **savoir-vivre des chiens** *(514-356-8000)*, la **gestion de l'abondance des courriels avec Outlook** *(1-877-928-1885)*, le **Qi Gong** avec une authentique *sifu* chinoise qui le pratique depuis 50 ans *(514-519-0898, http://zhineng-qigongc.blogspot.ca)*, la **couture de base** avec Céline *(info@ecoledecouture. com)*, le **cheerleading pour adolescentes** avec Alexandra *(cepsum@umontreal.ca)*, le **baby-sitting pour adolescentes** *(514-253-4481)*, la **danse de poteau aérobique** avec Alternative Fitness *(514-834-6996)*, le **didgeridoo** *(pierre-olivier.bolduc@hotmail.fr)*, la **danse pour enfants de 18 mois** *(450-332-1700)*, le **dessin avec le cerveau droit** *(514-872-3947)* et vous pouvez apprendre à **retrouver vos ancêtres québécois** *(514-521-1308)*, **devenir hôtesse de l'air** *(514-482-1044)*, **chasser et appeler l'orignal** *(450-628-1923, http://micheltherrien.com)*, **porter des talons hauts** *(514-706-0890)*, **contrôler la circulation aérienne** *(http://takecharge.navcanada. ca)*, **apprendre le twerk** *(info@ studiostaino.com)*, **nourrir un bébé et changer une couche** *(514-249-4846)*, **apprendre la conduite hivernale** *(www.mecaglisse.com)* et, à défaut d'être un exemple pour tous, devenir un **modèle pour les photographes** *(514-651-8289)*.

Immigrer
autrefois

Fraîchement débarqué...

À *Ginette et Willy*

Quand nous sommes arrivés à Montréal en 1950, les Québécois nous reprochaient de venir prendre « la job ». Nous ne comprenions pas leur langue, nous ne comprenions pas leur culture. À Montréal, il n'y avait qu'un endroit où l'on pouvait trouver des croissants; il n'y avait pas d'« expresso », pas de magasins rue Saint-Denis. Les gens nous regardaient comme des bêtes sauvages parce que nous étions des Européens et que nous parlions français. Quand nous sommes arrivés ici, me disent Ginette et Willy, nous avons voulu repartir.

La vie a été très dure pour nous. Nous étions des parias, des immigrés. Rejetés de notre pays, nous l'étions davantage de celui-ci : mais imaginez-vous ce que cela a été pour les Noirs venus d'Haïti ou d'Afrique! En 1950, les Québécois n'avaient jamais vu une personne de couleur. Ils les traitaient d'une manière que je ne pourrais expliquer sans pleurer, mais j'en pleure déjà alors que je ne l'explique pas encore.

Le Québec était habité par une majorité d'incultes, mais tout étranger était, pour eux, un sauvage. Nous, parce que nous étions européens et snobs alors que nous n'avions rien que nos deux enfants et l'espoir de nous intégrer; eux, à cause de la couleur de leur peau qu'ils identifiaient à celle du diable. Ces gens ne croyaient qu'à leur peur. La peur du voisin plus riche, de la femme plus belle, de la réussite, de la différence. Ils ne lisaient aucun livre, n'écoutaient pas la radio, mangeaient des choses épouvantables, mais les mangeaient tous les jours. Ces fils d'immigrants jugeaient les

émigrés; ces Blancs qui occupaient les terres indiennes condam-
naient la couleur. Ces descendants de paysans incultes cultivaient
la haine : en 1950, le Québec était un enfer pour les étrangers et
un paradis pour la jalousie. Ils mangeaient de la langue de porc
comme par affinité et rejetaient tout ce qu'ils ne comprenaient
pas, mais ne comprenaient pas grand-chose : ni l'anglais, ni le
français, ni d'où ils venaient et pas du tout où ils allaient. Ils
traitaient les femmes comme des vaches et se conduisaient en
cochons : le Québec était une immense ferme mal tenue.

Il n'y a pas de «bon vieux temps» pour les vieux immigrants et
ils sont unanimes. Ils ne le disent pas aux Québécois, car ils leur
ont pardonné.

Mais eux aussi, ils se souviennent.

Leçon de survie

Entre les années 1610 et 1640, à peine **trois cents Français** avaient débarqué au Canada. Une vague plus importante d'immigration apparaît jusqu'en 1670, date à laquelle le nombre de nouveaux arrivants français se stabilise à une cinquantaine de personnes par année. La plupart des émigrants proviennent des provinces maritimes de l'ouest de la France dont ils fuient la misère. Ils sont jeunes, analphabètes et pauvres.

Les **vaches** arrivent vers 1619, suivies des **moutons** et des **chèvres**, avant les **ânes** en 1620. Les vaches servent surtout aux travaux. L'âne disparaît peu à peu. En 1683, on en recense 15. En trois ans, j'en ai vu deux dans la ferme d'un centre commercial. Les **chats** arrivent également avec les Européens alors que les Indiens avaient des chiens depuis toujours.

La **pomme de terre** n'apparaît sur les tables au Québec qu'au XVIIIe siècle. Pour les frites, on attend toujours.

Mais la **bière** apparaît beaucoup plus tôt et la première brasserie est créée dans les années 1660, c'est fou ce qu'on apprend dans ce guide.

En 1709, Louis XIV autorise la déportation des **enfants trouvés** pour en débarrasser Paris, alors que certains tribunaux envoient les condamnés dans la colonie pour «s'occuper de la culture des terres et les obliger d'élever leurs enfants dans la vie chrétienne et d'avoir une vie civile honnête pour gagner leur vie». Cela n'arrange pas tout le monde : «Il est dangereux d'envoyer des fainéants au Canada», déclare un administrateur. Ah bon?

Encore un mot à propos des **vaches :** au XIXe siècle, la seule manière de les transporter vers l'abattoir consistait à les faire nager derrière l'embarcation du canotier. Meuh si!

Alors que Richelieu interdit aux huguenots français de s'établir dans les colonies d'outre-mer, la Couronne anglaise favorise le départ de ceux qu'elle persécute, dont les quakers. Les conséquences économiques et humaines de ces différents types d'immigration ont façonné l'Amérique du Nord : puritains anglo-saxons et huguenots aux États, les autres au Québec.

Tout ce que nous connaissons de Montréal n'existait pas il y a cinquante ans. Sur le boulevard Saint-Laurent ne se trouvait alors que Schwartz. Il n'y avait aucune boutique rue Saint-Denis et très peu sur l'avenue du Mont-Royal. Pas non plus d'**expresso**.

ARRÊT STOP

Pèlerinage irlandais

Lieu historique national de la Grosse-Île-et-le-Mémorial-des-Irlandais : (48 kilomètres en aval de Québec, par un traversier au départ de Berthier-sur-Mer). Cette île a fait office de station de quarantaine du port entre 1832 et 1937. Vers 1830, près de 30 000 Européens arrivent chaque année, en majorité des Irlandais. Comme à cette époque il y a en Angleterre une épidémie de choléra, bientôt suivie du typhus, on crée dans l'île une station de quarantaine qui se transforme vite en cimetière. On évalue à 5 424 le nombre de victimes enterrées. L'île est aujourd'hui un musée (418-234-8841).

La **gastronomie québécoise** tournait autour des plats suivants : le pâté chinois (hachis parmentier servi, selon les dires, aux ouvriers chinois du chemin de fer transcontinental), les oreilles de porc conservées dans l'huile et le bifteck (sans frites ni salade, ni mayonnaise, ni ketchup).

Et la **poutine** alors? Elle n'est apparue dans l'art culinaire qu'en 1957 grâce à Fernand Lachance (pas pour nous). Il semble en effet qu'un soir de la fin août de cette année, voire début septembre selon certains historiens fondamentalistes, un consommateur répondant au nom de Eddy Lainesse s'adressa au dénommé Lachance. Il devait être approximativement 17 h 27 lorsqu'il lui ordonna de lui servir, dans un sac de papier brun, une barquette de frites et une autre de fromage. Aux fins de prévenir son client des dégâts qu'un semblable mélange ne manquerait de provoquer, le sieur Lachance s'écria aussitôt : «Ça va faire une méchante poutine!» Hélas, il avait raison.

On buvait de l'eau et de la bière. À l'exception des navets et autres racines ainsi que des carottes, la plupart des **légumes** que nous connaissons ne se rendaient pas jusqu'ici : la tomate, par exemple, n'émigre qu'en 1860, suivie de la laitue au début du XXe siècle.

31

Créer une
société

*Leçon
de survie*

Quand un Québécois dit qu'il est **incorporé**, cela ne signifie pas forcément qu'il croit en la réincarnation mais qu'il a fondé une société, qu'il appelle une **compagnie**.

Pratiquement, la loi permet à Ginette Tremblay d'exercer le commerce dans les formes suivantes.

> **L'entreprise individuelle :** le commerçant agit en nom propre et sans structure particulière. Il doit préalablement déposer une déclaration d'immatriculation au Bureau de l'Inspecteur général des institutions financières s'il n'exerce pas son activité sous son nom patronymique (Ginette Tremblay).

> Ginette peut aussi s'associer à Réjean Latendresse pour former une « **société** ». Au Québec, une société n'a pas de person-

nalité juridique de sorte qu'en cas de dette, Ginette et Réjean sont responsables sur leurs biens propres. Dans le cas de la société en nom collectif, les associés sont dits « solidaires » entre eux : les créanciers peuvent revenir contre la pauvre Ginette (Revivre, *www.revivre.org*) pour réclamer la totalité des dettes, et non pas seulement la moitié. La société en nom collectif doit porter l'acronyme S.N.C. à côté de sa dénomination (« Tabarnak S.N.C. »).

> **La compagnie** (parfois appelée société par actions) dispose, elle, de la personnalité juridique et se rapproche ainsi des concepts que nous connaissons en Europe (S.A.R.L., S.P.R., S.A., etc.). La grosse différence pour nous est que la loi n'exige aucun capital minimal. Il existe essentiellement deux

formes de compagnie. La compagnie provinciale qui ne peut exercer son activité que dans la province où elle est immatriculée, en l'occurrence au Québec, et à l'étranger. La compagnie fédérale, elle, peut exercer ses activités sans limitation territoriale.

» Dans un cas comme dans l'autre, ces sociétés exercent leurs activités sous l'appellation « **inc.** » (« Tabarnak inc. »).

En pratique

Les immigrants affichent un plus **haut taux d'entrepreneriat** que les Québécois: «Quand tu maîtrises plus ou moins la langue de ton pays d'accueil, que tes diplômes ne sont pas reconnus et que les entreprises refusent de t'embaucher, t'établir à ton compte est une des seules options qui restent pour mettre du pain sur la table», a justement écrit un journaliste économique.

Il est préférable de consulter un avocat pour constituer une « incorporée ».

Service de référence pour trouver un avocat: *www.reseaulegal.com.*

Le coût total de création tourne autour de 1 000 $ à 1 500 $ tout compris.

Informations du gouvernement aux entreprises: *www2.gouv.qc.ca*.

Investissement Québec: programmes de soutien aux entreprises: *www.investquebec.com*.

Service d'aide aux jeunes entrepreneurs: offre d'excellentes formations permettant de se familiariser avec le milieu entrepreneurial québécois *(www.sajemontrealcentre.com)*.

Industrie Canada *(www.ic.gc.ca)*.

Le **Réseau M** peut vous aider concrètement dans vos démarches et vos recherches *(www.reseaum.com)*.

Le programme **Interconnexion de la Chambre de commerce du Montréal métropolitain** a pour but de permettre un contact privilégié entre les organisations montréalaises et les **nouveaux arrivants** qualifiés. Contactez-la au *514-871-4000*.

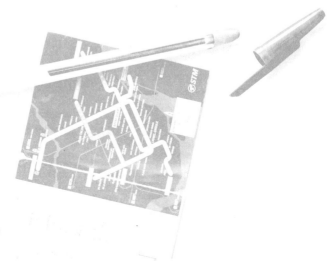

Restaurants

Fraîchement débarqué...

À Omé

De même qu'il existe des bières sans alcool, de la crème fraîche sans matière grasse et des Français modestes, il y a, boulevard Saint-Laurent, quelques restaurants où il est impossible de se restaurer. On peut y voir un menu et un cuisinier, des serveuses qui apportent des additions, et il n'y a même que ça. Mais il n'empêche : le bruit y congestionne mon tube digestif, me ferme l'estomac, produit de l'acide gastrique et l'addition me donne envie de tout rendre.

Les serveuses de ces restaurants sont souvent des étudiantes en marketing international, en économie, enfin en beaucoup de choses qui ont beaucoup de rapports avec l'argent mais rien avec leur métier, et c'est sans doute pourquoi elles le font aussi mal. Mais elles font ce qu'on leur demande : sourire, bouger du popotin, et demander si l'on veut encore boire quelque chose. L'art de servir est devenu celui d'apporter l'addition avec un air ingénu.

Dans ces hauts lieux de rendez-vous entre l'argent et la chair fraîche disparaissent à toute allure le sens de la convivialité, celui du service, de l'accueil et de la politesse. Pourquoi pas ce nouveau « concept », me dira-t-on? D'accord, mais pourquoi appeler cela un restaurant? Parce qu'on y mange? On mange aussi dans un réfectoire, une cantine, une étable. Appelons cela une « boufferie » et je n'aurai plus de problèmes. Et appelons le « service » une preuve d'amour, un droit de « cruisage », une avance, une commission, une aumône, enfin le vocabulaire ne manque pas. Mais laissons les grands mots de côté.

D'ailleurs, je ne prétends pas que ce « service » soit meilleur ailleurs; il est exécrable dans la majorité des restaurants de Montréal. Dans les bars, quand je demande un coca, on m'apporte une boîte de coca avec une paille, comme si j'étais un âne; mais on reste planté à côté de moi avec un air raide, jusqu'à ce que je paie le produit et le service, comme si j'étais en infraction. Je n'hésite pas à renvoyer le serveur à ses études et ne paie rien tant que je ne reçois pas : un verre propre, de la glace, un peu de citron et ce coca qu'il est prié de verser à ma place. La faute en est aux patrons, aux syndicats, au gouvernement : cela m'est complètement égal. C'est la mienne, si je la tolère. Et si ces gens réclament le service, je propose de leur rendre le suivant : les remplacer tous par des étudiants de l'école d'hôtellerie.

Leçon de survie

> On recommande d'additionner les taxes pour connaître le montant du **service**.

> Si vous voulez un **café**, demandez un « expresso court ». Si vous voulez une mauvaise surprise, demandez un café. Si vous voulez du lait, demandez un café au lait, et si vous en voulez un demi-litre dites « dans un bol ».

> Quand on vous demande combien d'**additions** vous voulez, cela signifie : doit-on les diviser par le nombre de convives? Les Québécoises ne sont pas habituées à ce que vous payiez pour elles. Restons grands princes même dans le verglas.

 Si vous n'êtes pas content du service, l'usage consiste à laisser 1 ¢ de pourboire.

Quelques restos

> **Au Pied de Cochon** s'est forgé une réputation grâce à sa poutine au foie gras (24 $). Il s'est classé dans les 10 meilleurs bistros en Amérique du Nord selon le magazine *Wine Spectator* en 2003. Son chef et propriétaire, Martin Picard, est un Québécois comme je les adore *(536 av. Duluth E., 514-281-1114, http://aupieddecochon.ca)*.

- En ce qui concerne la jungle du boulevard Saint-Laurent, entre la rue Sherbrooke et l'avenue des Pins, les restaurants du type **Buonanotte** sont (très) chers, prétentieux, froids et très bruyants.

- On mange de très bons hot-dogs boulevard Saint-Laurent à la **Charcuterie Hongroise**. Vrai pain, vraies saucisses (3843 boul. St-Laurent, 514-844-6734).

- À propos de viande, **Moishes** est une institution canadienne depuis 1938. Spécialité de steaks grillés et saumons grillés sur du « vrai charbon de bois » (3961 boul. St-Laurent, 514-845-3509).

- Un peu plus haut, le **Patati-Patata**. Minuscule (il y a cinq tables), c'est à peine s'il peut abriter son El Fabulous Club Machin, à découvrir (4177 boul. St-Laurent, 514-844-0216).

- Le restaurant **Orange Julep**, un monument de l'architecture nord-américaine (une énorme orange), mérite carrément une visite, une photo et qu'on lève un jus à la santé des serveuses en short et patins à roulettes (7700 boul. Décarie, 514-738-7486).

- Le **restaurant d'application cation pédagogique** de l'ITHQ est géré par les professeurs et leurs étudiants. Pendant l'année scolaire (septembre à mai), le restaurant-école est ouvert au public le midi et le soir (*Salle Paul-Émile-Lévesque de l'ITHQ*, 401 rue De Rigaud, 2ᵉ étage, 514-282-5161, www.ithq.qc.ca).

- L'**Express** n'a plus rien à prouver à personne, sauf à maintenir sa

réputation d'excellente brasserie de Montréal (3927 rue St-Denis, 514-845-5333).

- Dans le genre cuisine locale, il faut au moins voir une fois **La Binerie**, le resto le plus typique de Montréal, bien connu pour ses fèves au lard (367 av. du Mont-Royal E., 514-285-9078).

- Dans le genre gastronomique, **Toqué!** figure parmi les meilleurs restaurants d'Amérique du Nord, mais je ne l'ai jamais essayé (900 place Jean-Paul-Riopelle, 514-499-2084).

- Le **Tong Por** est un restaurant chinois fréquenté par à peu près 500 Chinois à la fois. Tout y est comme là-bas. Délicieux et léger (12242 boul. Laurentien, 514-393-9975).

- La carte du restaurant **Aux vivres** contient un glossaire, car il s'agit d'un établissement végétalien, c'est-à-dire sans aucun produit d'origine animale (4631 boul. St-Laurent, 514-842-3479).

- Vous pouvez devenir serveur bénévole chez **Robin des Bois**. Il s'agit d'un restaurant à but non lucratif dont les profits sont redistribués à des organismes de charité (4653 boul. St-Laurent, 514-288-1010, www.robindesbois.ca).

- Le personnel de **O.Noir** est aveugle et vous sert dans le noir complet pour que vous voyiez à quoi ressemble la cécité (124 rue Prince-Arthur E., 514-937-9727, www.onoir.com).

- Oui, il y a de vraies pizzas (**Tomato Pizzas**, 4319 rue St-Denis, 514-678-4430).

- Mais vous apprécierez vraiment la **Pizzeria Napoletana** si vous

Un restaurant québécois

Les îles en ville proposent une gastronomie inspirée des Îles de la Madeleine (pot-en-pot aux fruits de mer, galettes de morue, pâté au maquereau, loup-marin fumé). Service chaleureux, accueil formidable *(5335 rue Wellington, 514-544-0854)*.

êtes sourd, car la plus ancienne de Montréal, recommandée par les Italiens eux-mêmes, fait un vacarme pas possible *(189 rue Dante, 514-276-8226)*.

> Pour les Belges, il y a un sérieux problème avec les **frites** icitte. Un, il n'y a pas l'espèce de pomme de terre; deux, il n'y a pas la graisse; trois, il n'y a pas la technique. Je rappelle aux touristes que le seul procédé est : premièrement, on prend des pommes de terre belges et on les épluche. Deuxièmement, on les laisse tremper une nuit dans l'eau pour expurger l'amidon. Troisièmement, on les coupe et on les cuit jusqu'à ce que le son de la frite change (il faut des années pour comprendre). Quatrièmement, après les avoir laissées reposer, on les replonge dans la graisse. Cette technique n'est malheureusement jamais passée complètement en Amérique. Frites de consolation dans l'un des restaurants de **Frite alors!** *(www.fritealors.com)*, et si la Belgique vous manque, mangez-la chez **Gaufrabec** *(1895 rue Piché, Lachine, 514-634-9119)*.

> Le **Chat L'Heureux** est un café-restaurant où l'on peut **se détendre grâce à la présence relaxante des chats**. Chiens interdits, souris *welcome (172 av. Duluth E., 438-883-1505, www.cafechatlheureux.com)*.

> **Eggspectation** est une eggs-périence eggstraordinaire à observer : comprendre le goût des Montréalais à faire la file par - 20 °C pour manger des œufs. Il faudrait m'eggspliquer eggsac-tement le plaisir eggseptionnel qu'ils y trouvent. Moi, sous aucun préteggste... *(1313 boul. De Maisonneuve O., 514-842-3447)*.

> Si vous vous sentez mal après le resto, c'est peut-être normal. Vérifiez au *www.resto-net.ca*.

Souper après 23 heures

La plupart des cuisines ferment à 23 h. Quelques exceptions :

> **Chez Alexandre :** excellente et assez chère cuisine française ouverte jusqu'à deux heures du matin tous les jours *(1454 rue Peel, 514-288-5105)*.

> **Le Chien fumant**, du mardi au dimanche jusqu'à 2h du matin *(4710 rue De Lanaudière, 514-524-2444)*.

> **La Banquise**, l'institution des « after-hours » parce que le resto est ouvert 24h/24 et sert une poutine réputée qui guérit l'excès d'alcool par l'excès de calories *(994 rue Rachel E., 514-525-2415)*.

> **L'Escalier**, tous les jours jusqu'à 3h du matin *(552 rue Ste-Catherine E., 2e étage, 514-419-6609)*.

> **L'Assommoir**, cuisine française ouverte jusqu'à minuit *(211 rue Notre-Dame O., 514-272-0777)*.

> **La maison V.I.P.**, délicieuse cuisine cantonaise ouverte jusqu'à quatre heures du matin tous les jours. Dans le Quartier chinois *(1077 rue Clark, 514-861-1943)*.

> L'**Express**, voir p. 193.

> La plupart des *fast-food*.

Centre d'interprétation du hamburger

Je suis végétarien, mais je peux vous dire :

que **Wendy's** sert des steaks carrés dans ses hamburgers;

qu'**A&W** sert de la root beer *(sorte de boisson gazeuse)*. Certains prétendent qu'on y trouve les meilleurs hamburgers;

que **Harvey's** vous permet de choisir votre garniture;

qu'**un trio de fast-food** contient l'équivalent de 35 cuillers à café de sucre, selon des nutritionnistes de l'Université de Montréal;

que le colonel de **PFK** n'était pas un vrai colonel. C'était un déguisement pour la promo. Harland Sanders a également travaillé comme avocat sans diplôme de droit, obstétricien sans études de médecine et découvreur de la sauce secrète qu'il réussit à nous faire avaler. Le premier KFC a ouvert ses portes en 1952 à Salt Lake City. À peine huit ans plus tard, il devenait la plus grande chaîne de restaurants aux États-Unis;

que, selon les spécialistes, **Dilallo** fournit les meilleurs « burgers » depuis 1929. Plusieurs succursales. La spécialité : le Buck Burger servi avec des piments marinés dont ils gardent la recette secrète *(2523 rue Notre-Dame O., 514-934-0818)*;

que **Céline Dion** était autrefois propriétaire de la chaîne Nickels et du Schwartz's;

qu'**Ashton** est une chaîne de fast-food n'existant que dans la région de Québec.

Lhermitte
et la SAQ

Fraîchement débarqué...

À Louis

Le Québec est le pays du monde où le vin est le plus cher et le plus mauvais. Au-dessous de 10 dollars, il est impossible de le boire, et au-dessus, de le payer. Je ne sais si ce sont les taxes, le puritanisme, la pression de la bière, ou le tout ensemble, mais la seule publicité réelle de la SAQ devrait être : ça coûte cher.

Que Thierry Lhermitte veuille venir s'installer ici, je le comprends : mais si c'est à cause du vin, comme le prétendait autrefois la pub de la Société des alcools du Québec, c'est une supercherie. Enfin, comment peut-on prétendre que ces vins dénommés « Vignes de France », « Tonneaux de Bourgogne » soient du vin et viennent de France? Et comment l'ambassade française ne réagit-elle pas? Si l'on vendait, en Europe, du jus de maïs sous l'appellation « Souvenirs du Québec » en le faisant passer pour du sirop d'érable, j'espère que le Québec s'y opposerait : comment alors la France accepte-t-elle ainsi qu'on la calomnie?

Qu'on ne vienne pas me dire qu'il est impossible de bien boire au-dessous de 10 dollars. Il n'y a qu'ici que c'est impossible. On trouve, dans des milliers de magasins en Europe, de bons vins pour cinq dollars la bouteille. Les taxes? On y paie une moyenne de 20 % de taxes sur les vins. L'État se sucre partout, ailleurs comme ici. Le fait-il davantage ici? Il faut le croire; mais alors c'est un État pour les riches et ce n'est pas son rôle que de réserver les plaisirs du palais aux nantis. Il ne devrait y avoir que les commerçants pour faire cela. La vertu? L'État décide-t-il de taxer le vin pour en diminuer la consommation, comme il décide d'interdire l'achat d'alcool après 23 heures? Avant de nous faire des leçons de morale sur la condition dans laquelle nous serions plongés si nous étions libres, je lui suggère, en fait de moralité, de réfléchir au loto et autres loteries qu'il vend aux pauvres comme il leur vendait autrefois l'Église. Quoi d'autre? Favoriser la production nationale? La production de quoi, exactement? Qui songe, en France, à fabriquer du sirop d'érable? Le vin est une affaire de climat et de sol : le climat nous ne l'avons pas. Ce n'est pas une tare, c'est de la géographie. Enfin, quelle bonne raison pourrait-on me donner pour m'enlever le droit de partager un verre de bon vin avec la femme que j'aime et mes amis? On devrait dire du commerce de l'État ce que Montesquieu disait de ses lois : «quand il n'est pas nécessaire d'en faire, il est nécessaire de ne pas en faire».

Leçon de survie

Pour le reste, par rapport à l'Europe, il faut souligner qu' :

> il est interdit d'acheter de l'alcool **après 23h**;

> il est interdit de consommer de l'alcool dans les bars **après 3h**;

> il est interdit de boire des boissons alcoolisées **en voiture** (même si l'on est passager);

> il est interdit de consommer des boissons alcoolisées **dans la rue;**

> il est interdit d'acheter des boissons alcoolisées si l'on a **moins de 18 ans**;

> **un mineur ne peut se trouver dans un bar ou une brasserie**. Il ne peut non plus y présenter un spectacle ou participer à un spectacle, dans une pièce ou même sur la terrasse de l'établissement où des boissons alcoolisées peuvent être vendues;

> il n'est pas interdit de consommer de l'alcool dans les **stades sportifs**.

En synthèse, tout ce qui est interdit au Québec à ce propos est autorisé en Europe (à part l'Angleterre) et inversement. Car il y a bien 15 ans qu'on ne peut plus boire de la bière dans les stades.

Selon Statistique Canada, la consommation de vin par habitant s'élève à 20 litres par année, au Québec. Un peu plus du double en France.

Contrairement à ce que prétend l'auteur de ce guide, il existe d'excellents vins au Canada, surtout dans les **vins de glace**. C'est ainsi que les vendanges tardives du Vignoble du Marathonien *(www.marathonien. qc.ca)* ont remporté une médaille d'or au concours Les Vinalies de Paris.

En décembre 2005, la SAQ, par l'entremise de deux vice-présidents, a tenté de convaincre des fournisseurs européens de hausser leur prix d'origine pour leur réclamer un rabais volume équivalent afin

 Tableau de Mansiondeïev[20] : le prix du vin

Vins	Prix SAQ	Prix France	Différence
Mouton Cadet	16,84 $	12,97 $	+30 %
Château Rahoul 2012	34,44 $	22,45 $	+53 %
Château La Lagune 2012	113,83 $	94,17 $	+21 %
Colombelle L'Original	12,08 $	7,17 $	+69 %

Champagnes	Prix SAQ	Prix France	Différence
Pol Roger Brut	70,71 $	54,47 $	+30 %
Taittinger Brut Réserve	68,70 $	54,89 $	+25 %
Malard Grand Cru Blanc de Blancs	77,90 $	41,42 $	+88 %
Deutz Brut Classic	67,55 $	56,47 $	+20 %

[20] *En avril 2017, avec un taux de 1 € = 1,44844 $CAD*

de hausser ses profits. Cette pratique a suscité un tollé dans la population.

L'entrepôt du vin en vrac propose des vins acceptables que l'on embouteille soi-même *(2021 rue des Futailles, 514-353-2021)*.

Environ 15 % des vins produits au Canada viennent de Colombie-Britannique, et notamment de la région d'Osoyoos, pays des serpents à sonnette et des cactus. Ils sont présents au Québec sous l'étiquette Mission Hill.

Les bières

La brasserie **Molson** existe depuis 1786. Elle a fusionné avec l'américaine Coors en 2005, cessant ainsi d'être entièrement québécoise. **Boréale** (blonde, rousse, noire…) est donc le dernier grand brasseur 100 % québécois. **Unibroue** (*Eau Bénite*, *La Fin du Monde*, *Blanche de Chambly*), autrefois québécoise et dans laquelle Robert Charlebois avait investi, a été achetée par la société サッポロビール.

Mais le Québec regorge de **brasseries artisanales** que vous pouvez visiter sur *www. bieresduquebec.ca* ou sur place :

> **L'Amère à boire** (*2049 rue St-Denis, 514-282-7448, www.amereaboire.com*).

> **Dieu du Ciel**, de réputation internationale (*29 av. Laurier O., 514-490-9555, www.dieuduciel.com*).

> **Helm**, bières brassées sur place mais aussi cidres québécois et vins

d'Amérique du Nord (*273 rue Bernard O., 524-276-0473, www.helmmicrobrasserie.ca*).

«Apportez votre vin»

Les restaurants ne peuvent servir du vin que s'ils ont la «licence», mais les restaurateurs ne peuvent vendre que du vin «timbré» par la SAQ. En pratique, ils achètent le vin plus cher que vous et moi, car ils paient des taxes supplémentaires (en plus du permis d'alcool).

En outre, ils ne peuvent pas vendre tous les vins que nous pouvons acheter : il faut qu'ils soient vendus par la SAQ. Un exemple : les vins de glace, produits essentiellement en Ontario, ne sont pas tous vendus par la SAQ. On ne peut donc pas les proposer dans les restaurants. En revanche, vous pouvez les boire si vous les apportez vous-même, pour autant qu'il s'agisse d'un endroit où l'on ne peut pas vendre d'alcool. Bref, vous pouvez boire ce que vous voulez si vous êtes dans un restaurant où l'on ne peut pas servir d'alcool. Un dernier verre?

Devant la cherté des vins, que croit-on que fassent les Italiens? Ils en font eux-mêmes. Ils achètent le raisin et le vinifient. Ils ne le vendent pas. Ils le donnent à leurs amis en attendant l'abolition pure et simple de la SAQ.

L'alcool, au contraire du vin, est abordable et, comparativement à l'Europe, moins cher. Si vous trouvez ça logique, appelez immédiatement le **911**.

Une, **sainte, catholique** et **apostolique**

Fraîchement débarqué...

À Anna

Je ne savais pas que l'Église catholique était aussi mortelle avant d'arriver à Montréal. Toutes les rues, ou presque, portent des noms de saints, il y a autant d'églises que de parcs, on « sacre » tant qu'on peut : mais de l'Église une, sainte, catholique et apostolique, que reste-t-il? On voit peu de curés et de nonnes dans la rue; j'entends les cloches sonner le dimanche à 10 heures, mais toutes les églises sont fermées; à part Céline Dion, je n'ai jamais vu de mariée sur aucun parvis et j'attends toujours mon premier enterrement. On dirait qu'en 50 ans, l'Église catholique a subi le sort qu'elle imposait aux cultures traditionnelles : on l'a vidée de l'intérieur.

Le curieux de l'affaire, pour un Européen, n'est pas que les églises soient désertées des fidèles, car elles le sont aussi en Europe; qu'on y habite, ici, est déjà plus étonnant, car personne n'oserait le faire là-bas. Ce qui est vraiment étrange est de constater qu'il ne subsiste absolument rien de la culture catholique au Canada français, à part des injures. Dans aucun autre pays du monde, je crois, on n'utilise les objets du culte pour s'insulter; parfois le nom de Dieu, mais jamais le mobilier des églises. Mais dans aucun pays du monde, peut-être, on voit moins d'hosties, de tabernacles, de sacrifices qu'au Québec. Il ne reste dans la mentalité ni ce fond de jansénisme qui faisait la saveur de la conversation de mes tantes, ni cette retenue pour les choses du sexe qui en expliquait le célibat. Tout a disparu, pratique, mobilier, mode de pensée, défauts et qualités : le Québec est devenu la nation la moins catholique de l'univers.

Et pourtant, me dit-on, ce n'est pas faute d'avoir occupé le terrain. Des amis montréalais m'expliquent que le français est demeuré ici grâce à cette Église, que les curés ont exhorté les femmes à enfanter pour multiplier les francophones, qu'ils ont mis la main à la pâte, si l'on peut dire, plutôt deux fois qu'une ; qu'ils ont éduqué, sermonné les Iroquois comme les Hurons : mais de tout cela, de cette présence dans les églises, les écoles, les rues, les ménages ; du catéchisme, de l'éducation, des interdits, des pénitences, il ne reste rien dans la mentalité. Pas même l'horreur des curés.

N'est-ce pas curieux, pour un peuple qui se souvient ?

Leçon de survie

> Sainte Kateri Tekakwitha (1656-1680) est la **première Autochtone d'Amérique du Nord à avoir été canonisée**. Une église porte son nom dans la communauté montagnaise de Mashteuiatsh (Saguenay–Lac-Saint-Jean).

> **La plus ancienne église en pierre** de Montréal (1657) n'existe plus et il n'y a donc rien à voir, sauf ses fondations. On peut voir une église transformée en appartements au 6655 boulevard St-Laurent.

> En revanche, on peut admirer des fresques représentant **Mussolini** dans l'**église Madonna della Difesa**. Ces fresques, réalisées par l'artiste Guido Nincheri, ont été cachées durant la Seconde Guerre, mais personne aujourd'hui ne trouve plus rien d'anormal à ça… *(6810 av. Henri-Julien)*.

> Dans le genre souvenirs de guerre, l'**église St. Andrew and St. Paul** contient un immense vitrail représentant les soldats tués pendant la Première Guerre *(3415 rue Redpath, www.standrewstpaul. com)*.

> L'inventeur de l'immaculée conception, de l'infaillibilité pontificale et le défenseur de l'esclavage a donné son nom au **boulevard Pie-IX**.

> La **cathédrale Marie-Reine-du-Monde** est une réplique au tiers de la basilique Saint-Pierre de Rome *(1085 rue de la Cathédrale)*.

> Le **Musée des Hospitalières de l'Hôtel-Dieu de Montréal** retrace l'histoire des hospitalières du premier hôpital de Montréal *(201 av. des Pins O., 514-849-2919, http://museedeshospitalieres. qc.ca).*

> L'**Hôpital Général des Sœurs Grises**: il n'en reste que l'aile ouest et la chapelle (on peut y visiter la Maison de Mère d'Youville). Ces sœurs doivent leur appellation à leur costume gris et au fait qu'on les soupçonnait de vendre de l'alcool «grisant» aux Indiens *(138 rue St-Pierre).*

> Les Québécois ont inventé un plat dénommé les **oreilles de criss** (oreilles de Christ) constitué de lard salé découpé en lamelles, blanchies puis cuites au four ou à la poêle. Un plat traditionnel de la cabane à sucre.

> Le dôme de l'**oratoire Saint-Joseph** est le deuxième par ses dimensions après celui de la basilique Saint-Pierre de Rome.

> La **croix du Mont-Royal**, érigée en 1924, est illuminée et mesure 30 mètres de haut. Le but est de rappeler que Maisonneuve promit de planter une croix de bois sur la montagne si Montréal survivait aux inondations. Montréal a survécu, Maisonneuve a tenu sa promesse, mais la croix de bois n'a pas tenu. Celle-ci tiendra.

> En décembre 1881, lors d'une visite à Montréal, Mark Twain déclara: «C'est la première fois que je suis dans une ville où il serait impossible

ARRÊT STOP *En 2014, Mme Narayana a intenté un recours judiciaire pour revendiquer le droit de porter sur sa tête un foulard de pirate ou une **passoire à spaghettis pour sa photo** de permis de conduire, prétextant qu'il s'agissait d'un signe religieux. La SAAQ a commandé une étude de 16 140 $ pour démontrer qu'une passoire n'est pas un signe religieux et Mme Narayana a été déboutée devant la Cour supérieure du Québec.*

de lancer une brique sans briser la fenêtre d'une église.» Si vous aussi vous avez envie de **lancer une brique**, consultez un médecin. La ville, autrefois dite la «**Rome d'Amérique**», compte plus de 600 lieux de culte.

> Le **frère André**, portier durant 40 ans dans un collège de Montréal et initiateur de la construction de l'oratoire Saint-Joseph, a été canonisé par le pape Benoît XVI le 17 octobre 2010. En raison de ses nombreuses guérisons miraculeuses, il est devenu le **premier saint québécois**. On peut visiter sa chambre à l'Oratoire, lieu de pèlerinage international.

> Il reste **265 oblats** dans le monde dont la moyenne d'âge est supérieure à 70 ans. Quand vous aurez fini ce guide, il en restera 263.

> La plupart des Québécois reconnaissent que, quand ils étaient

éduqués par des religieuses, ils connaissaient l'orthographe.

> Comme certains reprochaient aux écoles d'enseigner le catholicisme aux enfants, on a décidé de remplacer le cours de religion obligatoire par un cours d'**éthique et culture religieuse**. Les enfants apprennent maintenant Jésus, Allah, Bouddha, Vishnou, Ganesh, Jéhovah et le Grand Manitou à raison d'une heure par semaine.

> Étant donné que le yoga est une discipline créée par des peuples « *qui ont expérimenté l'oppression, les génocides culturels et les exactions à cause du colonialisme et de la domination de l'Occident* », la Fédération étudiante de l'Université d'Ottawa a décidé de retirer les **cours de yoga** pour personnes handicapées de son programme. Faites gaffe quand vous écoutez du blues dans la région.

> Les **accommodements raisonnables** désignent « l'assouplissement d'une norme afin de contrer la discrimination que peut créer cette norme et que subit une personne, dans le but de respecter le droit à l'éga-

lité du citoyen ». Prenons par exemple un **sikh et son poignard :** la Cour suprême lui a accordé le droit de le porter à l'école. Un **sikh et son turban** (il conteste le port du casque de sécurité car il a déjà un pagri de 4 m 30 sur la tête), refusé. Un **juif hassidique et le parking :** on a levé l'interdiction de stationnement dans quelques rues d'Outremont durant les grandes fêtes juives. **Raël et le coiffeur : couper son chignon** reviendrait à débrancher son antenne paranormale. Refusé.

> La Commission sur les accommodements raisonnables a proposé d'enlever le **crucifix accroché au mur de l'Assemblée nationale**. Immédiatement après cette proposition, le gouvernement québécois a déposé une motion réclamant le maintien du crucifix au nom du patrimoine et de l'histoire du Québec. La motion a été adoptée à l'unanimité.

> La loi québécoise ne règlemente pas (encore) **le port des signes religieux**.

ARRÊT STOP *Vous pouvez **vous déshabiller dans un confessionnal** transformé en cabine d'essayage. C'est à L'Annexe, une ancienne chapelle des Petites Franciscaines convertie en friperie au profit des déficients intellectuels (6365 rue De St-Vallier, 514-727-4444).*

Le Québec
en Europe

Fraîchement
débarqué...

À Shantal

La notoriété du Québec en Europe est due à Charles de Gaulle et à Céline Dion, mais il n'est pas sûr qu'ils en soient les meilleurs promoteurs.

Le premier a réduit la belle province à ses ambitions politiques; la seconde a appris aux Européens qu'on pouvait chanter fort. Les conséquences en sont que le Québec paraît aux Européens un problème politique plutôt qu'un territoire et ses habitants, des chanteuses plutôt que des Québécoises.

Pourtant, quoi de plus ennuyeux que la politique québécoise quand on habite en Europe? Et quoi de plus fâcheux que la prolifération de Célinettes dans tous les karaokés de France et de Navarre? Où est, dans cette image, l'immensité du pays qui est sa caractéristique la plus surprenante? Où est sa beauté? Où sont ses lacs et ses chalets? Les écureuils du square Saint-Louis sautillant aux côtés des fumeurs indigènes? Les ours, les loups, les «bibittes»? Où parle-t-on de la douceur du vent du sud dans ces arpents de neige, du soleil vainqueur et de l'explosion de millions de fleurs au mois de juin? Non, personne en Europe ne vend le Québec pour ce qu'il est. Et les politiciens, qui ne devraient pas parler de leurs problèmes à l'extérieur de chez eux, feraient mieux de décrire leur splendeur plutôt que leur misère : car la misère n'est pas une caractéristique spécifiquement québécoise. Je ne comprends pas qu'à l'étranger, les Québécois ne proclament pas la beauté de leur pays et le plaisir d'y vivre. Est-ce parce que cela leur paraît si naturel? Pour ne pas gêner ceux qui n'y vivent pas? Est-ce de la timidité? De la honte? Une sorte de complexe?

Enfin voilà, si j'étais ambassadeur de Montréal à Paris, je ne ferais aucun discours sur l'unité nationale; je mangerais des fraises québécoises devant la photo du lac Memphrémagog, je tartinerais mes crêpes de sirop d'érable et je passerais mon temps à dire à la France : quand reviendrai-je à Montréal?

Trois sites Internet

> Montréal en **2 minutes** : *www.tourisme-montreal.org*.

> Montréal en **12 lieux** : des classiques (le mont Royal, le métro Berri-UQAM) aux plus inusités (le quartier de la fourrure, le 281...) : *http://urbania.ca/emissions/montreal-en-12-lieux*.

> Montréal en *live* : *www.montrealcam.com* (réseau de webcams).

Montréal et le Québec en France

> **Tourisme Québec** *(numéro vert en France : 0 800 90 77 77, www.quebecoriginal.com)*.

> **Délégation générale du Québec** *(66 rue Pergolèse, 75016 Paris, 01 40 67 85 00).*

> **Association France-Québec** *(94 rue Courcelles, 75008 Paris).* Comme nous sommes en France, cette association est en fait fermée toute l'année, c'est juste une boîte postale.

> **La Librairie du Québec** *(30 rue Gay-Lussac, 75005 Paris, 01 43 54 49 02).*

> **The Abbey Bookshop**, librairie canadienne *(29 rue de la Parcheminerie, 75005 Paris, 01 46 33 16 24).*

> **L'Envol**, bar québécois *(30 rue Lacépède, 75005 Paris, 01 45 35 53 93).*

> **Association des Québécois en France** *(www.quebecfrance.info).*

Ce qui étonne les Québécois à Paris, ce sont

d'abord et avant tout les crottes de chiens. Ensuite, que l'on dise bonjour à des gens que l'on ne connaît pas (ses voisins dans l'ascenseur, par exemple). Dans le milieu du travail, ils sont étonnés que l'on prenne 60 à 90 minutes pour le déjeuner, que les conducteurs klaxonnent. Et généralement, ils sont extrêmement surpris que les Français (de Paris) râlent tout le temps. «En France, il ne faut jamais croire quelqu'un sur parole, il faut absolument exiger des écrits signés» et «Il ne faut surtout pas se sentir offensé lorsqu'on se fait demander

un peu partout sa date de naissance, son lieu de naissance, son statut social…». Mais «Les Français adorent les Québécois».

Et **ce que les Québécois préfèrent par-dessus tout en France:** les vacances…. en Belgique.

> **Ambassade du Canada** *(58 av. des Arts, 1000 Bruxelles, 02 741 06 11).*

> **Délégation générale du Québec à Bruxelles** *(av. des Arts 46, 7e étage, 1000 Bruxelles, 02 512 00 36).*

> **Les Offices jeunesse internationaux du Québec** *(www.lojiq.org).*

> **Québec Café** *(34 cour St-Gilles, 4000 Liège, 04 252 46 46)….* en Suisse.

> **Ambassade du Canada** *(88 Kirchenfeldstrasse, 3005 Berne, 31 357 32 00).*

> La **Délégation générale du Québec en Suisse** se trouve en Allemagne *(Mauerkircherstrasse 103, 81925 München, 089 2554931-0).*

> **Association des Québécois en Suisse** *(www.toileaqs.com).*

> **Les Gosses du Québec**, bar-pub fondé par un Québécois *(22 av. de la Gare, 1003 Lausanne, 21 323 28 28).*

De l'air!

Fraîchement débarqué...

À Benjamin

Les compagnies aériennes, non contentes de nous prendre pour des imbéciles en proposant 15 tarifs différents pour le même siège, ont également pris l'habitude de nous traiter en bétail sans que personne n'y trouve à redire. Comme le fermier n'a pas de comptes à rendre aux vaches, les compagnies partent en retard, arrivent quand elles le peuvent, font grève toutes les semaines mais ferment les portes de leurs avions si nous avons du retard, nous pressent sans gentillesse si nous tardons et nous prient d'accepter leur grève comme un phénomène naturel, prévisible et dirimant. C'est pourquoi je les hais, moi qui ai besoin d'elles. Nous n'y mangeons que quand elles ont faim, ne partons que si cela leur plaît et passons notre temps à les attendre.

Le pire n'est pourtant pas cela, mais qu'elles nous cachent une vérité énorme : qu'à voyager, comme à être amoureux, on perd sa santé. Il est connu de peu, mais ils le savent tous, que le voyage Paris–Montréal, par exemple, quand il passe par le pôle, altère tellement nos cellules sanguines que la plupart des pilotes meurent avant l'âge de mourir. Les médecins savent qu'après un voyage transatlantique, nos cellules sont tellement comprimées qu'elles en sont méconnaissables. On nous empêche de fumer, mais on nous inocule le cancer comme on nous impose d'embarquer à 21 h 16 sans s'excuser d'arriver trois heures après l'heure.

N'ayant aucun respect pour ces compagnies qui me méprisent, je n'entre jamais en avion que le dernier, afin de le faire attendre et de prendre la place qu'il me plaît plutôt que celle qu'on me désigne. Je me dirige naturellement vers la queue, qui est l'endroit statistiquement le moins dangereux en cas d'accident, mais j'en sors le premier, en m'approchant d'un siège proche de la sortie avant l'atterrissage, parce qu'il m'est insupportable qu'on m'empêche de fumer plus longtemps. Je ne mange pas ce qu'on me sert mais bois ce qu'on me propose, afin de dormir au plus vite. J'emporte avec moi des boules Quiès, les seules efficaces, un coussin gonflable plutôt que l'oreiller des compagnies qui ne sert à rien, des œillères et une banane où je range mes affaires sans avoir à les chercher plus tard. Je ne travaille ni ne lis, mais je m'endors, je bénis la rapidité du moteur et que personne, au moins pendant ce vol, ne me téléphone. Bien sûr je dors mal, car le sommeil en avion est réservé aux riches. Ce sommeil que Dieu avait donné aux pauvres également pour repos de leurs malheurs nous est interdit dans ces compagnies et nous sommes priés de rester éternellement assis dans la nuit quand les autres dorment sous des draps grâce à leur argent : mais comment peut-on respecter les compagnies aériennes qui nous respectent si peu ?

Au réveil, c'est le mauvais café qu'on nous sert sans égard à l'heure réelle ni à l'état de notre estomac. Il serait temps de souper, mais on nous sert des biscuits à la confiture parce qu'il est l'heure à Paris. Le film est fini, les hôtesses sourient, le commandant qui a toujours une voix héroïque nous parle du temps qu'il fait : mais quand donc sortirai-je de ce morceau de métal ?

Et pourtant, ces carlingues contiennent un rêve érotique bien représenté par les voix suaves des aéroports. Il est gênant de ne pouvoir offrir à une femme la *business class* lorsqu'on a lu *Emmanuelle* qui s'envoyait en l'air – en l'air dans les toilettes avec des gentlemen. Mais il est encore plus inconfortable, à cause des accoudoirs, qu'elle s'endorme sur notre épaule ; qu'elle ait froid, puis trop chaud, se retourne vers le voisin et qu'on craigne de la perdre, demande si l'on est bientôt arrivés alors qu'on est à peine partis. Ce spectacle est lamentable et l'on se sent minables, esclaves de la mauvaise compagnie qui nous prend pour des bœufs mais feint de nous traiter en rois, puis finit si mal et dans tellement de fatigue un voyage qu'elle nous avait vendu dans tant de luxe. Je suis gêné de n'avoir pu payer la *business class* ou la première à la femme que j'aime et chaque turbulence me paraît une preuve de cette mauvaise auberge : vraiment, quand sortira-t-on de cette carlingue ? Quand pourrai-je voir à nouveau ma femme nue et étendue à côté de moi, touchant son dos en liberté dans la simple joie de dormir ventre contre dos, sexe mou dans la raie des fesses ?

Au moins c'est la leçon que l'on tire : à dormir si mal, on envie des plaisirs ordinaires qu'on avait oubliés. Et le soir, dans la chambre retrouvée, n'est-il pas doux de se souvenir qu'il y a quelques heures, que maintenant à la même heure, des tas de gens sont inconfortablement installés à voler au-dessus de nos têtes, alors que nous sommes couchés, étendus et libres, à côté de la femme que l'on aime — qui ne veut pas faire l'amour parce qu'elle est fatiguée du voyage ?

Aéroport international Pierre-Elliott-Trudeau de Montréal *(514-633-3333, www.admtl.com).*

› La navette **747** assure 24 h/24 des liaisons par autocar entre l'aéroport Montréal-Trudeau et le centre-ville de Montréal.

› Un tarif fixe de 40 $ est imposé aux **taxis** entre l'aéroport et le centre-ville.

Pour être informé des retards sur votre téléphone portable, **textez votre numéro de vol** (par exemple AF123) au 23636. Le service reconnaîtra automatiquement si le vol est un départ ou une arrivée. Vous recevrez l'état de votre vol, puis le système vous demandera si vous désirez recevoir une alerte en cas de modification.

En vous inscrivant à **SecurXpress** sur le site *www.admtl.com*, vous bénéficierez d'un passage prioritaire au point de contrôle A (vols nationaux et internationaux). Le système vous enverra une réservation. Si vous vous demandiez par hasard comment des **vers de terre** peuvent empêcher votre avion de décoller, c'est très simple. À Montréal-Trudeau, ils attirent des goélands, des canards et des bernaches, qui présentent un risque pour leurs congénères motorisés. L'aéroport emploie donc des fauconniers pour leur faire la chasse. En 2009, des bernaches ont ainsi heurté les réacteurs d'un avion de l'US Airways, ce qui l'a forcé à amerrir dans le fleuve Hudson, face à Manhattan. Comment expliquer aux passagers quand vous êtes une hôtesse de l'air qu'il faudra emprunter des canots à cause de vers de terre?

C'est terminé depuis 2004 pour **l'ancien aéroport de Mirabel** qui n'accueille plus aucun vol de passagers. *Le Terminal*, film de 2004 réalisé par Steven Spielberg censé se dérouler à JFK, y a d'ailleurs été tourné l'année de sa fermeture.

La glace sur les avions pouvant causer des problèmes majeurs, on arrose les ailes et la queue avant le décollage avec de **l'éthanolglycol réchauffé** (une vieille recette de ma grand-mère).

Bien entendu, les **agences de voyages** sont ici comme ailleurs spécialisées ès fantaisies. Elles annoncent des « ventes de sièges » (en français : billets à prix réduits) qui coûtent plus cher qu'au prix normal et passent une bonne partie du temps à mentir. Quand elles disent, par exemple : « Il n'y a plus de place sur le vol Air France », cela signifie : « Nous avons vendu nos places. »

Choisissez votre siège sur votre vol grâce à *www.seatguru.com*. Il attribue des notes à chaque siège en fonction de son confort.

> **Québec-Air**, **Eastern**, **Western** et **Pan-American**, les compagnies que prenait Robert Charlebois pour revenir à Montréaaal, n'existent plus. Et pourtant, Montréal est l'un des rares endroits dans le monde où l'on peut se procurer la quasi-totalité des composantes d'un aéronef dans

un rayon de 30 km, tant le secteur aéronautique y est développé.

> **Air France** a fait de Montréal une destination privilégiée. Ses vols proposent un choix de repas (viande ou poisson), de vin dans toutes ses classes, des hôtesses charmantes et ce soupçon de prétention qui saupoudre la France entière *(1-800-667-2747)*.

> **Air Transat** transporte chaque année 3 millions de passagers qui ne savent pas où mettre leurs jambes quand ils mesurent plus de 1 m 50 *(www.airtransat.ca)*.

> La **Sabena**, ancienne compagnie belge, n'existe plus depuis qu'on l'avait rebaptisée « *Such A Bad Experience Never Again* ». Maintenant il n'y a plus de compagnie en Belgique. C'est malin.

> Si vous êtes sourd, préférez **Air Canada**. Cette compagnie offre un numéro de téléphone spécial pour les malentendants *(1-888-247-2262)*.

> **WOW Air** pratique des tarifs pour l'Europe plus bas que la concurrence, avec escale obligatoire en Islande (l'occasion de rencontrer enfin des personnages de *Game of Thrones*) : *www.wowair.ca*.

> **Air Inuit** sert surtout pour se rendre dans le Nord. Ça coûte plus cher qu'un vol AR pour Paris. La raison? Les prix sont inuits (elle est excellente) *(1-800-361-2965)*.

Tourisme
à Montréal

Fraîchement débarqué...

À nos amis

Depuis que je suis installé en Amérique du Nord, j'ai de nombreux amis en Europe. La plupart, qui viennent me voir en vacances, décident que je le suis aussi, que mon appartement est un hôtel, ma voiture un taxi, et mon frigo sans fond. Je suis prié de leur faire visiter les «plus beaux coins» du Québec, de leur trouver le «meilleur» sirop d'érable, les plus bas «rapports qualité/prix», le plus beau lac et, s'ils ne me remercient pas quand je le trouve, c'est à peine s'ils ne m'en veulent quand je ne le trouve pas.

Quand Davide a débarqué à Dorval, il a d'abord trouvé qu'il faisait froid; quand il est entré chez moi, qu'il y avait de la poussière sur le téléviseur. Quand il l'a allumé, qu'il n'y avait pas d'informations sur l'Europe. Quand il a vu des Québécois, il a pensé qu'ils avaient un accent : il y a des touristes qui traitent les nationaux comme des étrangers.

Il me demande ce qu'il y a à voir de «typique». Je lui réponds aussi sec : le Vieux-Port, qui a l'avantage d'être loin de chez moi. Quelques heures plus tard, il me revient les bras chargés de mocassins et d'arcs à flèches, tout enthousiaste d'avoir marché sur des «vrais pavés» comme en Europe. Et je me rends compte que cet imbécile est venu chercher à Montréal les pavés de Bruxelles, comme Boris Vian voulait voir Syracuse pour s'en souvenir à Paris.

« Sais-tu pourquoi je suis venu à Montréal?, me demande-t-il justement dans la cuisine, comme s'il était en mission secrète.

– Pour m'emmerder, ai-je envie de lui répondre – mais je lui demande d'expliquer.

– Pour voir s'il y avait des possibilités pour ma carrière.

– Quelle carrière?, fais-je, étonné, puisqu'il est bagagiste à Zaventem.

– Ma carrière de chanteur. J'ai décidé que je me lançais dans la chanson comme Bocelli. Écoute ce que j'ai composé. »

Ce moment restera gravé pour toujours dans ma cuisine. Voilà Davide qui entame une sorte de chanson de bel canto, aussi fausse que possible, mais aussi fort qu'il le peut. Bocelli est peut-être aveugle, mais Davide est, en outre, sourd. Et il croit que, parce qu'il chante fort, il a sa place au Québec.

« Tu comprends, dit-il en remuant une sauce italienne en boîte, qu'il m'a fallu manger ensuite, ma voix vient de mes ancêtres napolitains. Tous les Italiens sont doués pour le chant. »

Tous sauf un. Et c'était lui.

Enfin quand ce Belge d'origine italienne a quitté mon appartement du Canada, je me suis souvenu de cette phrase russe : quand un ennemi sort de chez moi, j'ai l'impression qu'un ami y rentre.

Leçon de survie

Visiter

> **Centre Infotouriste**
(1255 rue Peel, bureau 100,
à l'angle des rues Peel et
Ste-Catherine, 514-873-2015 ou
1-877-266-5687,
www.quebecoriginal.com).

Sur le Net:

> *www.tourisme-montreal.org*

> *www.museesmontreal.org*

On peut envoyer promener les emmerdeurs à plusieurs endroits de la ville, en potassant le guide Ulysse *Montréal*. Le **Biodôme** *(514-868-3000, http://*

espacepourlavie.ca/biodome) est une sorte d'immense Jardin des Plantes couvert (il y a des plantes carnivores). Leur suggérer également la **Biosphère** *(514-283-5000, www. ec.gc.ca/biosphere)* «premier centre canadien d'observation environnementale» ainsi que le **Jardin botanique** *(514-872-1400, http://espacepourlavie. ca/jardin-botanique)*, l'un des plus importants d'Amérique du Nord (voir l'intéressante section consacrée aux Premières Nations – ça veut dire les Indiens). Dans le genre culturel, le **Musée des beaux-arts de Montréal** *(514-285-2000, www. mbam.qc.ca)* organise des expositions à thème qui permettront au visiteur de raconter en Europe qu'il les a vues. Il fut un temps où Montréal était ni plus ni moins que la capitale mondiale du phonogramme. *La Voix de son Maître*, c'était ici : on peut visiter le mignon petit **Musée des ondes Émile Berliner** *(514-932-9663)*. De très intéressantes expos thématiques sont également organisées au **Musée McCord d'histoire canadienne** *(514-861-6701, www.musee-mccord. qc.ca)*, qui possède une exception-

nelle documentation sur l'histoire des Autochtones (ça veut dire les Indiens).

De là, remontez vers le nord-est en direction de la **rue Saint-Denis**, traversez le square Saint-Louis, où flânent paisiblement héroïnomanes et fabricants de cocaïne artisanale. Comme l'observe avec justesse le *Guide Bleu*, en hiver les toits de ces maisons sont couverts de neige (en été c'est plus rare). Remontez ensuite la rue Saint-Denis (si ça descend, c'est que vous êtes dans la mauvaise direction, mais pourquoi pas?) dans une foule aimablement polyglotte et par moments hirsute, et rejoignez l'**avenue du Mont-Royal** en évitant les vélos sur le trottoir. De là, dirigez-vous tranquillement vers le bar laitier **Le Patio** *(836 av. du Mont-Royal E.)* et demandez un lait fouetté aux fraises, ce qui signifie un *milk shake*.

La rue Saint-Paul est la **plus ancienne rue de Montréal** (tracée en 1672) et l'**auberge Saint-Gabriel**, encore en activité, a ouvert ses portes le 4 mars 1754 *(426 rue St-Gabriel, 514-878-3561)*. Elle appartient aujourd'hui à Garou et ses

C'est violent

On embarque sur un bateau de 300 chevaux qui se dirige lentement vers les rapides de Lachine pendant que l'animatrice recommande, si l'on vomit, de le faire dans le capuchon jaune du voisin. Arrivé aux rapides, on comprend vraiment ce qu'ont ressenti les vieilles dames sur le Titanic (Saute-Moutons, 47 rue de la Commune O., 514-284-9607, www.jetboatingmontreal.com).

amis, vous savez tout, même que la rue Sainte-Hélène, qui n'est pas loin, compte 22 lanternes au gaz comme jadis.

Pour en finir avec votre touriste, faites-lui faire un tour de Montréal à table (restaurant pivotant, dernier étage de l'**hôtel Delta**, *777 rue Université, 514-879-1370*), en bus **Gray Line** *(514-398-9769, www.grayline.com)* ou en **amphibus**, un bus qui roule et flotte dans le Vieux-Port *(514-849-5181, www.montreal-amphibus-tour.com)*, pour voir si vous n'y êtes pas. Il se perdra certainement si on le laisse seul dans la **ville souterraine** (30 kilomètres de tunnels sous le centre-ville), mais pour l'achever, le meilleur moyen est encore de lui offrir une **poutine** et de l'amener ensuite à **La Ronde**, parc d'attractions bien connu de Montréal *(514-397-2000, www.laronde.com)*.

L'envoyer dans un hôtel

Un des moins chers

L'**hôtel Quartier Latin** *(1763 rue St-Denis, 514-842-8444, www.hotel-quartierlatin.com)*. Activités proposées par cet établissement: randonnées pédestres...

Un des plus beaux

Le contraire du Hilton: dans une maison de 1770, chambres avec lit à baldaquin, meubles anciens, feu ouvert... Autour de 300 $ la nuitée *(Hôtel*

Pierre du Calvet, 405 rue Bonsecours, 514-282-1725, www.pierreducalvet.ca).

Pour un séjour d'une semaine ou plus

Le **Castel Durocher** propose des suites ravissantes en plein centre-ville, près de l'Université McGill. Appartements vastes à une ou deux chambres, dans une jolie maison. Endroit idéal pour découvrir Montréal. Vincent et Sandrine, les propriétaires belges, sont encensés par les voyageurs de TripAdvisor et ils le méritent *(3488 rue Durocher, 514-282-1697, http://users.openface.ca/~durocher)*.

Le plus cher

Le St-James. Appartement terrasse pour 5 900 $ la nuitée. Taxes non comprises, bien sûr. Ce splendide hôtel offre tous les jours un service de thé entre 14h30 et 17h, que l'on prend à l'anglaise parfois avec une harpiste en accompagnement *(355 rue St-Jacques, 514-841-3111, www.hotellestjames.com)*.

Le plus incroyable au Québec

L'**Hôtel de Glace** dans la région de Québec. Tout y est fait en glace: les murs, les lits, le bar, le verre à vodka, l'écran de cinéma, la chapelle... Il n'y a que la note qui ne laisse pas de glace (elle est facile mais subtile): chambre double pour près de 500 $, souper et petit déjeuner compris. On peut aussi visiter, si on n'a pas les moyens. Ça ne coûte qu'une bonne dizaine de dollars. Ouvert en janvier, fondu en avril *(www.hoteldeglace-canada.com)*.

Manger, **voir, danser, aimer, vivre**
Montréal

Fraîchement débarqué...

À Jérôme, Laurent, Anaïs, Éric, Marcel, Anne, Geneviève, Christine...

Vous ne me croirez pas, mais vous le vivrez. Vous direz que c'est impossible, que ça n'arrivera jamais, que vous y penserez toujours. Mais voici la plus incroyable, la plus secrète vertu de Montréal : Montréal guérit du chagrin d'amour.

Est-ce à cause du fleuve Saint-Laurent qui nettoie, du froid qui purifie, du printemps qui crée? Du vent qui emporte, de la neige qui renouvelle, de l'insouciance des écureuils? Demandez à ceux qui sont venus ici, le cœur pixellisé, l'estomac blessé, et dans l'espoir dernier de changer une vie mal fagotée. Regardez-les maintenant. Il faut sans doute faire son voyage de noces à Venise, mais il faut soigner son divorce à Montréal. Cette ville, peut-être ce pays en entier, recèle une force unique de régénération ; regardez le froid que supportent la flore et la faune, les écarts extrêmes qu'elles endurent. Tout le monde ici passe de la contraction des gla-gla à la dilatation de la chaleur. Alors vous aussi. C'est une promesse.

21 expériences inoubliables que vous ne ferez qu'ici

1. La gentillesse des Montréalais, qui est légendaire, n'est pas une légende : **entrer** dans n'importe quel magasin permet d'en faire l'expérience vivante.

2. Patiner dans le parc La Fontaine, **skier** ou **glisser** sur le mont Royal à la nuit tombée, **faire du vélo** sur la piste du canal de Lachine. En plein centre-ville…

3. **Assister** à un match de hockey à La Cage. Les indigènes font ça en arrachant des **ailes de poulet** avec leurs dents.

4. Jouer au **boulingrin**. Inverse exact du hockey, ce sport se pratique presque en silence ou en anglais, dans un endroit tranquille, en costume léger et juste avant de boire du thé. Il s'agit de lancer une boule asymétrique de 1,5 kg sur un gazon anglais, le plus près possible d'un *jack*, équivalent écossais du cochonnet *(401 av. Kensington, 514-989-5532, parlez-leur super doucement quand vous les appellerez).*

5. **Sortir du Plateau et monter l'expédition suivante** : parcourir la rue Sherbrooke d'est en ouest. Un voyage dans l'histoire franco-pauvre (est)/anglo-riche (ouest) de Montréal.

6. **Explorer la forêt naturelle** de Montréal. Le Bois-de-Saraguay, la dernière forêt naturelle de l'île, se trouve à l'est de l'autoroute 13, dans l'arrondissement Ahuntsic-Cartierville.

7. **Manger** une poutine à La Banquise à 2 heures du matin et aller dormir en pensant qu'il est déjà 9 heures à Paris.

8. Croiser des **gicleurs siamois**. Vous découvrirez tout seul s'il s'agit d'une attraction du Cirque du Soleil, d'une sorte d'obsédés sexuels ou de lamas transgéniques car si je vous dis tout, vous perdrez l'avantage de la surprise.

9. Patiner sur le lac aux **Castors** du parc du Mont-Royal, boire un chocolat chaud dans le chalet, puis goûter une queue de **castor** à La Ronde en regardant le **castor** qui se trouve sur les pièces de 5 ¢, accompagné d'une femme parfumée avec *Magie Noire* (Lancôme) ou *Givenchy III*, qui contiennent le produit des glandes du **castor** situées entre l'anus et les parties génitales, le castoréum.

10. **Danser** un « set carré » au marché Maisonneuve les dimanche et jeudi soirs en été : des gens de tous âges essaient,

moi y compris, de suivre les pas de danse des profs qui gigotent à côté de la sono. Vous pouvez aussi **danser au lac aux Castors**. Ce n'est pas une danse autochtone en hommage aux amphibies, mais un cours de danses internationales qui s'y donne depuis 60 ans entre juin et septembre les lundi et jeudi soirs. Infos sur *www.amatp.org*.

11. Gagner un prix de **mini-putt:** un terrain de minigolf complètement kitsch *(Mini-Putt, 4400 rue Jean-Talon E.)*.

12. **Se demander «ça-s'peut-tu?»** devant la pinte de lait géante **Guaranteed Pure Milk** à l'angle du boulevard René-Lévesque et de la rue Crescent, heureusement sauvée par Héritage Montréal *(www.heritagemontreal.org)*.

13. **Habiter rue Adolf Hitler** ou à peu près: la rue Amherst (qui relie les rues Notre-Dame et Sherbrooke) a été nommée en hommage à Jeffery Amherst, qui suggéra d'utiliser la variole comme arme de guerre en contaminant des couvertures de laine destinées aux Amérindiens.

14. Acheter un *bagel* **chaud** rue Saint-Viateur.

15. **Descendre** le boulevard **Saint-Laurent** le samedi soir pour voir à quel point Montréal est multiethnique.

16. Attirer un **raton laveur** dans son appartement. Il suffit de laisser les fenêtres ouvertes et de déposer de la nourriture pour chats dans des assiettes sales. Ils démoliront tout, et ils ne feront pas la vaisselle, c'est charmant.

17. Prendre à vélo ou à pied le pont de la Concorde depuis l'île Sainte-Hélène vers Montréal. Au coucher du soleil, la ville ressemble à **Manhattan**…

18. **Observer** comme les Québécois se précipitent pour faire la vaisselle après que les Québécoises leur ont préparé un dîner: comment comprendre la condition de l'homme d'ici en deux secondes et sans lecture.

19. **Pédaler** sur un circuit de Formule 1 à l'île Sainte-Hélène.

20. Faire du **rafting** et du **surf** dans les rapides de Lachine.

21. Dire «Tabarnak!» en tombant dans un **nid-de-poule**. Le jour où ça vous arrivera, vous serez montréalais…

44 informations hilarantes quand on débarque d'Europe

Fraîchement débarqué...

À Geneviève

1. Il est interdit d'apporter des légumes au Canada.

2. Les Québécois pensent qu'ils sont des colonisés.

3. Les chauffeurs de bus ne rendent pas la monnaie.

4. En été, les chauffeurs de bus portent des shorts bleus avec des « bas » blancs (ils ne rendent toujours pas la monnaie).

5. Les Québécois estiment que les Français utilisent trop d'anglicismes.

6. « Est-ce que vous avez du *small change*? » signifie : « Est-ce que vous avez de la monnaie? »

7. Les renseignements téléphoniques sont gratuits (quand on les appelle d'une cabine) et complètement informatisés si vous parlez correctement.

8. Les appels téléphoniques sont gratuits (sauf depuis les cabines téléphoniques) quand on appelle dans la même zone.

9. Les appels téléphoniques sont gratuits même quand on n'appelle pas dans la même zone (certains appels du 514 vers le 450 ne sont pas facturés).

10. Finalement, la gratuité du téléphone n'a rien à voir avec la zone.

11. On paie les appels que l'on reçoit sur les « cellulaires ».

12. Une « piastre » égale un dollar. Un dollar canadien vaut moins qu'un dollar américain. On dit que le dollar canadien disparaîtra bientôt au profit du dollar américain.

13. Les appartements sont souvent loués avec chauffage compris. On ne fait pas d'état des lieux. Ils sont loués la plupart du temps avec frigo et cuisinière. Une buanderie est installée dans beaucoup de *buildings* (on paie avec des pièces de 1 $ et de 25 ¢).

14. Les taxis sont plus aimables que partout ailleurs dans le monde et n'enclenchent leur compteur que lorsqu'ils ont pris la direction de la course.

15. Il n'est pas obligatoire de donner des pourboires aux taxis (mais c'est poli).

16. On ne dit pas à gauche et à droite, ou en haut et en bas, mais à l'est, à l'ouest, au nord et au sud.

17. Mais le nord des Montréalais n'est pas le nord.

18. « Apportez votre vin » signifie que le restaurant ne peut pas en vendre, car il n'a pas payé la « licence ».

19. Beaucoup de restos de la rue Prince-Arthur affichent « Apportez votre vin », mais la bonne idée serait d'y apporter aussi sa nourriture.

20. Un verre d'eau est toujours gratuit à Montréal.

21. L'eau froide est gratuite à Montréal.

22. Il fait - 30 °C quand il fait -15 °C (c'est à cause du facteur vent).

23. Il fait 40 °C quand il fait 30 °C (c'est à cause du facteur humidex).

24. Une addition de 100 $ coûte 130 $ (c'est à cause du service, plus les taxes).

25. Retirer 100 $ coûte 102 $ (c'est à cause des frais bancaires).

26. Un billet de 1 $ coûte 4 $ (c'est à cause des collectionneurs).

27. La fabrication d'une pièce de 1 cent coûtait 1,6 cent. Elle a été supprimée.

28. Quelque 1 750 000 km^2 du Canada appartiennent à la Russie (c'est en tout cas la revendication qu'elle soutient sur les eaux territoriales de l'Arctique qui contiendraient 30 % des réserves de gaz naturel sur terre).

29. On ne peut pas descendre en négatif sur son compte.

30. Il y a deux fois les mêmes numéros dans la même rue (c'est à cause de la page 28).

31. Il y a des « abreuvoirs » publics à Montréal.

32. Il n'y a pas de toilettes publiques à Montréal (c'est à cause d'un Drapeau, voir p. 35).

33. Il y a parfois des choses illogiques à Montréal.

34. Tout le monde déménage à date fixe (le 1er juillet).

35. Il est impossible de trouver des déménageurs le 1er juillet.

36. L'argent gèle au Canada.

37. Les perroquets québécois ont l'accent québécois *(éleveur de perroquets : 450-926-8780)*.

38. On vend du coca dans les pharmacies.

39. Il y a plus de 10 dentistes sur le boulevard Décarie.

40. L'entrée au Musée de la monnaie à Ottawa est gratuite *(613-782-8914)*.

41. La plupart des restaurants sont pleins le jeudi (c'est le jour de la paie).

42. C'est un ordinateur qui vous appelle si vous avez oublié de rendre un livre à la Grande Bibliothèque.

43. Le cinéma porno L'Amour, l'un des derniers du genre dans l'hémisphère nord, pourrait être classé monument historique, car il n'a pas changé depuis 1914. Il comprend une section *vie-ail-pie (4015 boul. St-Laurent)*.

44. Le PQ est le nom d'un parti politique.

Arnaques
au **Québec**

Fraîchement débarqué...

À Sacha

Les **prix sans taxes** ont pour effet qu'aucun commerçant ne connaît précisément le prix de ce qu'il vend. Quel est l'intérêt de cette pratique? Faire croire que c'est moins cher. Dans les restaurants, le prix réellement payé est ainsi environ 30 % plus cher que le prix affiché puisqu'il faut ajouter à peu près 15 % pour les taxes et autant pour le service.

Les **crayons** ne sont pas vendus taillés.

Deux pour un: l'idée est de faire croire qu'on paie un seul plat pour les deux qu'on commande. À l'analyse, il s'avère soit que les exceptions sont si nombreuses (ça n'a lieu, dit le menu, que le mardi entre 17 h et 17 h 04) que ce n'est jamais vrai, soit que chaque plat coûte deux fois son prix.

Spécial: signifie « solde ». Dans certains magasins, tout est « spécial » et certaines étiquettes spécifient « grande liquidation » ou même « Wow! ».

Les pointes de pizza à 99 ¢ ne coûtent jamais 99 ¢.

Les queues de castor ne sont pas des queues de castor (mais une sorte de pâte sucrée cuite dans la graisse). C'est le moment de se demander pourquoi les castors ont la queue plate (blague de trappeur). Parce qu'ils se font sucer par les canards.

Les ventes trottoir: ce n'est pas parce que c'est dehors que c'est moins cher

La poutine n'est pas un plat traditionnel québécois, mais une invention de restaurant. Ce n'est pas parce que c'est mauvais que c'est québécois.

Les frais bancaires : il faut payer pour payer. Difficile d'économiser au pays des castors.

Appel 24 heures sur 24, 7 jours sur 7 signifie qu'une voix enregistrée vous répondra que « votre appel est important pour nous » avant de vous faire attendre deux à trois heures, car il n'y a qu'un préposé pour tout le Québec (le Québec est trois fois plus grand que la France).

Le rabais postal consiste à vous faire payer la totalité d'une somme et à vous en rembourser une partie par envoi postal. La bonne question est : pourquoi ne pas rembourser tout de suite? La réponse : parce qu'on ne veut pas rembourser. Cette technique est basée uniquement sur l'espérance de la paresse des clients qui ne réclameront pas leur « rabais ». Car premièrement le rabais n'est, en théorie, envoyé que cinq semaines après l'achat et deuxièmement, il n'y a aucune chance que vous le receviez si vous ne les rappelez pas au moins deux fois.

Les cartes prépayées d'appels internationaux : La source de profit majeure de ces cartes consiste dans le fait que la plupart des consommateurs ne les utilisent pas complètement. Ils achètent pour 5 $ mais ne consomment que pour 4,25 $. Par ailleurs, toute minute entamée est due; on prétend que certaines cartes facturent les appels sans réponse ou même occupés. Évitez les cartes sans frais de connexion qui surfacturent les premières minutes.

Les Air Miles et autres Pétro-Points : il faut plus de 800 points Air Miles pour s'offrir une paire de lunettes de soleil. Comme on obtient un point par tranches d'achat de 20 $, il faut dépenser 16 000 $ pour obtenir une paire de lunettes de 50 $. Non seulement ils nous prennent pour des cons, mais en plus ça marche.

La côte magnétique de Chartierville (Cantons-de-l'Est) : il faut accélérer pour descendre et freiner pour monter. Ça n'a rien de magnétique, c'est une illusion d'optique.

Les saucisses à hot-dog sont vendues par paquets de 10, mais les pains à hot-dog par paquets de 8.

Office de la protection du consommateur :
www.opc.gouv.qc.ca

Montréal
passe à table

Fraîchement débarqué...

La cuisine ambulante a longtemps été interdite par la Ville dans les rues de Montréal, ce qui est d'autant plus étonnant qu'elle n'a jamais refusé les pots-de-vin pour les refaire. « *On pense qu'on va être un modèle en Amérique du Nord* », avait déclaré le maire Applebaum, arrêté quelques jours plus tard pour 14 chefs d'accusation de fraude envers le gouvernement, de complot, d'abus de confiance et d'actes de corruption dans les affaires municipales. C'est donc un modèle de réglementation qui a été mis au point, suivant les recommandations de la Commission permanente sur le développement économique et urbain et l'habitation souhaitant « *Que le cadre réglementaire général tienne compte des enjeux liés à la cohabitation entre les entreprises de cuisine de rue, les commerçants établis et la population riveraine dans une optique de respect de ces diverses fonctions, notamment en ce qui a trait à la fluidité de la circulation des véhicules et la sécurité des piétons.* »

Quand un règlement commence comme ça, on a compris que ça va être compliqué et celui qui s'attendait, comme à New York, à ronger un hot-dog en regardant Marilyn au-dessus d'une bouche de métro, a déchanté quand l'été fut venu. En juin 2013, la Ville accouchait de dispositions autorisant 27 « restaurateurs de rue », et pas un de plus, à vendre, pour autant que leurs véhicules soient « autopropulsés » et qu'ils appartiennent à un restaurant connu, à vendre, disais-je, entre 7 h et 22 h, mais seulement sur neuf sites du centre-ville, et à condition que les aliments soient préparés à l'avance dans une cuisine professionnelle, *« une offre culinaire diversifiée et représentative de la culture gastronomique de Montréal »*, baptisée pour l'occasion « laboratoire culinaire ». Je ne précise pas que ces enseignes doivent être regroupées et gérées par l'ARRQ (Association des restaurateurs de rue du Québec), composée d'un ensemble de *« restaurateurs et gestionnaires alimentaires enthousiastes et expérimentés »* servant leurs plats dans des barquettes, je veux dire des « contenants écologiquement responsables ». Bref, le brave type qui attendait son hot-dog avec un peu de cette moutarde américaine qui ne pique pas, ce Québécois qui se disait qu'il ferait son dîner d'un peu de *small change* trouvé dans sa poche, s'est ainsi retrouvé, le 20 juin 2013, devant 27 camions immobiles n'offrant rien de simple, rien de *cheap*, rien de fait sur place, et rien de connu : le camion « Saigon, je me souviens » lui propose de la limonade *da chanh*, des *banh mi* et du *bun bo*, « Smoothfruit » des aliments santé, « Guru » des samosas végétariens et « Le point sans g » une cuisine sans gluten : pour la première fois dans l'histoire de l'humanité, la cuisine de rue n'appartient pas aux gens de la rue qui, dans bien des cas, ne savent pas ce qu'est un « taco de foie gras », et ne peuvent pas non plus se le payer pour 19 $ plus taxes.

Aimer Montréal, comme le proclament les élus municipaux, c'est bien. Prétendre qu'il s'agit d'une ville gastronomique, c'est légèrement exagéré, confondre la cuisine de rue avec des panneaux publicitaires s'appelle du narcissisme et aimer les Montréalais, ce serait encore mieux. J'ai toujours pensé que les gens qui adorent les règlements détestaient leurs congénères, mais je garde cette pensée pour moi, tandis que je partage ce qui se passait, pendant ces intenses réflexions sur la cuisine de rue. Appelons ça la popote municipale.

Leçon de survie

À la porte

Michael Applebaum, à la suite de sa démission en 2013, a obtenu **267 923,90 $** en raison de ses années passées dans l'administration municipale. Il a été condamné en avril 2017 à 1 an de prison.

Sur le toit

Un entrepreneur, Paul Sauvé, a affirmé qu'un membre d'une famille connue de la mafia lui a demandé 40 000 $ en échange de l'assurance que son entreprise pourrait continuer à travailler à la **réfection du toit de la mairie**, et à être payée tous les mois. Un peu plus bas, c'est le **«cartel des trottoirs»** qui se charge de surfacturer.

Sous les trottoirs

L'ex-ingénieur de la Ville de Montréal Gilles Surprenant a déclaré avoir touché des pots-de-vin en argent comptant pour truquer presque tous les **projets d'aqueducs** sur lesquels il a travaillé dans les années 2000.

À l'hôpital

Le Dr Arthur Porter, **ancien directeur du Centre universitaire de santé McGill** (CUSM) (il avait été également directeur du Comité de surveillance des activités de renseignement de sécurité) a été accusé de fraude, complot pour fraude, fraude envers le gouvernement, abus de confiance, commissions secrètes et recyclage des produits de la criminalité. On lui reprochait d'avoir encaissé 22,5 millions de dollars de la firme d'ingénierie SNC-Lavalin. Il est mort au Panama en 2015 sans avoir subi de procès.

À votre avis

Les magistrats de la commission Charbonneau : «*Prétendez-vous qu'il y a des fonctionnaires corrompus à tous les échelons de la Ville de Montréal?*»

Lino Zambito : «*Oui, absolument. Je ne vous parle pas de cinq ou six personnes, mais d'une véritable industrie.*»

All'arabiata

«*Aujourd'hui, il est plus rentable pour eux de construire un kilomètre de route que d'écouler une tonne de cocaïne. Tout le monde le sait et presque rien n'a été fait.*» (André Cédilot, coauteur avec André Noël de *Mafia inc. Grandeur et misère du clan sicilien au Québec*, Les Éditions de l'Homme, Montréal, 2012.

À la retraite

Un ancien policier, spécialiste dans la lutte contre le crime organisé, employé par Revenu Québec, a été arrêté en octobre 2013 pour avoir communiqué des informations névralgiques au crime organisé, particulièrement aux **Hells Angels**.

À Laval

Gilles Vaillancourt, maire de Laval pendant 23 ans, a été accusé de **gangstérisme, fraude, corruption et complot**, avec 36 autres notables lavallois. Il a été condamné en 2016 à restituer 8,5 millions de dollars et à passer 6 ans en prison – en réalité 1 an, en vertu de l'ancienne loi sur les libérations conditionnelles aujourd'hui modifiée.

Au gouvernement

L'**ex-ministre libéral** Tony Tomassi était un ami personnel de Domenico Arcuri, qui a été filmé à 45 reprises au quartier général du clan mafieux des Rizzuto. Tony Tomassi était ministre... de la Famille. Le clan Rizzuto est justement surnommé la « Sixième Famille » du fait qu'il peut être mis au même niveau que les cinq familles mafieuses de New York.

Au Québec

Selon le conseiller spécial aux enquêtes de la Commission de la construction du Québec, « *la mafia italienne et les Hells Angels des sections de Québec, de Trois-Rivières, de Montréal et de Sherbrooke gangrènent l'industrie de la construction partout sur le territoire québécois à coup de millions de dollars, de menaces, d'incendies criminels, de voies de fait, voire de meurtres* ».

Dans les chantiers de construction

Lino Zambito, ancien chef d'entreprise du bâtiment, a révélé avoir versé, pendant des années, **3 %** de tous les contrats réalisés pour la Ville de Montréal au principal intermédiaire entre l'industrie du BTP (bâtiments et travaux publics) et la mafia sicilienne de la ville.

Au Québec, la loi impose de choisir le mieux-offrant dans les contrats publics. Les entreprises liées à la mafia s'entendent donc sur les prix pour décrocher le marché. « *Si par hasard une autre boîte l'emporte, ils menacent les patrons, obligent les assureurs à se retirer, dissuadent les ouvriers de venir bosser, contraignent les sous-traitants à faire exploser les prix pour t'asphyxier* », a expliqué l'ancien chef de la police de Montréal devenu député, Jacques Duchesneau.

À Rivière-des-Prairies

Alain Gravel (Radio-Canada) : « *Saviez-vous que ce constructeur était lié au crime organisé ?* »

Chantal Rouleau (mairesse, face à la caméra) : « *Oui, mais je ne peux rien faire. Je n'ai pas le choix. C'est la loi !* »

J'ai oublié de vous dire à propos de la cuisine ambulante, que pendant que la mafia refaisait le toit, les trottoirs et les routes, le Comité consultatif avait pondu la conclusion suivante : « *Le comité recommande à l'arrondissement de s'assurer que les autorités compétentes pouvant dresser des constats d'infraction soient pourvues des ressources nécessaires pour que cesse, dès à présent, toute apparence de tolérance administrative vis-à-vis des vendeurs ambulants d'aliments qui exercent leurs activités dans l'illégalité* » (Conclusion du *Rapport du comité consultatif concernant la vente d'aliments sur le domaine public*, 2003, 59 pages).

Sans une tune
(ou presque) à Montréal

(C'est arrivé aux meilleurs d'entre nous.)

Fraichement débarqué...

À Kenny

Lire gratuitement:
toutes les bibliothèques sont
gratuites. Le mensuel *Voir* est
gratuit.

Internet gratuit: dans
les **bibliothèques munici-**

pales (il faut s'inscrire, mais
l'inscription est gratuite pour
les résidents).

S'habiller: le **centre
de liquidation
Renaissance** *(5900 rue
Ferrier, descendre au métro
Namur puis marcher pendant*

23 minutes car il n'y a pas de bus). Les vêtements sont vendus à la livre sans taxe.

S'habiller (bis):
Armée du Salut *(5762 rue Sherbrooke O., 514-488-8714).*

Se meubler: *idem*, spécialement rue Notre-Dame Ouest *(514-935-7425).*

Manger: **Le café l'Itinéraire** *(2101 rue Ste-Catherine E.)* est ouvert à toute personne dans le besoin (matin et midi). On peut aussi manger des insectes gratuitement à l'**Insectarium** *(514-872-1400).*

Boire: l'eau est toujours gratuite.

Se parfumer: aller à **La Baie** ou chez **Jean Coutu** et se parfumer au *tester*.

Se remonter le moral:
se rappeler qu'un dollar canadien vaut 434,03664728 francs CFA.

Téléphoner en Europe:
carte Globo sans frais (5 $ pour une heure environ). Ou appel « à frais virés ».

Se déplacer: métro gratuit quand il n'y a pas de contrôleur dans la guérite,

c'est autorisé.

Se faire couper les cheveux: les écoles de coiffure cherchent des modèles. On peut se les faire couper pour 10 $ à 12 $ à l'Académie Pure *(3458 rue St-Denis, 514-849-9048).*

Retirer de l'argent de votre compte sans payer de frais bancaires: demander des espèces à la caissière de votre supermarché.

Gagner 25 ¢: faire la tournée des téléphones publics pour récupérer les pièces oubliées. Il y a un pro près de chez moi qui fait ça tous les jours. Si vous n'en trouvez pas, c'est à cause de lui. Il se promène en vélo et porte un jogging bleu.

Gagner 20 $: chanter dans le métro. Il faut s'inscrire à la STM, on chante aux emplacements indiqués (sous la Lyre). La meilleure place est Berri-UQAM.

Gagner 1 000 $:
accepter de faire des tests de nouveaux médicaments avec **Algorythme Pharma** *(514-381-2546 ou 1-888-758-6312)* ou **inVentiv Health Clinique** *(1-866-262-7427).*

Gagner 10 000 $, un voyage pour deux en Irlande, un appareil à fondue, une bande dessinée de *Boule et Bill* **et de la pizza pendant 1 an :** www.quebecconcours.com et www.concoursweb.com.

Rentrer en Europe : WOW Air aller simple.

Éviter de faire une énorme connerie :

Suicide Action Montréal *(514-723-4000. L'appel est gratuit, évidemment.)*

Aller à New York : prendre le bus *(se renseigner à la gare d'autocars, 514-842-2281)* ou le train *(www.amtrak.com)*

En tout dernier recours : revendre ce bouquin à l'**Échange** *(713 av. du Mont-Royal E., 514-523-6389).*

Emprunter de l'argent par micro-crédit

Des associations peuvent vous prêter l'argent que les banques vous refusent, si vous souhaitez vous lancer dans les affaires ou le social :

Association communautaire d'emprunt de Montréal (ACEM) (3680 rue Jeanne-Mance, bureau 319, 514-843-7296, www.acemcreditcommunautaire.qc.ca)

Cercles d'emprunt de Montréal (366 rue Victoria, bureau 7, 514-849-3271, www.cerclesdemprunt.com)

Le **Réseau québécois du crédit communautaire (RQCC)** réinjecte l'argent local qu'il reçoit dans des projets régionaux (travail autonome, petites entreprises individuelles, collectives ou d'économie sociale). Prêts moyens de 6 000 $ pour un taux d'intérêt de 0 à 10 % (http://rqcc.qc.ca).

La **vie** en dessous de **zéro**

Leçon de survie

Les **agences de recouvrement** ont seulement le droit de vous emmerder, mais non celui de vous citer en justice. Elles ne peuvent vous appeler qu'entre 8 h et 20 h, ne peuvent pas vous déranger les dimanches et jours fériés et ne peuvent pas faire usage de menace. Il est légal d'interdire à une agence de vous appeler en l'informant que vous ne souhaitez que des communications écrites. En cas de problème, appelez l'**Office de la protection du consommateur** *(514-253-6556)*.

Après jugement de condamnation, une **saisie** est possible soit chez vous, soit dans les mains de votre employeur. Il existe ici comme ailleurs des « quotités insaisissables » qui sont :

› pour les meubles et effets domestiques : protection jusqu'à une valeur de 6 000 $ (pratiquement, vous indiquez à l'huissier ce que vous voulez conserver jusqu'à concurrence de 6 000 $);

› les vases sacrés et autres objets de culte;

› pour les salaires : le calcul est basé sur une quotité insaisissable et un pourcentage maximum de saisie.

La quotité insaisissable pour un isolé sans personne à charge est de 120 $ par semaine; pour les autres, l'insaisissabilité est de 180 $ par semaine plus 30 $ pour chaque personne à charge au-dessus de deux.

Le pourcentage maximal est de 30 % du salaire brut.

Le maximum saisissable est donc de : 30 % (revenu brut – quotité insaisissable).

Ainsi, si vous avez une personne à charge et gagnez 300 $ par semaine, on ne peut saisir que :

30 % (300 $ − 180 $) = 36 $

La **faillite personnelle** est le dernier recours de protection contre les créanciers. Pour tous les détails, consultez un « syndic de faillite » qui fait office de curateur. Pratiquement, vous lui cédez vos biens saisissables afin de régler les créanciers. Un dépôt mensuel à la Cour et le paiement de frais judiciaires sont obligatoires. L'intérêt de la procédure ? Après neuf mois, vous recevrez une « libération » et vos dettes seront effacées, à l'exception de certaines d'entre elles (pensions alimentaires, amendes, etc.).

La **proposition de consommateur** est une solution de rechange intéressante à la faillite. Il s'agit d'un arrangement proposé par un débiteur à ses créanciers afin de modifier les paiements qu'il leur verse. La période de remboursement ne doit pas dépasser cinq ans. C'est votre syndic de faillite préféré qui doit déposer la proposition au Bureau du surintendant des faillites (BSF). Infos sur *www.ic.gc.ca*.

La Clinique juridique **Juripop** propose des services juridiques gratuits ou à coût modique aux personnes exclues de l'aide juridique gouvernementale, mais qui sont dans l'incapacité financière de payer pour la défense de leurs droits, ce qui doit représenter à peu près 3 millions de personnes. Elle offre également ses services à certains entrepreneurs. Une magnifique initiative d'économie sociale comme le Québec sait le faire : *www.juripop.org*.

Ma **caravane**
au Canada

Fraîchement débarqué...

À Krishnamurti

D'accord, mais où trouve-t-on une cabane, au Canada?

Premièrement, on n'appelle pas ça une cabane mais un chalet. Ce mot délicieux ne nous transporte-t-il pas immédiatement dans un havre de paix en bois, près de la petite maison dans la prairie où virevoltent et époussettent en sifflant Heïdi et Romy Schneider? C'est pourquoi Krishnamurti a raison de dire dans *Se libérer du connu* qu'il faut se méfier de sa pensée.

Car «chalet» en québécois n'a rien à voir avec rien, c'est-à-dire désigne toute habitation secondaire pourvu qu'elle ne soit pas au centre-ville. On trouve, en vrac, des HLM, des bijoux, des horreurs, beaucoup de chaises en plastique et partout des lits superposés : bref, « chalet au Québec » signifie à peu près la même chose qu'« appartement à Paris ».

Mais à la différence de Paris, ici il y a la nature : le lac, sur lequel hurlent des bateaux à moteur dès sept heures en été, la radio des pêcheurs sur glace venus se ressourcer en hiver, et toute l'année ces petits restaurants typiques de la campagne où l'on sert la même chose qu'au McDo.

Donc, deux siècles plus tard, on comprend qu'il fallait dire « chalet en bois rond » pour désigner ce qu'on cherchait et « chalet-en-bois-rond-au-bord-d'un-lac-où-les-bateaux-à-moteur-sont-interdits » pour être précis. Bien sûr, on part aussitôt dans des délires de dollars, car toutes les options dont, justement, on ne veut pas, nous sont offertes : air climatisé, bain tourbillon (en français *jacuzzi*), miroirs au plafond, foyer électrique et peau de mouton. À la fin, pourquoi les Québécois ne veulent-ils pas entendre que ce que nous cherchons est simplement : se prendre pour un trappeur, avoir une toque en raton laveur, couper le bois avec un air de survivant pendant que notre femme nous regarde par la fenêtre en se disant « quel homme ! », puis ramener une outarde à griller sur les bûches – pourvu que ça ne dure qu'une semaine ? Est-ce qu'il serait si difficile, par exemple, à l'heure où l'on sonde Mars, de nous faire rencontrer par hasard une squaw qu'il faut sauver de l'eau et qui tombe éperdument amoureuse pour 99,95 $ de supplément ? Ou, pour les Européennes, un bûcheron prenant sa douche tout nu sous des feuilles d'érable et qui les obligerait, sous la menace d'un couteau en plastique, à faire l'expérience Herbal Essence ?

Mais il est écrit qui cherche trouve. En cherchant calmement, et en exigeant des photos prises de loin, on trouve finalement le décor : au fond des forêts, des merveilles indescriptibles de beauté et de calme. Le clapotis du lac, le saut des truites à la tombée du jour, le parfum du bois de la maison, enfin la béatitude la plus complète que l'on puisse trouver sur la terre est à quelques kilomètres de l'endroit où vous êtes assis.

Leçon de survie

Si vous rencontrez quand même la **squaw**, commencez par lui dire : « wachiya tanaytine? » (bonjour, comment ça va? en cri). En allant sur le traducteur du site ***www.eastcree.org/eastcree/fr/dictionary***, vous pourrez également apprendre à lui dire « J'aime la pizza » en kwakwala, malécite, mi'kmaq, mowhawk, siksila… Ce traducteur n'a pas non plus compris nos fantasmes.

Le bûcheron le plus connu au monde s'appelait **Louis Cyr**. Il était québécois et musclé : 138 kg de biceps, mollets, deltoïdes et poitrail. Il était fort : il soulevait une masse de 860 kg.

Il sentait bon l'érable chaud. Mais bon, il est mort il y a presque 100 ans.

Presque tous les Québécois de souche ont de 5 % à 10 % de sang amérindien, selon Jacques Beaugrand, coprésident du projet ADN Héritage Français.

Est-ce que vous vous êtes déjà demandé pourquoi les **castors** font des barrages? Moi non plus. Mais finalement, c'est pour, en élevant le niveau de l'eau, empêcher celle-ci de geler, ce qui leur permet d'entreposer leurs réserves de nourriture sous le barrage et d'habiter au-dessus.

La majorité des nations indiennes vivant au Québec n'ont jamais cédé leurs droits sur leurs terres ancestrales.

Si vous rencontrez quelqu'un qui vous raconte que les Indiens profitent du système, flanquez-lui ce tableau sous les yeux :

	Autochtones	Non-Autochtones
Taux de suicide au Canada	126 pour 10 000 habitants	24 pour 10 000 habitants
Taux d'emploi au Québec	51,3 %	60,3 %
Revenu moyen au Québec	24 187 $	32 176 $
Individus n'ayant aucun diplôme	44,2 %	24,8 %

Sources : Statistique Canada 2006 et Santé Canada

ARRÊT STOP — La disparition des femmes autochtones

En 30 ans, plus de 1 200 femmes ou jeunes filles autochtones ont disparu ou ont été assassinées au Canada. Le gouvernement fédéral a annoncé la mise sur pied d'une Enquête nationale indépendante en septembre 2016. Infos sur **www.mmiwg-ffada.ca**.

Indien de Paris

*Vous pouvez devenir un Indien même si vous êtes un Parisien d'ascendance charentaise : il suffit de vous faire admettre au sein d'une Première Nation puis d'adresser une demande auprès du **Bureau des Affaires autochtones et du Nord Canada** (819-997-0380, http://www.aadnc-aandc.gc.ca).*

Les **Hurons** s'appellent comme ça à cause des Français qui s'étonnaient de leur coupe de cheveux et se seraient écriés : « Quelle hure ! » (les Français ont toujours des remarques intéressantes). Leurs descendants s'appellent des squeegees et attaquent les voitures pour salir leur pare-brise (ça coûte 25 ¢).

On compte près de 90 000 Amérindiens et Inuits au Québec.

> **Grey Owl**, le père de tous les Verts, a vécu à Cabano et une exposition lui est dédiée à Fort Ingall, sur le lac Témiscouata.

> **Association des trappeurs Montréal/Laval/Montérégie** *(450-246-3747)*.

> Si vous souhaitez la vraie aventure du Nord : l'**association touristique des Cris**, dans le nord du Québec *(www.creetourism.ca)*.

> Si vous préférez les cowboys, la **Ferme du Joual Vair** organise des randonnées à cheval avec surveillance des bestiaux permettant de « se mesurer à la ruse bovine » *(3225 route Bécancour, Ste-Gertrude, 1-819-297-2107)*.

> La Fédération des Trappeurs gestionnaires du Québec donne des **cours pour devenir trappeur** *(www.ftgq.qc.ca)*.

Moi-même je vous explique **comment préparer le castor**. C'est ben ben simple : il suffit de lui arracher les glandes et le gras, le faire tremper une nuit dans de l'eau vinaigrée, le placer dans une rôtissoire, puis le couvrir de lard, ensuite d'eau, saler, poivrer et l'affaire est faite.

Martine construit sa cabane

La construction « pièce sur pièce » consiste à superposer des pièces de bois les unes sur les autres en comblant les interstices de mousse. Cette ancienne technique du XVIIIe siècle a légèrement évolué, car Martine peut maintenant construire une maison en béton tout en la revêtant ensuite de faux rondins en caoutchouc dur. Elle peut également s'adresser à l'une des nombreuses entreprises spécialisées dans les chalets en kit : on lui livre le matos et Martine (son mec évidemment) fait le reste. D'ailleurs le gros problème du vrai chalet en pleine nature, ce n'est pas ça: c'est la «**bécosse**» (*back house*). Les fosses septiques et leur installation sont extrêmement réglementées au Québec, car une mauvaise évacuation des eaux usées cause la perte des lacs.

Mais bref, quand ces basses questions d'intendance seront enfin réglées et qu'une bonne queue de castor frémira dans la marmite, quelle joie d'entendre Martine entonner, en regardant tomber la neige: *Ma cabane au Canada, tant que tu y resteras, ce sera le paradis, mon chéri.* À quoi bon chercher ailleurs, je sais bien que le bonheur, il est là, dans ma cabane au Canada.

Deux fois par an, le ministère des Ressources naturelles concède des terrains de 4 000 m^2 à des personnes tirées au sort. Elles sont louées pour 8 % de leur valeur marchande et on peut y construire son chalet. Pour connaître la date du prochain tirage des «terres du domaine de l'État»: *http://mern.gouv.qc.ca*.

Apprenons à couper du bois et à manger de la soupe aux pois, sinon à quoi sert d'avoir fait tout ce trajet? Le **Village du Bûcheron** raconte l'histoire des pionniers et de leurs conditions de vie difficiles dans les chantiers forestiers *(780 route 155, Grandes-Piles, 819-538-5885, www. facebook.com/villagedubucheron)*.

Au **boutte**
du **boutte**

Fraîchement débarqué...

À Tyrone

Disons que le voyage commence à la frontière américaine, dans le sud du Québec, à Saint-Bernard-de-Lacolle. Disons aussi que nous avons décidé de traverser le Québec de part en part, c'est-à-dire du sud au nord, en plein hiver et en voiture, au début du mois de février.

Il est 10 heures du matin, comme vient de dire la radio, et la météo ne nous concerne pas, car nous allons changer de pays sans quitter le Québec, vous allez voir.

Cinquante neuf kilomètres plus tard, nous sommes déjà à Montréal, comptons une heure si les ponts existent toujours. On prend ensuite la direction de Québec, puis on tourne à gauche peu après Trois-Rivières. De là on se dirige vers La Tuque, une ville qui sent mauvais à cause des papeteries, puis tout droit vers le lac Saint-Jean. Six heures après notre départ, voici le lac. Il est gelé, bien entendu, comme tout le paysage que nous avons traversé depuis le départ. Arrivé en face du lac, près de la station d'essence, on prend à gauche. Il est déjà quatre heures de l'après-midi et il serait temps de manger. Arrêtons-nous dans un de ces charmants établissements authentiquement québécois, Tim Hortons ou Saint-Hubert, et faisons le point devant une salade de chou mon amour.

Continuons vers La Doré et quittons ainsi définitivement le Sud : c'est icitte que commence le Nord. Adieu veaux, vaches, cochons et bonsoir messieurs les fermiers, comme disait ma mère, plus personne ne cultive à partir d'ici qu'un certain goût de la liberté. Nous entrons dans une forêt et il fait moins 30. Nous entrons dans une forêt, il fait moins 30 et il n'y a aucune station d'essence avant 260 km. Nous allons donc « tinker » le char avant de pénétrer dans ce que les Jésuites avaient appelé jadis les terres de Satan. Observons à la station d'essence les indigènes aux alentours. Ils sont grands, ils sont forts et ils parlent un langage incompréhensible : ce sont les Cris, d'une certaine manière le contraire des Schtroumpfs, qui empruntent cette route depuis 5 000 ans pour échanger des fourrures. Certains continuent d'ailleurs de le faire. Trois heures plus tard, nous entrons à Chibougamau si nous ne sommes pas d'abord rentrés dans un orignal. Tous ceux qui ne sont pas en train d'y faire la fête dorment.

La nuit, depuis 15 h 30, couvre le Nord; nous empruntons la route pour Radisson. Il reste 922 km et nous venons d'en faire 800. Il fait noir et vous ne pouvez discerner la beauté grandiose du paysage car vous vous êtes endormi, je continue donc à parler tout seul. *La nuit était si obscure*, a écrit un jour le duc de Saint-Simon, *qu'on n'y voyait qu'à la faveur de la neige.* À cette époque, les gens savaient écrire. Tiens, un caribou! Il faudrait que je vous réveille. Cette route est dangereuse et, en cas d'accident, aucun secours ne viendra. On pourrait y mourir. Le Nord est sauvage, c'est pourquoi je l'aime. Et je vous en parlerais pendant des pages et des pages, mais ce guide est presque fini, je dois terminer. Bientôt vous vous réveillerez, n'étant plus bercé par la route, et vous me demanderez :

– On est arrivé?

Et on sera là. Oui, arrivés au boutte du boutte. Au bout de la route. Pas seulement de la route : de toutes les routes. Et pourtant, si vous dépliez une carte à cet endroit, vous verrez que vous n'avez à peu près parcouru que la moitié du Québec. Cette province est énorme et méconnue. Au-delà de cette immense baie James (grande comme l'Allemagne) s'étend tout le Nunavik, et au-delà encore le Nunavut. Même ses habitants ignorent ses frontières, et si l'on parle des deux solitudes, entre francophones et anglophones, c'est par ignorance aussi. Les gens des régions éloignées sont aussi perdus que vous à Montréal et ne comprennent pas la mentalité citadine. C'est dans ce genre d'endroit que vous vous rendrez compte que vous aviez confondu Montréal et le Québec et que, finalement, vous ne connaissiez pas plus le Québec que la plupart de ceux qui y habitent.

J'ai oublié de vous dire que pour revenir, c'est vous qui conduisez.

Tout le *fun* en une seule phrase

Pour commencer, vous pouvez **kayaker** à Montréal **en position de yoga** *(www.yogakayak.com, parc Jean-Drapeau)*, la Ville de Montréal ayant acquis 65 yoga kayaks, soit des **mayaks**, avec lesquels on peut également faire du **mayak-polo**, c'est-à-dire du water-polo en mayak, vous pouvez ensuite faire du **rafting de nuit** pendant la pleine lune *(866-695-2925, www.horizonX.ca)* ou **kayaker au milieu des baleines** *(1-866-637-6663, www.meretmonde. ca)* et, sauf si vous trouvez que c'est assez (elle est bonne), **faire du vélo** en observant des baleines *(418-295-6777, poste 2292, www.veloroute-des-baleines.ca)*, mais si vous préférez des activités plus extrêmes, n'hésitez pas à **escalabrer** et vous reposer dans un filet fixé à (42 pieds X 0,3048) = 12,8016 mètres en l'air *(877-886-5500, www.arbraska.com)*, **slackliner**, c'est-à-dire marcher sur une sangle tubulaire entre deux arbres ou dans un centre intérieur *(514-564-7295, www.slacklinemontreal.com)*, **canicrosser** (faire du traîneau à chiens en été) à Rawdon *(450-834-4441, www.kinadapt.com)*, **faire du cerf-volant de traction** avec skis ou patins à roulettes en Montérégie *(514-949-8653, www.voiles4saisons. com)*, survoler la région de Chaudière-Appalaches en **autogire**, sorte d'hélicoptère dont le rotor est actionné par le vent *(www.ulpavia-tion.com)*, **effectuer un raid de 4 jours en traîneau à chiens dans la forêt boréale** *(418-258-3529, www.aventuraid.qc.ca)*, **aller aux États-Unis sans passeport** (la Haskell Free Library and Opera House de Rock Island est construite sur la frontière américano-canadienne, et une ligne noire sur le sol y indique la frontière, *819-876-2471, www. haskellopera.com)*, **simuler une chute libre** grâce à des souffleries créant un vent ascendant de 200 km *(514-955-4227, www. lespaceaerodium.com)*, après quoi vous aurez mérité de **dormir** comme un Iroquois **dans une hutte**, car ceux-ci ne logeaient pas dans des tipis *(450-264-3030, www.site-droulers.ca)*, ou **dans une yourte flottante** en mangeant un yaourt près de Carleton-sur-Mer *(418-364-3885, www.aux4vents.ca)*, dans **un arbre** dans une cabane aménagée *(450-538-5639, www.audiablevert. com)*, **dans une maison de hobbit** *(866-297-0770, www.entrecimesetra-cines.com)*, **dans un sous-marin** *(418-724-6214, www.shmp.qc.ca)*, **dans un phare** sur le Saint-Laurent *(877-867-1660, www.pharedupot. com)*, **dans un treegloo** (un igloo dans un arbre : *450-538-5639, www. audiablevert.com)*, **avec les caribous** *(800-667-5687, www.zoosau-vage.org)* ou enfin **dans une prison** transformée en musée à Trois-Rivières *(819-372-0406, www.enprison.com)*.

Du
spartan au
boulingrin

Fraîchement
débarqué...

Le seul moment où les Québécois célèbrent les Canadiens, c'est au hockey. Certains mauvais esprits diront qu'ils n'ont jamais gagné, mais c'est totalement faux et vraiment déplacé comme remarque. Beaucoup gagnent plus de 2 millions $ par an, et la dernière fois qu'ils ont remporté une finale, c'était il y a juste 24 ans (en 1993).

Qui pense hockey pense immédiatement ailes de poulet. Si vous ne me croyez pas, dites «hockey» près d'un poulailler, et vous verrez bien, c'est comme dire «Canada» dans un barbecue de la Saint-Jean (sauf si vous parlez du hockey). Le Canada étant le 4e producteur mondial d'OGM, les éleveurs devraient penser à faire pousser plusieurs ailes sur ces volatiles – des poulelicoptères, on économiserait en volaille – mais bref, ce n'est pas du tout ce que je voulais dire en commençant ce chapitre.

Le hockey a des impacts importants sur la santé (20 000 blessés par an environ au Québec) et a toujours attiré les classes populaires (les jours de match, une boîte d'ailes de poulet revient à 61 $ au Centre Bell) ainsi que les familles (le prix d'un équipement de hockey tourne autour de 1 000 $). Il a donc le mérite à la fois de remplir les hôpitaux, de vider les poulaillers, de trouer le budget familial et d'engraisser les brasseurs car j'ai oublié de préciser qu'on boit de la bière en rongeant les ailerons, mais ce n'est toujours pas ce que je voulais dire.

Ce sport se pratique sur une patinoire, d'où le nom «hockey sur glace», voilà ce que j'essaie d'expliquer depuis le début. On peut en tirer d'importantes déductions sur la saison de ce sport : elle commence vers octobre et finit en juin, une vraie prouesse dans le réchauffement climatique. L'idée est de pousser une petite rondelle dans le filet de l'équipe adverse, c'est donc comme du foot qui serait fait sur du verglas avec une canne tenue à l'envers : je viens de vous apprendre le bandy, ancêtre du hockey, dont les origines remontent peut-être au Xe siècle dans certains monastères russes, et vous allez me dire que je ne connais rien en sport?

Il n'y a qu'une équipe majeure au Québec, celle de Montréal, qui appartient à un brasseur, mais les gens de Québec réclament la leur. Ils ont construit déjà un «aréna» (une salle de sport) qui n'attend plus que de sympathiques jeunes gens prêts à se faire fracturer le crâne. Il n'y a aussi qu'une équipe de soccer, l'Impact, propriété d'un fromager qui a donné son nom à un stade, le Stade Saputo (quand je dis donné, j'exagère un peu), mais l'essentiel est ailleurs : il ne faut pas confondre le soccer et le football.

Vous le saviez déjà, oui. Mais que le football américain pratiqué au Canada est différent de celui qu'on joue aux États, ça, vous le saviez peut-être? Ou il y a 12 joueurs par équipe sur le terrain dans le premier mais 11 dans le second? Et que le mouvement illimité des joueurs de champ arrière au football canadien donne beaucoup plus d'options à l'équipe à l'attaque, comme dit Wikipedia, qui de vous s'en doutait réellement? À part ça, le basket est assez peu pratiqué, la pétanque a ses adeptes, le badminton survit, mais la belote végète.

Leçon de survie

> La loi du 12 mai 1994 a fait du hockey le sport national, avec un autre beaucoup moins connu : **la crosse**. Il s'agit du plus vieux jeu d'équipe du continent américain (XIe siècle). Inventé par les Amérindiens, il servait à régler les conflits entre tribus ainsi qu'à entraîner les joueurs. Le but du jeu consistait à mettre une balle dans le but adverse en se servant d'un bâton recourbé auquel on suspendait un filet en tendons de cerf. Modernisée, la crosse est très pratiquée au XIXe siècle, mais comme les Amérindiens gagnent toujours, ils sont officiellement exclus de la pratique commune de ce sport en 1880. Il existe encore des joueurs, une fédération *(www. crossequebec.com)*, des fans et beaucoup de faux amis : crosser une balle, c'est la pousser avec une crosse, mais *se crosser*, au Québec, signifie se masturber, *crosser quelqu'un*, l'arnaquer, et un *crosseur*, un arnaqueur.

> Créée en 1909, l'équipe des Canadiens de Montréal est **la plus vieille équipe de hockey** au monde toujours en activité. On les appelle également le « Bleu-Blanc-Rouge » (à cause de leur uniforme), le « Tricolore » (à cause de leur uniforme), la « Sainte-Flanelle » (à cause de leur uniforme), les « Habs » (de « Les Habitants », à cause d'une mauvaise interprétation de leur ancien uniforme, donnant l'expression « Go Habs Go! »), ou le « CH » (de « **C**lub de **H**ockey Canadien », comme il est en fait écrit sur leur uniforme).

> Une pom-pom girl s'appelle au Québec une **meneuse de claque** *(www. cheerleadingquebec.com)*.

> Des voitures abandonnées comme dans *Walking Dead* et des « **monster cars** » qui les écrasent : c'est *l'ultime événement en sport motorisé pour toute la famille* » qui a lieu tous les ans au mois d'avril au Stade olympique *(billetterie Admission : 514-790-1245)*.

> La **Coupe Grey** est à la fois le nom du championnat de la **Ligue canadienne de football** (LCF) et le trophée remis à l'équipe gagnante. Elle a été créée par le bijoutier Birks pour le compte du comte Grey (rien à voir avec *Fifty Shades of Grey*) et valait 48 $ en 1909. Elle a été remportée pour la dernière fois par les Alouettes de Montréal (dont la dénomination provient sans doute de la chanson

«Alouette gentille alouette») en 2010.

> Le principe du **baseball** est très compliqué surtout quand il est expliqué par des spécialistes, c'est pourquoi ça va être ici extrêmement simple. Il y a un type qui lance une balle vers une zone réservée à cet effet. Dans cette zone se trouve un joueur de l'équipe adverse, avec une batte dans les mains. Il doit frapper la balle avec sa batte et, pendant qu'elle vole en l'air, faire un petit tour en courant pour revenir à son point de départ. S'il y arrive, l'équipe a gagné un point. Ça vous va comme ça?

> Le **retour des Expos de Montréal** est dans l'air depuis des années. L'équipe de baseball, installée à Washington en 2005, a été rebaptisée les *Nationals*. Elle devait son nom à l'Exposition universelle de Montréal tenue en 1967. Le retour d'une équipe à Montréal présente le léger inconvénient de devoir construire un stade de quelque 35 000 places au centre-ville.

> En 1997, **René Angélil**, humilié de s'être vu refuser l'entrée d'un club de **golf** sélect, décide de s'en acheter un, Le Mirage *(www.golf-mirage.ca)*. Pour en être membre, il suffit de verser 10 000 $, et si vous aussi vous vous sentez humilié de ne pouvoir vous y inscrire, vous n'avez qu'à vous en acheter un comme tout le monde.

> Selon l'Institut national de santé publique du Québec, les **3 sports les plus pratiqués** sont la marche à des fins d'exercice, le vélo et la natation-baignade, et selon moi il n'existe pas de différence entre natation et baignade.

> Comme je dis toujours en regardant un match de baseball [21] : « *Un bon joueur suit la rondelle. Un grand joueur va se placer là où ira la rondelle.* »

> Les **retombées du Grand Prix de F1** sont estimées à 10 000 tonnes de gaz à effet de serre, 75 millions de dollars pour l'économie, 7 200 litres de carburant consommés par course, et une telle augmentation de la prostitution que des organisations dénoncent régulièrement un «trop Grand Prix pour les femmes». Si vous voulez une idée de tout ça, visitez la rue Crescent à ce moment (mi-juin). Montréal accueille également (à l'essai) une course de **Formule E**. Toutes les courses de ce championnat (exceptée celle de Mexico) sont tenues en pleine ville pour inciter les spectateurs à se déplacer en transports en commun et aucune place de stationnement n'est prévue pour les spectateurs. Les hot-dogs sont peut-être du tofu.

> La course de canot sur glace est **extrêmement peu pratiquée** au Québec alors qu'il y a de la glace, des canots et

---

[21] *Note de l'éditeur :* l'auteur parle en fait du hockey

une association *(www.canotaglace. org)*, et que la pratique du canot à glace sur le fleuve Saint-Laurent a été désignée comme élément du patrimoine immatériel.

> En revanche, le champion du monde 2017 du « **snowboard de rue** », sport consistant à glisser sur des structures urbaines, est le Québécois Francis Bourgeois, et le Canada a remporté la médaille d'or du Championnat mondial de **curling** féminin en 2017. Si vous observez attentivement le tableau *Le Trébuchet* de **Brueghel l'Ancien** (ce guide marie en effet de façon tout à fait délicieuse la culture et le sport), vous consta- terez que des Flamands prati- quaient déjà ce sport en 1565, et pourtant les Écossais en réclament la paternité. Le principe du curling consiste à lancer des pierres le plus près d'une cible tracée sur la glace.

> Le *snowscoot* ou vélo-neige est en fait une trottinette à skis, voire une **trotskinette** : vous pouvez l'essayer chez Dcade, au mont Saint-Bruno *(www.dcadesnowscoots.com)*.

> Quant au **ballon-balai**, dont vous ignoriez l'existence il y a 5 secondes, il s'appelle également le **ballon sur glace**. On pourrait l'assimiler au hockey, mais les joueurs portent des éponges aux pieds à la place des patins, pour les empêcher de glisser. Il y a 30 000 ballons-balayeurs au Canada et une fédération au Québec *(www.fqbg. net)*.

> Eugenie Bouchard est une **joueuse de tennis qui adore poser en mail- lot** de bain. Selon le magazine économique *Forbes*, elle vient au 10e rang des sportives les mieux payées au monde, tous sports confondus. Mais de ses 6,2 millions de dollars de revenus en 2016, il n'y a que 700 000 $ qui sont issus de ses gains en compétition. La **Coupe Rogers** est présentée à Montréal tous les ans : les années paires pour les femmes, les années impaires pour les hommes *(www.couperogers.com)*.

> Vous pouvez demander un crédit d'impôt remboursable pour les **activités physiques d'un enfant**.

> La **pêche à la ligne** est- elle un sport de combat ? Oui, si elle est pratiquée sur glace quand il fait - 30 °C. On peut la pratiquer à la marina du Yacht Club de Montréal sur le quai de l'Horloge.

> Le **boulingrin** est en peu de mots un sport extrêmement britan- nique qui vise à lancer des boules le plus près possible d'un cochonnet. Mais n'allez pas conclure avec exci- tation qu'il s'agit de la pétanque. Non, car les boules ne sont pas sphériques, le jeu se pratique sur le gazon, et les joueurs doivent se tenir sur un petit tapis pour lancer la balle. Sir Francis Petrial, un archéologue anglais, a retrouvé des traces de ce jeu dans un caveau égyptien datant de 5 200 av. J.-C.

› La « **Spartan Race** » est au jogging ce que le hard rock est au menuet. Il s'agit d'une course née au Québec proposant aux participants de ramper sous des barbelés, nager dans la boue, soulever des poids, se glisser dans des tunnels, franchir des obstacles, etc.

› L'**Académie de Lancer de la Hache** contient 11 couloirs et une grande variété de haches à lancer sur des cibles. On retrouve des traces de lancer de la hache le lendemain même de son invention (il y a 1,6 million d'années) et les organisateurs proposent de pratiquer ce sport le lendemain d'une prononciation de divorce *(1436 rue Amherst, 514-303-7243, www.ragemontreal.com)*.

› Un **perronisme, au Québec**, est un lapsus déformant une expression, du latin Jean Perron, ex-entraîneur de clubs de hockey. *« Mettre la charette en avant de la peau de l'ours »* est un exemple d'un de ses perronismes, comme l'ésotérique *« Je m'en suis rappelé hier comme si ça me serait arrivé demain »*.

› PMU signifie ici Planification en Mesures d'Urgence et n'a donc aucun rapport avec le **tiercé** (les courses hippiques ont pris fin en 2009 à Montréal). Mais vous pouvez parier en ligne ou chez un détaillant de Loto-Québec sur les résultats sportifs *(https://miseojeu. lotoquebec.com)*.

Découper ici

Et n'oubliez plus jamais :

Les Isotopes d'Albuquerque	Baseball
Les Sénateurs d'Ottawa	Hockey
Les Penguins de Pittsburgh	Hockey
Les Alouettes de Montréal	Football
Les Expos de Montréal	Baseball
Les Biscuits de Montgomery	Baseball
Les Canadiens de Montréal	Hockey
Les Eskimos d'Edmonton	Football
Les Maple Leafs de Toronto	Hockey
L'Impact de Montréal	Soccer

We made it!

Fraîchement
débarqué...

Aux suivants

Nous avons fait ce que la plupart des Européens n'osent pas faire : nous avons émigré. Nous avons tout laissé tomber en Europe et nous sommes venus. Non pas à cause de la guerre, de la misère ou de la politique ; mais nous sommes tous venus pour une raison particulière, fiscale, sentimentale, financière. Peu importe : tous les émigrés ont une histoire secrète et elle leur appartient. Beaucoup d'entre nous, quand on leur a demandé à la douane ce qu'ils avaient à déclarer, auraient pu dire : j'ai à déclarer que la vie est injuste et que je viens en faire une nouvelle.

On l'a fait. On l'a peut-être mal fait, mais on l'a fait. On ne vit peut-être pas – encore – comme on l'avait rêvé et nous n'avons pas trouvé notre cabane au Canada. Mais on y est ! À midi, il est déjà six heures en Europe ; nous vivons quand ils dorment. Et toujours, ici, c'est cette luminosité de ce ciel immense qui nous fait dire à tous : je l'ai fait et j'avais raison.

Ça n'a pas été facile. Il y a des moments où l'on se pose des questions sur sa santé mentale, son sens des responsabilités. Nous avons vécu des moments difficiles, à trouver des amis québécois, un appartement et de l'argent. De l'argent ! Ces grandes dépenses du début dans le souci de bien s'installer ; les pourboires généreux dans l'enthousiasme de Montréal; puis ce léger doute Interac au moment où la carte passe chez Provigo; l'angoisse quand on reçoit le solde du compte. Et la question qui suit immédiatement : comment je fais demain? Et pourquoi ai-je tant gaspillé il y a un mois?

Ceux qui nous jugent nous envient. Ils trouvent que, pour nous, c'était facile. C'est toujours facile pour les autres. Mais nous, on l'a fait. On a pris larmes et bagages et on est partis. Ils disent aussi qu'il ne suffit pas d'émigrer pour échapper à ses démons. La plupart des gens qui restent ont d'excellentes raisons de le faire. S'ils avaient émigré avec nous, je pense que nous serions revenus d'où ils venaient : car c'est eux que l'on quittait.

Qui d'entre nous regrette d'être ici? Personne. Ceux qui regrettent sont ceux qui ne sont pas venus, comme on déplore, après un mois d'août en Corse, de vivre à Lille : mais pourquoi ne pas rester en Corse?

Alors merci à tous ces gens du Québec que nous venons envahir et qui n'ont rien demandé, merci à leur gentillesse peut-être unique au monde. Merci à la neige pour les Noëls blancs, merci aux écureuils de nous émerveiller, merci aux dépanneurs, aux taxis, aux parcs et aux fontaines. Du fond du cœur, merci. Mais comment fait-on pour mémoriser son code postal?

Leçon de survie

Numéros utiles

Hydro-Québec urgence	1-800-790-2424
Maman	
Météo	514-283-3010
Mon code postal	
Police	911
Renseignements téléphoniques	411
Services municipaux	311
Info-Santé	811

21 applis utiles à Montréal

1. **Montréal au cas où:** Localisation géographique des services de sécurité publique: casernes de pompiers, postes de quartier du SPVM, points d'eau en mesures d'urgence et centres d'hébergement.

2. **Branché:** vous croisez un arbre mais s'agit-il d'un érable à sucre, d'un érable argenté, d'un érable à Giguère, d'un érable noir ou d'un poteau de téléphone? Branché l'identifie en repérant votre position et en affichant automatiquement sur votre écran l'espèce des arbres que vous croisez.

3. **Alvéole** localise les ruches urbaines (plus de 300 à Montréal). Super pratique quand on se promène avec une tartine.

4. **Montréal Métro et bus:** horaires de bus et de métro.

5. **Mon RésoVélo** analyse vos déplacements à vélo pour planifier la construction de nouvelles voies cyclables. L'application contient aussi la carte du réseau cyclable de Montréal.

6. **Montréal à la carte – Centre-ville** repère près de 800 services et points d'intérêt dans l'arrondissement de Ville-Marie.

7. **Weskonva:** « Choisis ton mood, on te dira où aller. » Sélectionne des sorties en fonction de votre humeur et du moment.

8. **Biximo** vous trouve un vélo BIXI ou une borne disponible.

9. **Get a free wifi** répertorie les différents points d'accès Wi-Fi gratuits à Montréal et à Québec.

10. **Info Neige** vous informe, rue par rue et au fur et à mesure, des interdictions de stationnement reliées aux opérations de déneigement à Montréal.

11. **Sur la route** permet d'accéder aux caméras de circulation de plusieurs régions du Québec dont les grandes régions de Montréal et de Québec. En plus de la visualisation en temps réel, l'appli vous informe également des conditions routières et des chantiers routiers.

12. **iPap?** signifie *Is Parking Already Paid?* Garez-vous dans un stationnement que le précédent utilisateur a déjà payé.

13. **NaviCone:** localise les travaux routiers sur les routes du Québec et de la ville de Montréal.

14. **Restonet Montréal:** consultez les données officielles de salubrité des établissements alimentaires de Montréal (les plus récentes infractions, les plus fortes amendes, les établis-

sements qui ont reçu le plus grand nombre d'amendes, etc.). Sinon…

15. **Doctr** permet d'avoir accès aux taux d'occupation des 120 urgences du Québec en temps réel et peut vous trouver une clinique sans rendez-vous comme solution de rechange.

16. **Le Guichetier** géolocalise les guichets automatiques.

17. **Velobstacles :** outil d'information sur les incidents relatifs aux vélos dans la ville de Montréal.

18. **Brunch Montréal :** vous avez compris.

19. **Transit :** planifie votre trajet en transport public en temps réel.

20. **Netlift :** organise vos déplacements en combinant le covoiturage et le transport en commun.

21. **Prkng :** si vous non plus vous ne comprenez rien aux panneaux de stationnement, cette appli le fait à votre place en vous géolocalisant.

Pour joindre l'auteur, le féliciter, lui faire une *standing ovation* ou lui proposer le prix Nobel de littérature : *hubert@hubertmansion.com*.

Index

Ouvrages consultés et bibliographie

Le plus important de tous

- Aïvanhov, Omraam Mikhaël, *Règles d'or pour la vie quotidienne*, Prosveta, 1988.

Des ouvrages essentiels

- Bizier, Richard / Nadeau, Roch, *Répertoire des fromages du Québec*, Trécarré, 2008.
- Demers, Sylvie, *Hormones au féminin : repensez votre santé*, Éditions de l'Homme, 2008.
- Faucher, Jacques, *La cuisine québécoise*, Éditions de l'Homme, 2009.
- Gendron, Jean-Denis, *D'où vient l'accent des Québécois? Et celui des Parisiens? Essai sur l'origine des accents*, Presses de l'Université Laval, 2007.
- Laframboise, Yves, *Villages pittoresques du Québec*, Éditions de l'Homme, 2004.
- Larivière, Louise-L. / Schurr, Jean-Eudes, *Je suis Montréal*, Éditions de l'Homme, 2006.
- Lion, Valérie, *Irréductibles Québécois*, Éditions des Syrtes, 2005.
- Mansion, Hubert, *Les trésors cachés du français d'Amérique*, Éditions de l'Homme, 2017.
- Montel-Glénisson, Caroline, *Un Tour de France canadien*, Septentrion, 2008.
- Nadeau, Jean-Benoît, *Les Français aussi ont un accent*, Payot, 2005.
- Pilleul Gilbert / De Raymond, Jean-François / Dufaux, François / Collectif, *Les Premiers Français au Québec*, Archives & Culture, 2008.
- Sylvestre, Jean-Pierre, *Splendeurs sauvages du Québec*, Éditions de l'Homme, 2010.

Des guides en tout genre

- Collectif, *Québec*, Gallimard, 2016.
- Collectif, *Québec, Ontario et Provinces maritimes*, Routard, 2017.
- Collectif, *The Anglo guide to survival in Québec*, Eden Press, 1983.
- Nadeau, Laurence, *S'installer et travailler au Québec*, L'Express, 2015.
- Péladeau, Isabelle, *De bouche à oreille*, Trécarré, 2005.
- Phillips, Sandra, *Le Consommateur Averti Montréal*, 2011.
- Renault, Philippe, *Montréal insolite et secrète*, Jonglez, 2016.

Des guides de voyage Ulysse

- Aïnouche, Linda / Renault, Philippe, *Le tour du monde à Montréal*, Guides de voyage Ulysse, 2014.
- Collectif, *Fabuleux Montréal*, Guides de voyage Ulysse, 2007.
- Collectif, *Le Québec*, Guides de voyage Ulysse, 2015.
- Collectif, *Montréal*, Guides de voyage Ulysse, 2017.
- Collectif, *Montréal en métro*, Guides de voyage Ulysse, 2007.
- Collectif, *Montréal au fil de l'eau*, Guides de voyage Ulysse, 2008.
- Collectif, *Montréal en tête*, Guides de voyage Ulysse, 2008.
- Collectif, *On va où aujourd'hui? 150 sorties à Montréal et environs*, Guides de voyage Ulysse, 2016.
- Collectif, *Plaisirs du Vieux-Montréal*, Guides de voyage Ulysse, 2009.
- Hirtzmann, Ludovic, *Comprendre le Québec*, Guides de voyage Ulysse, 2012.
- Mollé, Philippe, *Le Montréal gourmand de Philippe Mollé*, Guides de voyage Ulysse, 2014.
- Nascivet, Francine, *Beau, belle et bio à Montréal*, Guides de voyage Ulysse, 2009.
- Ouin, Christine / Pratte, Louise / Brodeur, Julie / Biet, Pascal, *J'explore le Québec - Mon premier guide de voyage*, Guides de voyage Ulysse, 2017.
- Séguin, Yves, *Marcher à Montréal et ses environs*, Guides de voyage Ulysse, 2011.
- Vinet, Jean-François, *Étudier à Montréal sans se ruiner*, Guides de voyage Ulysse, 2010.

Un magazine culturel mensuel

- *Voir*

Révisons ensemble

As-tu mérité ton voyage au Québec? Prouve à ton papa et ta maman que tu as bien étudié le «Guide de survie des Européens à Montréal» en répondant aux questions suivantes:

1. **Un avis d'ébullition est:**
   - A. Une mise en demeure d'un propriétaire à son locataire exprimant son impatience pour non-paiement de deux loyers consécutifs
   - B. Un avis des services météorologiques indiquant une prochaine période de canicule
   - C. Un avertissement de la ville imposant de faire bouillir l'eau du robinet

2. **Ta-ben-jwi est:**
   - A. Le nom amérindien d'un poisson
   - B. Une expression québécoise au sujet de l'amour
   - C. Un outil servant à construire un chalet

3. **1 verge est:**
   - A. Une insulte typique d'une société matriarcale
   - B. Un légume d'Abitibi rappelant vaguement la courge
   - C. Un mètre dans l'ancien système de mesure

4. **Garrocher une patente signifie:**
   - A. Pêcher un brochet
   - B. Lancer un truc
   - C. Déposer un nom au bureau des marques

5. **Si tu rencontres un ours, il est recommandé de:**
   - A. Chanter une chanson
   - B. Grimper à un arbre
   - C. Uriner

6. **Selon un spécialiste, lequel de ces traits caractérise les Québécois:**
   - A. L'individualisme
   - B. Le collectivisme
   - C. Le jemenfoutisme completementisme

7. **Une barre sensible est:**
   - A. Une friandise chocolatée
   - B. Un poteau de *pole dance*
   - C. Un dispositif permettant d'ouvrir la porte d'un autobus

Solutions: 1C, 2-B, 3-C, 4-B, 5-A, 6-A, 7-C